シリーズ 現代経済の展望

租税抵抗の財政学

シリーズ 現代経済の展望

租税抵抗の財政学

信頼と合意に基づく社会へ

佐藤 滋
Sato, Shigeru

古市将人
Furuichi, Masato

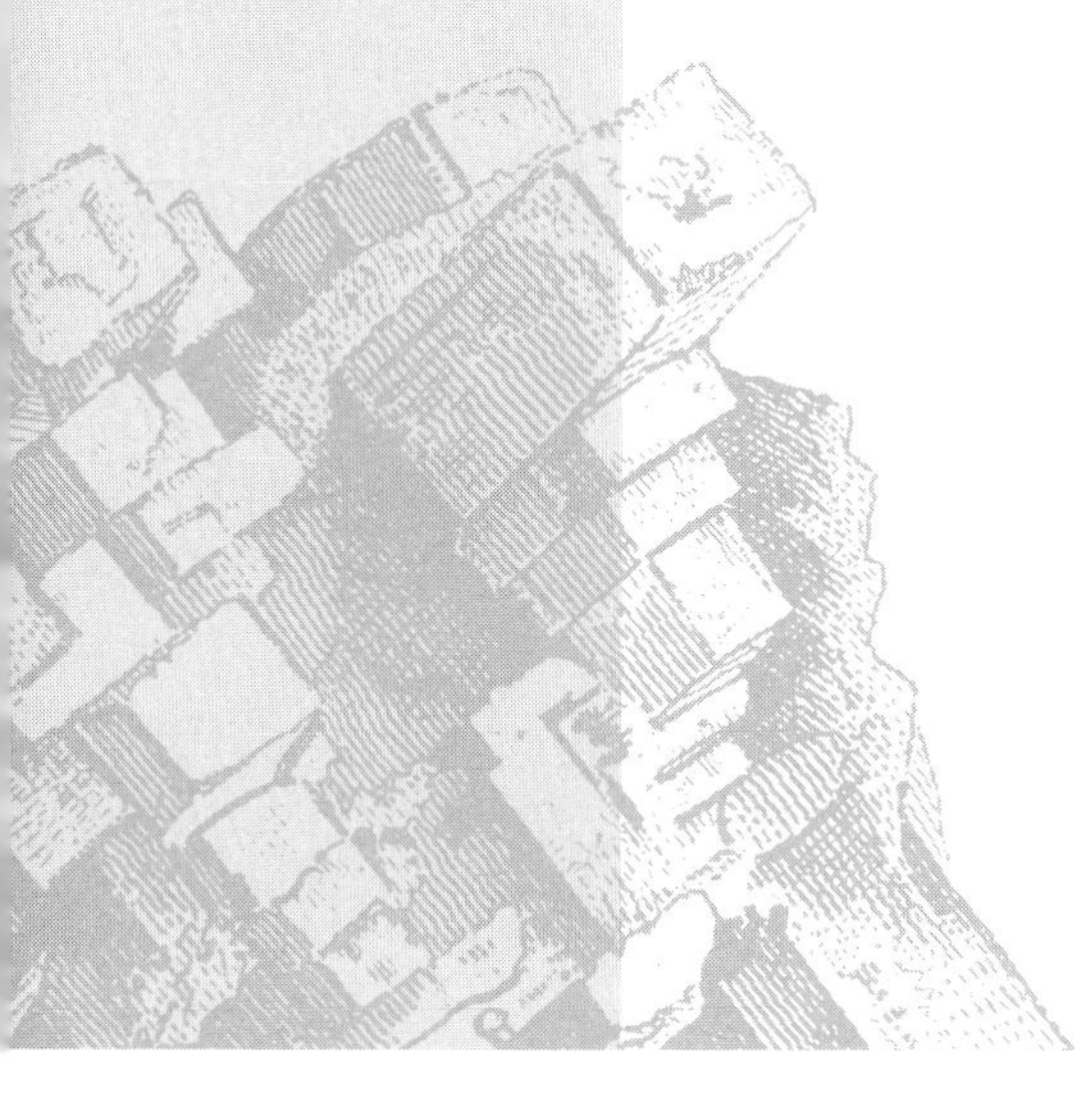

岩波書店

はじめに

財政とは本来、人の生存を可能にし、尊厳を守るためにこそ存在しているはずである。現在の日本のように、雇用と家族が壊れ、生活困窮の波が社会を襲っているときにこそ、その真価が問われるに違いない。

しかし、誰もが知っているように、日本財政は「危機」である。財政赤字は歴史的な水準に達し、その持続可能性は失われつつある。われわれは、財政再建の流れにこのまま身を任せていくほかないのだろうか。

本書は、こうした時代の流れに抗し、人の生存と尊厳を守るために財政を変えていく、そのための道筋を示すために書かれたものである。

そもそも、財政が「危機」だ、といったときには、それは一体どういう状況を指しているのだろうか。財政赤字がある一定の水準を超えればそれを「危機」と呼ぶのか。また、「財政危機」が克服された状況としては一体どういう事態が想定されているのか。その答えが示されないまま、漠然と「危機だから」という理由で、あらゆる領域で歳出が削られていく。そういうことになってはいないか。

事実、財政再建という課題が本格化したのは一九八〇年代からだが、これまで三〇年以上かけて、ゆっくりと、財政は人の生存を守る役目から手を引いていった。おそらく、今後もまた同じことが続いていくだろう。その分の負担は、いま行われているように、医療や介護などの自己負担増といった形で、われわれに転嫁されていくに違いない(第一章、第二章)。リスクは〈私〉化され、その負担に耐えられないものから生命を絶っていく。そういう現実が次第にわれわれの前にあらわれつつある。

「財政危機」とは突き詰めれば、財政赤字が累積した状態を指すのではない。それはあくまでも危機の「現れ」にすぎず、赤字の水準を減らすこと自体には大きな意味はない。近代財政の起源に立ちかえれば、「危機」とは財政の公共性の危機にほかならない(第二章)。われわれのために財政が存在していないこと、これが財政危機の真因なのだ。

日本は世界で最も租税負担が小さい国の一つであるにもかかわらず、痛税感は非常に高くなっている(第一章、第五章)。租税への忌避、すなわち租税抵抗の強い国なのである。実際に、日本の歴史を振り返れば、戦後直後に生じた大規模な租税抵抗運動は、租税抵抗に関する百科事典である『租税抵抗の世界史』に収録されるほどのものであったし(Burg 2004)、大平正芳、細川護熙、橋本龍太郎、菅直人は、増税に言及したことで政権を追われている。他方で、増税を回避した小泉純一郎が、吉田茂、佐藤栄作に次いで首相として戦後三番目の在任期間を経験したことはまだ記憶に新しいだろう。

租税抵抗に正面から向き合わず、減税、減税とこれまで繰り返した結果が、赤字に塗《まみ》れ、租税体系が根底から崩れた現在の日本財政の姿である(第三章)。リスクを〈私〉化せず、公共で受け止めること。家族と雇用の崩壊という「共同の困難」に対応し、普遍主義的な社会保障制度を整備すること。生存と尊厳を守るために信頼に基づく強靭な財政を構築するには、これを措いて他に道はない(第五章)。

この問題を考えていくには、他国の事例も参考になろう（第四章）。どの国も一九七〇年代以降、福祉国家の危機が言われるなかで、租税抵抗の高まりに直面したからである。

ここで、「租税抵抗」という用語の使用方法について、一言述べておきたい。ゲルロフはかつて、租税抵抗を、消極的な租税抵抗と、合法的・非合法的に行われる積極的な租税抵抗の二種に整理した（平井 一九九八）。このうち重要であるのは、法人成りや節税行為などを意味する合法的な租税抵抗と、脱税や租税反乱などを意味する非合法的な租税抵抗であろう。本書でも、第二章・第三章で論じる不公平税制論の盛り上がりや、第四章で論じるイギリスの反人頭税闘争のように、ゲルロフの定義と重なる事柄を扱いはする。しかし、本書では「租税抵抗」を社会の統治原理との関係で用いている。ゲルロフの定義は、個別の租税抵抗の事例を整理する際には極めて有効ではあるが、日本のように長期にわたって低位の租税負担を維持した理由を分析するには向かないためである。これまでの研究のように、租税抵抗を心理学的にミクロの次元で考察するのではなく、社会の統治原理との関係で、よりマクロの現象として捉え返す必要がある。租税抵抗の財政社会学的な考察と言い換えてもよい。

本書は、租税抵抗を、理論・歴史・国際比較の観点から扱っている。財政の公共性が失われるときには、常に租税抵抗の問題が立ち上がる。財政が人々のためにある未来を構想するために、この問題について考えていこう。第一章、第二章、第四章第一節・第二節は佐藤が、第三章、第四章第三節、第五章は古市が執筆した。

本書が、日本財政がこれまで歩んできた道を照らすとともに、希望に満ちた社会を構想するための手引きとしてお役に立てれば望外の喜びである。

目次

第一章　租税抵抗の財政学に向けて

1　小さな政府と強い租税抵抗

それは「固有」の事情なのか

二〇一三年暮れのことである。大阪市東淀川区の団地で、「胃に何も残されていない状態」で遺体が発見された(『朝日新聞』二〇一三年一二月一二日付朝刊)。高齢や障がいのために、生活が困窮していたわけではない。三一歳というまだ若く、これからという女性が死亡した事件であった。彼女の場合、仕事が見つからず生きていく糧もないため生活保護を申請したが、わずかに残されていた父親の生命保険金が保護の基準を超えていたため、「保護の対象外」とされたという。公共料金も滞納していたが、部屋の管理業者の連絡によってこの事件が発覚するまで、市の福祉部局に特に情報は入らなかったそうだ。

何かがおかしい――。こう思って社会を見渡すと、この例にもれず、経済的に豊かなはずの日本で、生きていくすべが見つからず命を絶たざるを得なかった事例が数多くあることがわかる。頼りになる身内がいなかったこと、生活を支えるに足る労働の場が見つからなかったということは、われわれにはない「彼女固有の事情」として切り捨てられるだろうか。「他人事」だといって無関心で済ますことができる問題であろうか。

日本型生活保障システムの特質

このケースの場合、家族と雇用がまったく頼りにならなかったことが大きく関係していた。この問題は実は、わが国の生活保障システムにとって極めて本質的なものである。しばしば指摘されるように、日本の生活保障システムの特徴は、国家福祉が小さい一方、家族福祉と企業福祉とが強固に相互補強していた点に見いだせるからだ。このようなかつての日本の生活保障システムのあり方を、ここでは「男性稼ぎ主」型として捉えておこう(大沢 二〇〇七、同 二〇一四)。

「男性稼ぎ主」型の生活保障システムとは、壮年男性にたいして安定的な雇用と「家族賃金」とを保障しつつ、男性の稼得力喪失というリスクに対応して社会保険が備えられたものである。この社会保険は、男性に付随して妻子をも保障するものであり、家族賃金と類似の性格を有していることが特徴的だ。そして、妻はといえば、家庭責任をフルタイムで担う存在として位置づけられており、保育や介護などの社会サービスは、低所得や保育に欠けるなどのあくまで「例外的なケース」として国から提供されることになる。

自民党はかつて、人々に自助を強いるこうした「男性稼ぎ主」型の生活保障のあり様を、経済停滞に苦しんだ福祉国家先進国のイギリスを反面教師としつつ賞賛したことがあった。いわゆる「日本型福祉社会」論がそれである(自由民主党 一九七九)[1]。そこには、「平均的」サラリーマンA氏とA夫人のライフサイクルとが典型的、「標準的な日本人像」とされており、あたかも政府による支援抜きで、自助と家庭への依存のみによって生活が成り立つもののように描かれている。

これによれば、企業は日本人にとって「決定的な安全保障のシステム」ということらしい。というのも、企業が企業内福祉を含む安定した所得を保障してくれるほか、企業による保険料一部負担という形で医療保険、失業保険、年金に加入することができる。また、これら企業別に編成された各種社会保険は、国民年金や国民健康保険よりも保険料負担や給付水準の面で優位に立つものである。そしてさらに、企業は個人に対して社会的な役割と地位を与え、個人に安心感や生き甲斐など精神的な拠りどころを与える集団だとみなされているからだ。

当然、これが要求する社会保障のあり方は、「リスクはまず個人が負い、個人のリスク負担能力の限界を超える場合には社会的なリスク負担システムを工夫し、国家が最後のリスク負担者となる」という具合に(同：七三)、権利的ではなく救貧的なものである。しばしば、日本の生活保障システムが、職業や地位によって給付条件が差別化された複数・分立型の社会保険制度を持つ保守主義的要素と、労働力の商品化を積極的に進める自由主義的な要素との混成型であるとの指摘がなされるのは、このような理由による[2](第二章を参照)。あくまで、高齢者など〈生産領域の外側〉に置かれた者に対象を限定する慈恵的で救貧的な性格こそが、日本型生活保障システムの特質なのである[3]。

最も小さな租税負担と強い租税抵抗の組み合せ

冒頭の事例が示したように、こうした日本型生活保障のあり方は、すでに限界を迎えている。日本の生活保障の要である雇用が決定的に崩壊してしまっているからだ。仮に生産領域へと包摂されたとしても、雇用はもはや生存を保障するものではなくなっているのである(本章第二節を参照)。

このような現状に対しては、どのような境遇に置かれるものであれ尊厳をもって生きられるよう、普遍的な社会保障制度を構築する必要があろう。このように述べる多くの論者と、本書もまた同様の立場をとる。しかし一方で、財政の事情がそれを許さない。「普通に生きたい」という小さな希望は、財政再建の波によっていつもかき消されてきたのである。

もっとも、生活保障における政府の役割が限定的であったことに関連し、日本の租税負担は異例に小さなものではある。実際に、**表1-1**によって二〇一一年の租税負担率についてみると、日本は一六・八%と世界で最も租税負担の小さな国の一つである。同年のOECD平均は二五%程度であった。こうした数値だけをみれば、「増税の余地あり」と言えそうではある。そして、それをもって社会保障を支えればよい。

ただし、各国の税の負担感について調査した国際的な価値観調査、ISSP二〇〇六によれば、事態がそう単純なものではないことが分かる。**表1-2**は、租税の負担感についてどう捉えているかを各国ごとに調査したものであるが、注目すべきは中・低所得者の租税の負担感である。さきほど確認したように、日本の租税負担率は極めて低いにもかかわらず、「税負担が重い」と回答したものの割合は、それぞれ六二%、七六%程度と、国際的に高位にある。とりわけ中所得者については、税負担が最も重いグループに入るスウェーデンを凌ぐ値となっており、「客観的な」租税負担率と「主観的な」租税負担率との間には大きなギャップがあることを示している。租税は主として中所得者層が負

表 1-1　租税負担の国際比較(対 GDP 比)

(%)

	1965 年	1975 年	1985 年	1995 年	2000 年	2007 年	2008 年	2009 年	2010 年	2011 年
オーストラリア	20.7	25.4	27.8	28.2	30.4	29.7	27.1	25.8	25.6	26.5
オーストリア	25.4	26.6	27.9	26.5	28.4	27.7	28.5	27.7	27.6	27.8
ベルギー	21.3	27.5	30.3	29.2	30.8	30.1	30.1	28.7	29.5	29.9
カナダ	23.8	28.3	27.6	30.0	30.2	27.6	27.0	26.6	25.9	25.8
チリ	…	…	…	17.2	17.4	21.5	20.0	15.8	18.2	19.9
チェコ	…	…	…	21.0	18.9	20.2	19.5	18.9	18.8	19.5
デンマーク	28.8	38.2	44.8	47.7	47.6	47.9	46.8	46.8	46.4	46.7
エストニア	…	…	…	24.0	20.1	21.0	20.2	22.3	20.9	20.4
フィンランド	28.3	29.1	31.1	31.6	35.3	31.1	30.9	30.1	29.9	31.1
フランス	22.5	21.1	24.3	24.4	28.4	27.5	27.3	25.8	26.3	27.4
ドイツ	23.1	22.6	22.9	22.7	22.8	22.9	23.1	22.9	22.0	22.7
ギリシャ	12.3	13.8	16.6	19.7	23.8	21.3	21.0	20.0	20.5	21.6
ハンガリー	…	…	…	26.7	27.8	27.2	27.1	27.4	26.1	24.1
アイスランド	24.1	29.2	27.5	28.7	34.4	37.6	33.9	30.8	31.0	31.9
アイルランド	23.3	24.5	29.2	27.5	26.7	26.3	24.1	22.1	21.8	23.3
イスラエル	…	…	…	31.5	31.5	30.8	28.2	26.0	26.9	27.0
イタリア	16.8	13.7	22.0	27.4	30.0	30.3	29.6	29.7	29.5	29.6
日本	13.9	14.5	18.6	17.6	17.3	18.1	17.4	15.9	16.3	16.8
韓国	…	14.8	15.8	17.6	18.8	21.0	20.7	19.7	19.3	19.8
ルクセンブルク	18.8	23.1	29.1	27.3	29.1	25.8	26.7	27.3	26.5	26.0
メキシコ	…	…	13.7	12.7	14.1	15.0	18.2	14.5	16.0	16.9
オランダ	22.7	25.1	23.7	24.1	24.2	25.3	24.7	24.4	24.8	23.7
ニュージーランド	23.6	28.1	30.6	35.9	32.9	34.5	33.6	31.1	31.1	31.5
ノルウェー	26.1	29.5	33.8	31.3	33.7	34.0	33.3	32.1	33.1	33.0
ポーランド	…	…	…	25.2	19.8	22.8	22.9	20.4	20.6	20.9
ポルトガル	12.4	12.5	18.1	21.5	22.9	24.0	23.7	21.7	22.3	23.7
スロヴァキア	…	…	…	25.3	19.9	17.8	17.4	16.4	16.0	16.5
スロヴェニア	…	…	…	22.3	23.1	24.0	23.1	22.1	23.0	22.1
スペイン	10.5	9.7	16.3	20.5	22.4	25.2	21.0	18.8	20.3	20.1
スウェーデン	29.2	33.2	35.6	34.4	37.9	35.0	34.9	35.2	34.1	34.1
スイス	14.9	18.6	19.5	19.6	22.1	21.2	21.6	21.9	21.4	21.6
トルコ	9.9	10.8	9.8	14.8	19.6	18.9	18.2	18.6	19.7	20.1
イギリス	25.7	28.8	30.4	27.7	30.2	29.1	29.0	27.4	28.2	29.1
アメリカ	21.4	19.6	18.4	20.1	21.8	20.6	19.1	17.0	17.6	18.5
OECD 平均	20.8	22.7	24.8	25.3	26.3	26.3	25.6	24.5	24.6	25.0

(注)　一般政府の総収入から社会保険料負担を除いたものの対 GDP 比.
(出典)　OECD, *Revenue Statistics 2013, Tax revenue trends, 1965–2012* より作成.

表 1-2　租税の負担感の国際比較

(%)

	高所得者			中所得者			低所得者		
	重い	適切	軽い	重い	適切	軽い	重い	適切	軽い
フランス	26.71	26.77	46.51	76.63	22.46	0.91	64.65	29.78	5.57
カナダ	33.29	26.82	39.88	73.90	23.95	2.15	70.59	26.07	3.34
スペイン	20.08	33.13	46.80	65.49	32.92	1.59	80.96	17.28	1.76
オーストラリア	42.18	29.36	28.46	63.28	34.51	2.22	73.58	25.61	0.81
日本	18.44	20.22	61.34	61.68	33.18	5.14	76.01	16.60	7.39
アイルランド	23.50	25.18	51.32	57.53	40.50	1.97	69.97	28.07	1.96
アメリカ	16.24	27.05	56.71	57.13	38.99	3.87	62.08	32.31	5.61
スウェーデン	27.85	32.61	39.53	55.68	41.92	2.40	81.66	17.45	0.89
ノルウェー	24.01	31.70	44.29	50.19	48.25	1.55	77.65	21.41	0.95
オランダ	17.10	31.81	51.09	49.95	48.66	1.39	69.26	29.56	1.19
スイス	6.88	29.48	63.65	47.79	51.08	1.13	69.62	29.56	0.82
フィンランド	16.59	38.29	45.12	47.18	50.85	1.97	75.64	23.74	0.62
ドイツ	12.06	25.09	62.85	46.41	49.09	4.50	76.00	22.94	1.06
イギリス	27.63	40.61	31.76	45.76	49.88	4.35	68.87	28.80	2.32
デンマーク	33.88	38.31	27.82	43.77	53.72	2.51	68.77	30.08	1.15

(注)　中所得者のデータの初出は井手(2011: 92).
(出典)　ISSP Research Group(2008)より作成.

担することになるため、この問題は日本の税制を再構築するにあたってはネックとなる。ちなみに、高所得者の租税負担感については、「軽い」と答えた者の割合が他国よりも大きいことは示唆的である。

思い返せば、大平正芳、細川護煕、橋本龍太郎、菅直人と、増税に言及したことで数々の内閣が倒れてきた。明示的な暴動へはつながっていないが、日本人の税への忌避感、租税抵抗は実は極めて強いのである。これらの内閣とは対照的に、小泉純一郎は日本特有のこうした事情を直感的に感じ取ったのであろう。「俺は(税を)上げない」と公言し、吉田茂、佐藤栄作に次いで首相として戦後三番目の在任期間を経験した。普遍的な社会保障制度の構築にはそれに応じた税制の構築が不可欠となるが、日本の現実はこれを容易には許容しない。我々がここで、租税抵抗の財政学を提示するのはこのためである。

税外収入依存型予算の定着(4)

日本の財政危機の真因は、歴代内閣が租税抵抗という問題に向き合うことなく幾度も減税を続け、税制を壊してきたことにある(第二章、第三章)。実際に、前掲表1-1を見れば、日本の租税負担率は、一九八〇年代にピークを迎えたあと大きく減少していった。そしてこの間、年金を中心として社会保障費は伸び続けたため、歳入と歳出のギャップは年々拡大し、国債が累積していく。現在の公債発行額は四〇兆円を大きく超えており、ストックで国の借金をみるといまや一〇〇〇兆円以上の額にのぼっているのである。

税制の危機については、歳入のうち税収がどの程度を占めているのかを示す税収依存度の推移を見れば一目瞭然である。**図1-1**の通り、税収が一九八〇年代の六〇兆円強から現在の四〇兆円程度へと二〇兆円ほど減少した結果、かつて八割を超えていた税収依存度は五割前後へと落ち込んでしまった。租税国家の体をなしていない、危機的状態にあるといってよい(租税国家については第二章を参照のこと)。

また、国債のほかに税収を埋め合わせるものとして、税外収入が著しく増大したことにも注目できる。これまでにも、バブル崩壊後やアジア通貨危機後の税収減に対処するために税外収入が大きく利用されたことはあるが、とりわけこれに依存せざるを得なかったのは、増税を回避したうえで社会保

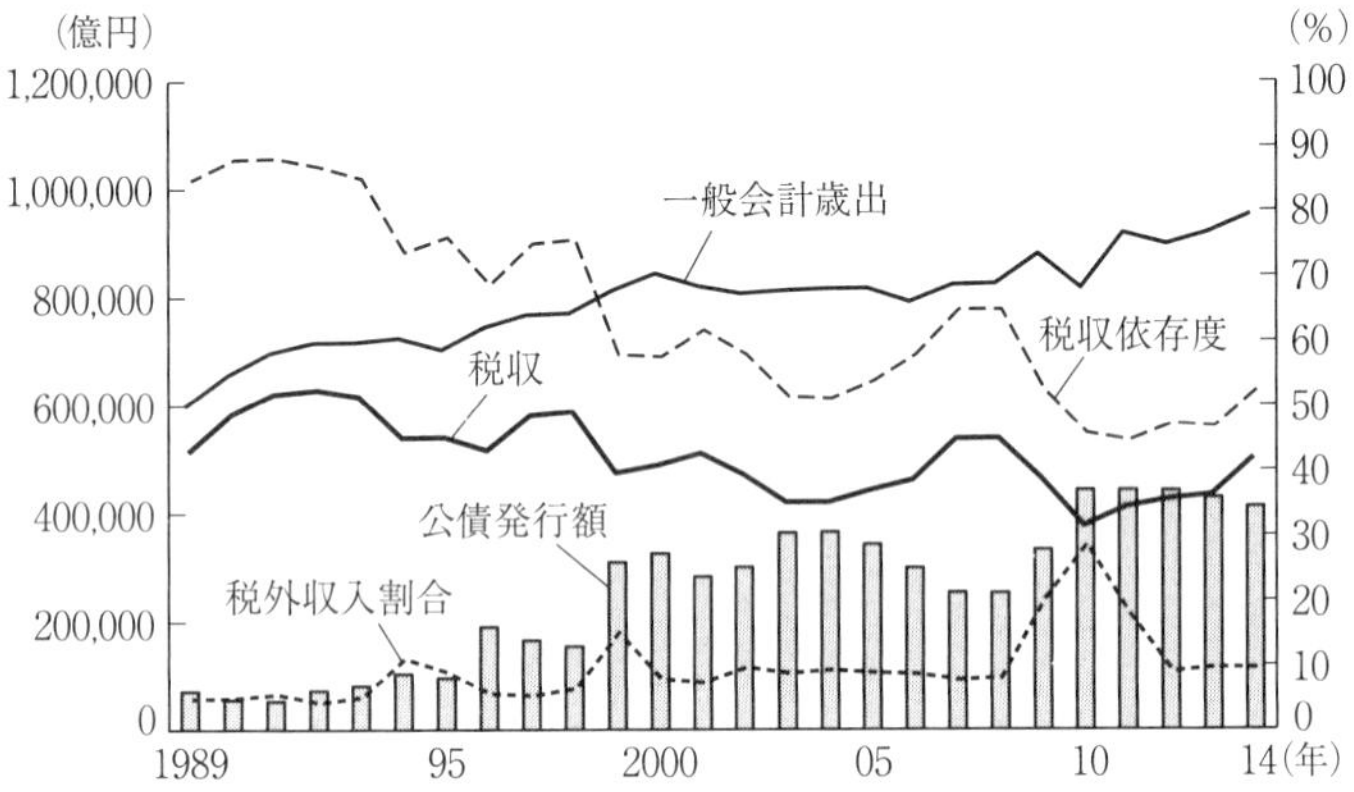

(出典) 財務省主計局『我が国の財政事情(平成26年度予算政府案)』より作成.

図1-1 税収依存度の低下と財政赤字の拡大

障を拡充しようとした民主党政権下においてである。民主党政権の下で作成された二〇一〇年度政府予算案関係書類のうち「平成二二年度予算のポイント」には、「ギリギリの努力で過去最大の税外収入確保」とある。財政融資資金勘定から四・八兆円、外為特会から二・九兆円、社会資本整備事業特別会計などその他七特会から〇・二兆円、公益法人や独立行政法人をはじめとする基金等の国庫返納分から一兆円、さらに国有地の売却収入や日銀納付金などを含めて合計で一〇・六兆円の税外収入を捻出することが書かれているのである。一〇・六兆円といえば、同年度の税収三六兆八六一〇億円の三〇%近くに匹敵する。まさにこのとき、「税外収入依存型予算」が形成されたと言って良い。かつて民主党政権が行った「埋蔵金の活用」とは結局、租税抵抗を回避するために案出された租税国家にとっては極めて例外的な措置であった。

たしかに、この数字だけをみれば、民主党の言うように予算を組み替え歳出のムダをなくせば、増税抜きに財政運営が可能なように映るかもしれない。しかし、当然のことではあるが、税外収入に際限なく頼り続けることはできない。毎年度一定の財源が期待できる租税資金とは異なり、税外収入は捻出したらそれで終わり、一度限りの資金だからである。事実、二〇一一年度予算において税外収入は七兆六二一八億円への大幅減、続く二〇一二年度ではわずか三兆八九三四億円、決算でみても四兆五一七三億円であった。ようするに、「埋蔵金」は枯渇してしまったのである。「事業仕分け」によって削減できた額も数千億円と微々たるものであった（『朝日新聞』二〇一二年一一月二三日付朝刊）。

当初は予算の組み替えだけで多額の収入を得るつもりであったが、「小さな政府」のこの国では歳出を削減できる部分が少ないことのほか、社会保障関係費や国債費のように政府が裁量的に削減できない支出も多く、歳出の効率化一辺倒の路線の現実性は乏しかったものといえる。

急浮上した社会保障・税一体改革

もちろん民主党はその後、こうした財政運営が持続可能ではないことを認め、現在進行中の社会保障・税一体改革を打ち出すことになる。租税抵抗を扱う本書にとって、この問題をどのように捉えるのかは重要である。

自民党政権時代に提出された二〇〇九年税制改正法に、二〇一一年度までに消費税増税に向けた法制上の措置を講ずるとする「附則第一〇四条」が盛り込まれていたことから分かるように、消費税増税については旧自民党政権からの遺産という側面を無視することはできない。しかし、増税を封印した民主党を支持した国民に対して、これが唐突に持ち出されたという印象を与えたことは間違いない。

消費税を持ち出した菅直人自身が「性急」「持ち出し方が稚拙」というように、十分な党内論議も経ないまま消費税増税を言い出したことで、民主党への支持は急落、二〇一〇年の参議院議員選挙で大敗し、党は分裂していった。前述のとおり、これまでも増税によって倒れた政権は多いが、同じ轍を踏んでしまったものといえる。

党内分裂や国民の支持離反による衆参のねじれ現象を前に、これ以後、民主党の政策は自民党の政策をほぼ丸呑みしたものになっていった。事実、菅内閣になって公表された財政運営戦略には、「国・地方の基礎的財政収支（プライマリー・バランス）について、遅くとも二〇一五年度までにその赤字の対GDP比を二〇一〇年度の水準から半減し、遅くとも二〇二〇年度までに黒字化する」というくだりがあるが、これは、自民党が財政健全化責任法案で掲げていた目標そのものである。このほかにも、自民党は二〇一〇年六月三日の総務会において、七月の参議院議員選挙公約で消費税率を「当面一〇％」とする方針を決めていたが、これを受けて六月一一日の菅の総理大臣記者会見では、「自民党から提案されている消費税率一〇％ということも一つの大きな参考にしていきたい」という発言まで飛び出すことになる。

他方で民主党は、増税のみでは話が通らないと思ってか、社会保障改革と税制改革とをリンクさせることにした。社会保障政策については、民主党の年来の主張である最低保障年金や子ども手当などにみられるように、それなりに議論の蓄積があったはずである。しかし菅は、政局の安定化を優先させ、自民党のものとほぼ同内容のものを公表してしまう。このことは、消費税増税発言後に極めて短期間のうちに出された政府・与党社会保障改革検討本部による報告書について、与謝野馨が「自民党時代に手がけた「安心社会実現会議」の報告書と瓜二つ」と答えていることからも分かるであろう。

さらに、二〇一二年五月二三日の社会保障と税の一体改革に関する特別委員会において野田佳彦首相(当時)は、「大震災の総括、教訓を生かして、やはり国土を強靭化していかなければいけない」と述べ、「コンクリートから人へ」という民主党の理念を実質的に取り下げていく。震災後、自民党は国土強靭化計画を公表していたが、民主党は消費増税法案を通すためにこの議論に乗らざるを得なかったためである。結果として、消費税増税法案のなかには、「消費税率の引上げによる経済への影響等を踏まえ、成長戦略並びに事前防災及び減災等に資する分野に資金を重点的に配分するなど、我が国経済の成長等に向けた施策を検討する」という条文が盛り込まれ、「再」土建国家化への布石が打たれることになった(5)。すなわち、消費税による増収分は社会保障だけではなく、公共事業目的にも使いうるものになってしまったのである。開発主義的な国家体制＝土建国家はかつての日本の統治原理の核にあたるが、部分的にせよそれへの回帰が民主党政権下でみられるようになったといえる(土建国家については第二章を参照)。

第二次安倍政権下ではこうした施策の転換を引き継ぎつつ、二〇一二年度補正予算と二〇一三年度当初予算を組み合わせた「一五カ月予算」によって、公共事業関係費を大幅に拡充していった。二〇一二年度当初予算と比べると六八・六％の増である。二〇一三年度補正予算においても、二〇一四年度当初予算の策定を念頭に置きつつ、「景気の落ち込みを避ける」ことを理由に公共事業関係費は一兆円以上増額されることになった。「経済の再生なくして財政再建なし」、景気回復という「道しかない」という現政権にとって、縮小基調の予算は組めないということだろう。このままいけば、消費税増収分の相当部分を公共事業が消尽してしまうという事態も生じかねない。

一方、景気拡大を後押しするために「成長志向型の税体系」を構築するとして、法人税の実効税率が現行の三五%程度から二〇%台へ大幅に減税されようとしている事実も忘れてはならない。このことは、租税抵抗を回避するというただそれだけのために、消費税増税が所得税減税とセットで導入・引き上げされた過去の出来事と同様(第三章を参照)、消費税の引き上げを法人税の引き下げによって相殺しようとしているだけにすぎない。法人税改革を明記した二〇一四年の「骨太の方針」には法人税減税の代替財源にはふれていない。これで財源に穴があけば、再び「赤字で財政がもたない」「消費税増税が必要だ」という叫びが繰り返されていくことになるだろう。

民主党は本来、「コンクリートから人へ」という標語に付託されていたように、統治の原理そのものの転換を目指していたはずである。しかし、以上みてきたように、消費税増税発言後、政局の安定化を優先した結果、社会保障・税一体改革ではことごとく自民党案を呑まされることになった。また、それだけではなく、第二次安倍内閣の「再」土建国家化という政策路線の道均《なら》しをしてしまった。加えて現在では、消費税増税が経済へ悪影響を与えるという批判をかわすために法人税減税を行うことが決定した。租税抵抗を安易に回避する増減税一体処理という手法はこれまでの政策パッケージの繰り返しといえ、税制への信頼構築にはほど遠い改革であったと評価できよう。

財政再建に屈服した社会保障改革

しかも、消費税増税を納得させるために行われるはずであった社会保障改革も進んではいない。むしろ、社会保障制度改革国民会議が「徹底した給付の重点化・効率化」や「自助努力を支えることにより、公的制度への依存を減らす」ということを謳っているように(社会保障制度改革国民会議 二〇一三：三)、歳出削減の方が目立っているのが現状である。

二〇一四年六月に出された経済財政諮問会議の「骨太の方針」においても、経済政策面では「チャレンジ」や「イノベーション」など、「強い日本」を掲げる安倍政権らしい意気揚々とした言葉が並ぶ一方で、歳出の大宗を占める社会保障が槍玉に挙げられ、「聖域なく見直し、徹底的に効率化・適正化していく必要がある」ことが述べられている。ここに明記されている項目だけをみても、後期高齢者の保険料軽減特例措置の見直しに代表される高齢者の患者負担増、年金給付額の減額、医療費の合理化を図るための医療費支出目標制度の導入、生活保護受給者に対する就労インセンティブ強化策の実施、生活保護の住宅扶助・冬期加算の見直しなど、ありとあらゆる分野で社会保障を削減しようとしているのである。

もちろん、「聖域なき見直し」を行っていくにあたって、論拠が何も示されていないわけではない。その場合にいつも顔を出すのが、「負担の公平」に基づく受益者負担の増大という論理である(「負担の公平」という日本型負担配分の論理については第二章を参照)。例えば、後期高齢者の保険料軽減特例措置の見直しにおいては、「世代間における負担の公平」を確保するために行われることになっている。今年度から始まった前期高齢者(七〇―七四歳)の医療費自己負担割合の一割から二割への引き上げ時と全く同様の論調である。

このような形で公平論が提出される背景には、日本においては先述の通り、高齢世代と比べて雇用が生活保障の中核となる現役世代への公的な支援が手薄いことがある。しかし、日本では高齢者の貧困率は極めて高い水準にある(後掲図1−4)。政府は、高齢者が置かれるこうした状況を無視して、「負担の公平」という論拠をもって自己負担を引き上げようとしているわけである。

もっとも、仮に政府の言うように、現役世代が高齢世代の「手厚い」保障に不満を抱いているというのであれば、現役世代に対する貧弱な社会保障制度を充実したものに変えていくことがまずもって考えられるべきであろう。この点については、現在進行中の社会保障・税一体改革が、全世代型の社会保障制度の構築を謳っていたことを思い出してもよい。しかし、こと自己負担の増大を求める際にはこうしたことは忘れさられているようだ。「公平」という概念が都合良く曲解されていると言わざるを得ない。

今後の社会保障改革については、財務相の諮問機関である財政制度等審議会の報告書をみるとよりはっきりとしてくる。財政制度等審議会は二〇一四年五月三〇日に報告書「財政健全化に向けた基本的考え方」をまとめている。この報告書はまず、中期財政計画で設定された財政再建目標の達成が危うくなりつつあることを問題視する(財政制度等審議会 二〇一四)。中期財政計画は毎年度の予算編成を中期的に拘束するものであり、ここには、国・地方を合わせた基礎的財政収支を二〇二〇年度までに黒字化することが書かれている。しかし、二〇一四年一月に内閣府が公表した「中長期の経済財政に関する試算」においては、アベノミクスが奏効し、経済状況が今後かなり良好に推移したとしても、目標年次には大幅な赤字が残されるものと予想された。

これを受けて同審議会は、内閣府の試算では示されていない二〇六〇年までの長期推計を独自に試算したうえで、日本の財政が持続不可能であること、そして、さらなる収支改善を継続していく必要があることを主張している。重要であるのは、「負担の公平の観点から患者負担・利用者負担の引上げに取り組むほか、公的保険の対象を真に必要なニーズに限定していくことに努める必要がある」というように、かなり大胆なことにまで踏み込んでいる点である。日本の医療制度の特徴とも言うべきフリーアクセスの見直しについても言及している。

具体策としては、受診時定額負担の導入、七〇歳以上の者の高額療養費患者負担上限制度の見直し、市販類似品薬品の保険適用除外の推進、保険外併用療養の拡大、国保・後期高齢者医療への支出目標制度の導入、生活保護の住宅扶助基準や有子世帯の加算・扶助などの見直し、後期高齢者医療制度の保険料軽減措置の特例見直し、介護保険第二号被保険者の対象年齢の引き下げなどが挙げられており、社会保障制度の意義を形骸化させるような措置が目白押しとなっている。このうち、生活保護改革を行う際も、生活保護世帯と「一般低所得世帯との均衡を図る」とある。先ほどと同様に、こちらも社会保障の本旨に照らせば、生活保護制度の改悪に向かうのではなく、まずは一般低所得世帯を生活困窮から救う措置が施されてしかるべきであろう。二〇一三年の生活保護法の改正の後も、生活保護の削減、引き締め基調は継続しそうである。

こうした方向性にしたがって、社会保障制度は崩壊の一途を辿りつつある。実際に、七月二四日に開催された社会保障審議会医療保険部会において、紹介状のない患者の外来受診に対して定額負担を導入するという方向性が示されたばかりである。これも、手薄い在宅医療との「公平」を図るためとする。もはや、社会保障・税一体改革は、社会保障を充実させるという当初の道からはずれ、財政再建論に屈服してしまったものといえよう。

財政再建論を支えているのは、社会保障からの受益が乏しいところに基準を合わせ、「公平の確保」を建前に「手厚い」保障を削減し、自己負担を求めていくという日本特有の負担配分の論理である。そこで利用されているのは、生活保護バッシングに象徴されるように、制度から排除された人々の不満感である。これは、生存と尊厳を守る普遍主義的な社会保障制度を構築することによって世代間・世代内での連帯を生み、これを税財源によって国民全体で支えあう道とは対極にある(第四章、第五章を参照)。受益者負担を求め、リスクを〈私〉化させていくようでは、負担に耐えられないものから社会から脱落していくほかはない。

2 日本型生活保障の臨界点

保険主義的な社会保障制度

前節でみた社会保障・税一体改革は、強靭な税・社会保障制度を構築しようとするものではなかった。社会保障を削減し、受益者負担を増大させていく一方で逆進的な消費税を課すようでは、税への合意、財政への信頼など生じるはずがないからである。実際に、消費税増税への批判を回避するために、経済成長を口実とした法人税減税が行われようとしているのであった(=成長志向型の税体系の構築)。これで財源に穴が空くことになれば、歳出の大きな部分を占める社会保障制度がまた財政再建のターゲットにされることになるだろう。そして、当然これは、財政への信頼をさらに毀損すること

表 1-3　公的社会支出の内訳と推移(対 GDP 比)

(%)

		1980 年	1990 年	2000 年	2009 年
公的社会支出合計(21 → 19)		10.3	11.1	16.3	22.2
老　齢(22 → 5)		3.0	4.0	6.8	10.4
	現金給付合計	2.9	3.9	6.1	8.8
	年金	2.9	3.9	6.1	8.7
	その他現金給付	0.0	0.0	0.0	0.1
	現物給付合計	0.1	0.1	0.7	1.6
	老人ホーム／ホームヘルプ・サービス	0.1	0.1	0.7	1.5
	その他現物給付	0.0	0.0	0.0	0.2
遺　族(8 → 12)		1.0	0.9	1.2	1.4
障害・労災・傷病(22 → 28)		0.6	0.6	0.8	1.0
医　療(16 → 14)		4.4	4.4	5.8	7.2
家　族(22 → 30)		0.5	0.4	0.6	1.0
積極的労働市場(18 → 17)		…	0.3	0.3	0.4
失　業(13 → 28)		0.5	0.3	0.6	0.4
住　宅(16 → 21)		0.0	0.0	0.0	0.2
その他(15 → 23)		0.2	0.1	0.1	0.3
OECD 平均(16 → 20/34)		15.5	17.6	18.9	22.1

(注)　括弧内の数字は，1980 年と 2009 年時点における日本の公的社会支出水準の順位を示している．
(出典)　OECD. StatExtracts より作成．

につながる。経済成長による自然増収という道が極めて不確実性の高いものであり、財政の持続可能性という点でも問題があることを申し添えておこう(第四章のイギリスの事例を参照)。

本書では、こうした財政改革の現状に対して、普遍主義的な社会保障と税とが互いに強化し合う好循環的な制度設計を構想する(第四章、第五章を参照)。しかし、ただ理念的に社会保障の重要性を説いただけでは、財政赤字が未曽有の水準となっていることを鑑みれば、歳出の大宗を占める社会保障を主たるターゲットとする財政再建を進めることもやむを得ないというものもいることだろう。実際

表 1-4　一般政府の総収入に占める社会保険料収入の割合

(%)

	1965年	1975年	1985年	1995年	2000年	2007年	2008年	2009年	2010年	2011年
オーストラリア	0.0	0.0	0.0	0.0	0.0	0.0	0.0	0.0	0.0	0.0
オーストリア	24.9	27.6	31.8	35.9	34.1	33.7	33.4	34.8	34.6	34.4
ベルギー	31.4	30.2	31.6	32.9	31.0	31.1	31.5	33.4	32.3	32.2
カナダ	5.6	10.0	13.5	14.0	13.6	14.4	14.7	15.4	15.3	15.3
チリ	…	…	…	6.5	7.3	5.6	6.4	8.3	6.9	6.3
チェコ	…	…	…	41.4	44.3	43.6	44.2	44.0	44.8	44.1
デンマーク	3.8	0.6	3.0	2.2	3.6	2.0	2.0	2.1	2.1	2.1
エストニア	…	…	…	33.9	35.3	33.3	36.6	36.8	38.5	37.0
フィンランド	6.8	20.4	21.9	30.8	25.2	27.7	28.0	29.9	29.8	28.9
フランス	34.2	40.6	43.3	43.0	36.1	37.1	37.3	39.3	38.7	37.9
ドイツ	26.8	34.0	36.5	39.0	39.0	36.6	36.7	38.6	39.2	38.5
ギリシャ	31.6	29.5	35.6	32.4	30.8	34.4	34.7	34.3	35.2	33.0
ハンガリー	…	…	…	35.6	29.3	32.7	32.4	31.3	31.4	34.9
アイスランド	8.1	2.7	2.4	8.1	7.7	7.4	7.7	9.0	11.8	11.4
アイルランド	6.5	13.8	14.8	14.4	13.6	15.4	17.7	20.1	20.2	16.6
イスラエル	…	…	…	14.1	14.7	15.2	16.6	17.2	17.2	17.2
イタリア	34.2	45.9	34.7	31.5	28.5	29.9	31.1	31.5	31.3	31.2
日本	**21.8**	**29.0**	**30.3**	**33.5**	**35.2**	**36.5**	**38.8**	**41.0**	**41.1**	**41.4**
韓国	…	0.9	1.5	12.1	16.7	20.7	21.8	22.9	22.8	23.5
ルクセンブルク	32.3	29.4	26.2	26.5	25.7	27.6	28.4	30.0	29.2	29.6
メキシコ	…	…	11.3	16.6	16.5	15.3	12.7	16.7	15.4	14.5
オランダ	30.8	38.4	44.3	41.9	39.0	34.8	37.0	36.2	36.4	38.4
ニュージーランド	0.0	0.0	0.0	0.0	0.0	0.0	0.0	0.0	0.0	0.0
ノルウェー	11.9	24.8	20.8	23.5	20.9	20.8	21.0	23.4	22.5	22.3
ポーランド	…	…	…	30.4	39.5	34.4	33.1	35.7	34.9	35.4
ポルトガル	21.8	34.6	25.9	26.5	25.8	26.2	27.0	29.4	28.7	28.2
スロヴァキア	…	…	…	37.3	41.5	39.7	40.8	43.6	43.4	42.7
スロヴェニア	…	…	…	42.8	38.0	36.3	37.8	40.3	39.8	40.4
スペイン	28.3	47.5	40.8	36.2	34.7	32.3	36.6	39.3	37.4	37.5
スウェーデン	12.1	19.5	25.0	27.6	26.4	26.1	24.9	24.5	25.0	22.9
スイス	14.9	22.0	22.7	27.3	24.5	23.5	23.2	23.9	23.8	24.5
トルコ	5.9	9.5	14.3	12.1	18.7	21.7	25.0	24.5	24.9	27.9
イギリス	15.4	17.5	17.8	17.8	17.0	18.5	19.1	19.7	19.0	18.7
アメリカ	13.3	20.5	25.2	24.9	23.4	23.3	24.9	26.9	25.8	22.8
OECD平均	17.6	22.0	22.1	25.1	24.6	24.6	25.4	26.6	26.5	26.2

(注)　オーストラリアとニュージーランドには社会保険料は存在せず，社会保障をすべて税財源で賄っている．
(出典)　OECD, *Revenue Statistics 2013, Tax revenue trends, 1965–2012* より作成．

に、**表1-3**をみれば明らかなとおり、日本の公的社会支出の対GDP比は、ここ三〇年で一九八〇年の一〇・三%から二〇〇九年の二二・二%へと大きく増大しており、「聖域なき歳出削減」論が出てくることにも頷けるところがあるからである。

ただし、その内訳についてみれば、年金と医療保険だけで、ここ三〇年間の社会保障支出の伸びの七割以上を説明することができることには注意を要する。とりわけ、年金支出額の順位が、一九八〇年の二二位から二〇〇九年の五位へと大きく順位を上げていることに注目できよう。失業支出や住宅支出などが大きく順位を下げていることとは対照的である。また、**表1-4**によって一般政府の総収入に占める社会保険料の割合をみると、一九六五年時点でさえ決して低い水準ではなかったが、二〇一一年では四一・四%と、OECD平均の二六・二%を大きく超えていることが分かる。社会保険料に依存する割合は、租税負担とは対照的に世界で最も高い割合なのである。**図1-2**もまた、日本が社会保障費の多くを、医療保険、年金、介護保険、雇用保険などの社会保険を維持することに費やしていることを示している。このように日本では、社会保険への加入抜きに生活上のリスクに備えることが困難だという点は非常に重要である。

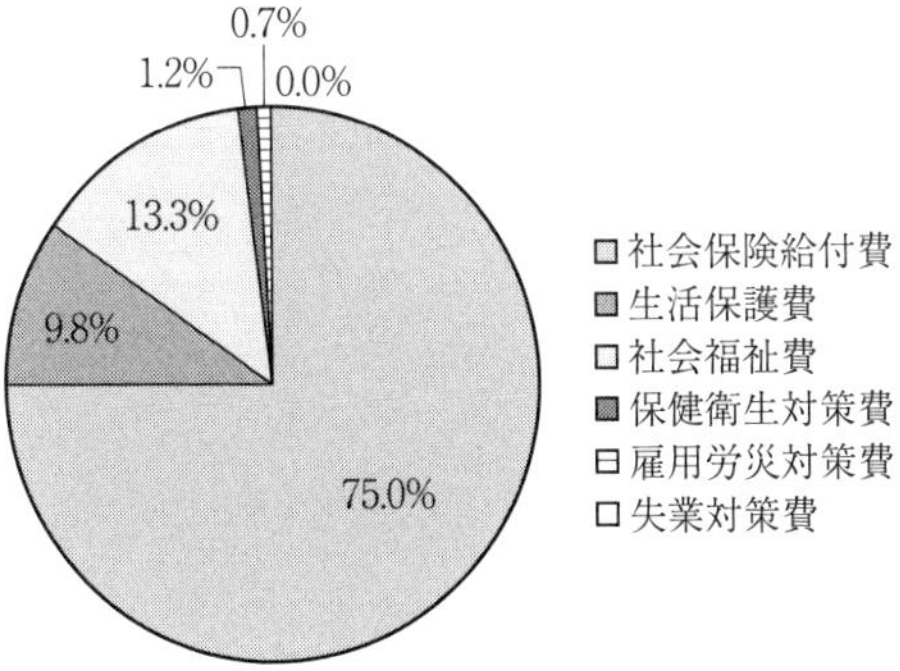

（出典） 財政調査会編『國の予算』2013 年より作成.

図 1-2 国の社会保障関係費の構成割合
（2013 年度予算）

こうした「保険主義的」な社会保障制度については、しばしば「給付と負担が明確である」ということがメリットとして挙げられるが、これは租税抵抗を回避するための方便にすぎない。増税を忌避し歳出削減を徹底した小泉政権下で開催された「社会保障の在り方に関する懇談会」においても、次のようにはっきりと述べられている。「我が国の社会保障は、税を中心とする公助により事後的に救済する救貧の時代から、社会保険料を中心とする共助により貧困に陥ることを予防する防貧へと重点が移ってきている。このように、自立・自助を基本において、社会全体でセーフティネットを構築し、支えていく姿が成熟した国家の姿である」「国民の参加意識や権利意識を確保する観点からは、負担の見返りとしての受給権を保障する仕組みとして、国民に分かりやすく負担についての合意が得やすい社会保険方式を基本とすべきである」(社会保障の在り方に関する懇談会 二〇〇六：四、一四)。

社会保険はたしかに、個別報償的な要素を持つために、税よりもはるかに合意が得やすい仕組みではある。実際に、これまでにも租税抵抗を回避するという観点から、保険料や窓口負担などの受益者負担の引き上げが際限なく行われてきた経緯がある(第二章を参照)。ただしこれは、自らのリスクに自ら備えるという意味で、リスクが〈私〉化されている状況を生む。受益者負担を支払えない者はサービスから排除されざるを得ないからである。仮にこれらを支払えたとしても、そのために人々の生活は困窮に陥ってしまう。

それというのも、社会保険が税とは異なり、本質的には人々の支払い能力を十分に考慮して制度設計されているわけではないからである。社会保険はそもそも、拠出原則と受益者負担原則という、自らの負担と給付とを対応させる二つの原則によって成り立つものである。拠出原則とは、自らのリスクに自らの保険料拠出によって備えるというものであり、一方の受益者負担原則とは、自身が消費するサービスに対して価格と似た一定の費用を支払うものに他ならない。医療費の窓口負担や介護の自己負担などがこれにあたる。社会保険のすべてがこの二つの原則を同時に有するとは限らないが、少なくとも拠出原則は満たす必要がある。この点が、反対給付を求めない税とは本質的に異なるところである。

税と保険との相違については第二章でも述べるとして、重要なのは、社会保険のこうした特性が、人をより貧困に陥れる側面についてである。これは、国民年金の定額拠出や国民健康保険の応益割の存在を思い出せばただちに分かるであろう。もちろん、減免制度がないわけではないが、例えば国民健康保険には市町村民税の基礎控除額以下(三三万円以下)の世帯に対する保険料軽減制度にみられるように、あくまで減額されるだけである。税とは違い、低所得を理由に支払い義務から免れることができるわけではない。また、免除制度を有する国民年金や被用者保険でさえ現役層にとって逆進的な負担となっていることが分かっており、問題の根は深い(阿部 二〇〇〇、岩本・濱秋 二〇〇八、田中 二〇一〇、松井 二〇〇四)。この点については、後掲図1-6も参照して欲しい。

雇用が不安定化し、所得が趨勢的に低落していくなかで、毎年のように「無保険」状態で死んでいく者が後を絶たないのもそのせいである(『河北新報』二〇一一年三月三日付朝刊)。すでに国民皆保険は体をなしていないものといってよいであろう。また、相次ぐ自己負担、受益者負担の強化によって、日本の医療費水準は最低クラスであっても、患者負担に関しては世界でトップクラスとなっている(二木 二〇〇七:二〇五)。このことも受診の遅れによる不健康や死をもたらしている要因である。

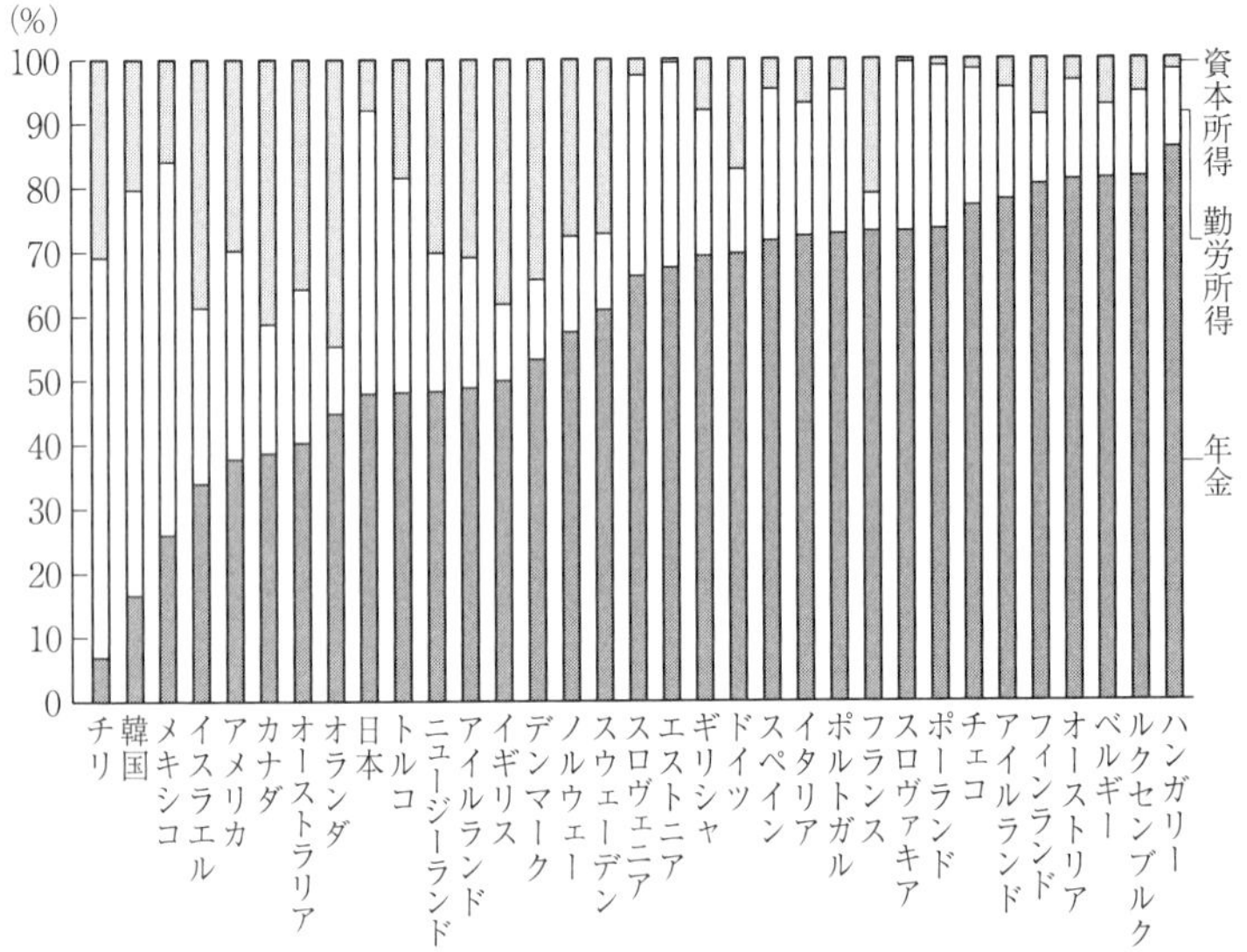

（出典） OECD(2013a)より作成.

図 1-3 高齢世代の所得内訳

最近になって、国民年金や国民健康保険の保険料未納が取りざたされているが、これは負担の逆進性を考えれば当然のことである。年金についてはこうした事態に対して、納付率を上げるために、所得が年四〇〇万円以上かつ一三カ月以上滞納するものに対して強制徴収の対象とすることにした（『朝日新聞』二〇一三年一二月二八日付朝刊）。未納者に対しては、延滞金を課したり、財産を差し押さえるということも考えているというが、社会保険が生活保障のために存在していることを考えれば本末転倒である。

一方で、こうした厳しい負担に見合っただけの保障が行われているわけではない。日本の生活保障システムが雇用に極端に依存していた事実を思い出してほしい。これは裏返せば、低い所得には低水準の社会保障がつきまとう、ということを意味している。例えば年金についてみれば、日本の公的年金制度の所得代替率は極めて低い水準となっている。低所得者の場合には、現役時の所得が低いにもかかわらずその所得代替率はおおよそ五〇%程度と、世界で最も低い水準のグループに属しているのである(OECD 2013a: 141)。また、平均的な所得を稼ぐ者は、公的年金制度から退職前平均所得の三六%を受け取るが、これはOECD諸国では下から三番目に低い水準である。この点、わが国が、多くの国が有する所得再分配的な年金制度や最低所得保障年金を備えていないことも重要である(OECD 2005: 22)。

そのため、多くのものにとって、年金のみで生計を成り立たせることは不可能である。事実、日本では、年金受給年齢に達したとしても多くのものが働くことをやめず、高齢世代の所得源泉のうち勤労所得の割合がかなりの部分を占めている(**図1-3**)。年金収入のみでは生活を保障するには十分ではなく、働くことでようやく生活を成り立たせているのが現状なのである。保険料拠出によって現役層を貧困に追いやりつつ高齢者の生活を保障できない年金などは、一体何のために存在しているというのであろうか。

格差と貧困を〈作る〉税・社会保障制度

以上のように、保険主義的な社会保障制度はすでに限界を迎えているといってよい。ここではこの問題をより詳しくみていくことにしよう。

かつてであれば雇用こそが人生の「決定的な安全保障のシステム」だった。**図1-4**の通り、一九

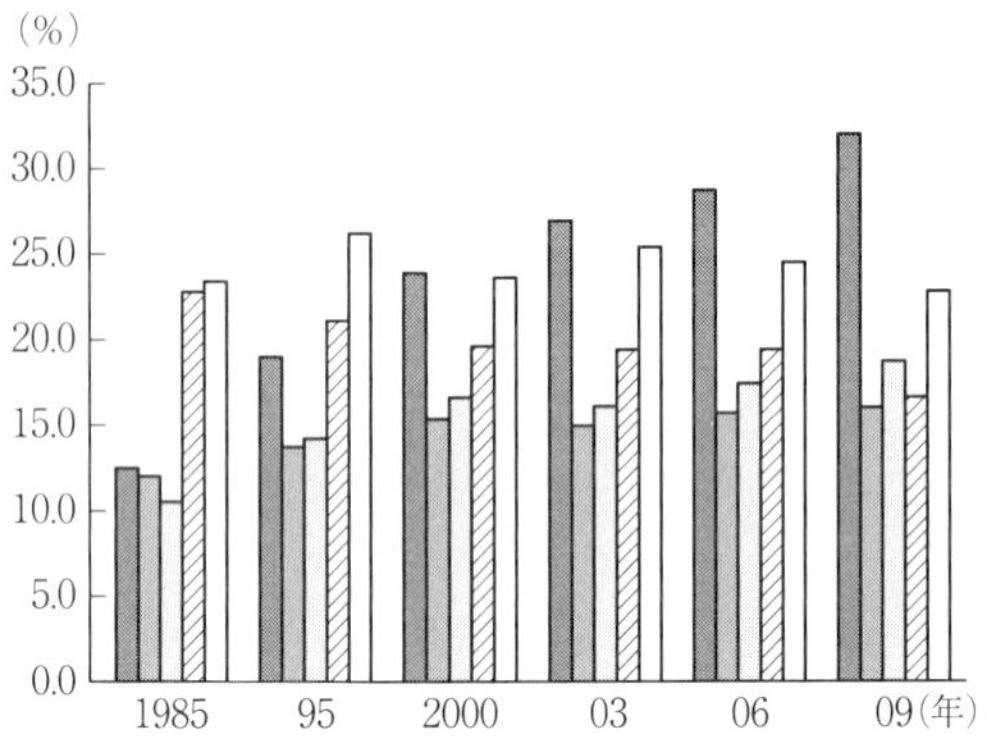

(出典) OECD. StatExtractsより作成.

図1-4 所得再分配前・後の貧困率

八五年における所得再分配前の貧困率は一二・五%であったが、同じ時期の各国の所得再分配前の貧困率は、アメリカ二五・六%(一九八六年)、イギリス二八・二%(一九八五年)、スウェーデン二六・一%(一九八三年)、ドイツ二七・七%(一九八五年)であった。これは、日本の値が極めて低位にあったことを示している。このため日本では、政府による所得再分配は極めて小さな役割を果たすだけでも良かった。実際に、同年の所得再分配後の貧困率は一二%と、ほとんど変化は見られない。このことは、政府以外の民間部門の防貧機能の高さを裏付けるものといってよいであろう(大沢 二〇一四:一五七、高端 二〇一二:一〇八)。

しかし、先述のとおり、不安定就業層が社会の隅々にまで拡がっていった結果、民間部門による防貧機能にはもはや期待することはできなくなっている。二〇〇九年の所得再分配前の貧困率は三二%と、市場所得レベルでみれば三人に一人が貧困状態に陥るようになっているからだ。とりわけ、一八―二五歳の若年層の貧困率は年々

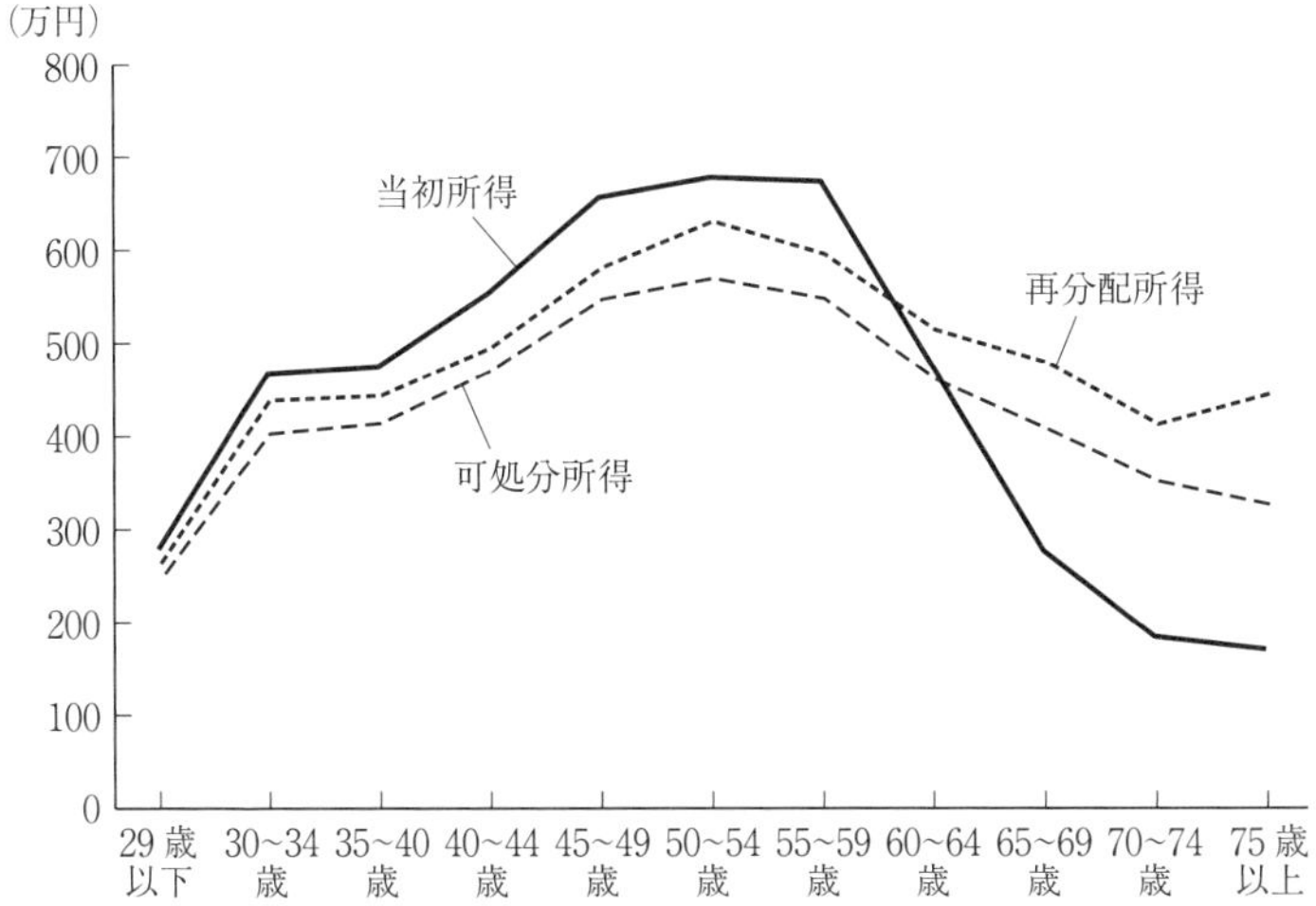

(出典) 厚生労働省『所得再分配調査報告書』2011年より作成.

図1-5 年齢階級別の所得再分配状況

高くなってきており、いまや五人に一人程度が貧困状態に置かれており、事態は深刻である。

税・社会保障制度は、民間部門の防貧機能が劣化している状況に対して、全くといってよいほど対応できていない。**図1－5**は年齢階級別にみた所得再分配の状況を示したものであるが、この図から明らかなとおり、日本の場合、税・社会保障制度があることによって現役層の多くは可処分所得を大きく減少させてしまっている。これは、税負担のほか、年金、医療、介護などの社会保険料のための拠出額が、社会保障制度からの受給額を大きく超えてしまっているためである。一方、高齢層では年金や医療のおかげで、可処分所得が当初所得を大きく上回っている。現役層から高齢層へという「年齢階層間の所得移転」に特化しているのが、日本の社会保障制度の

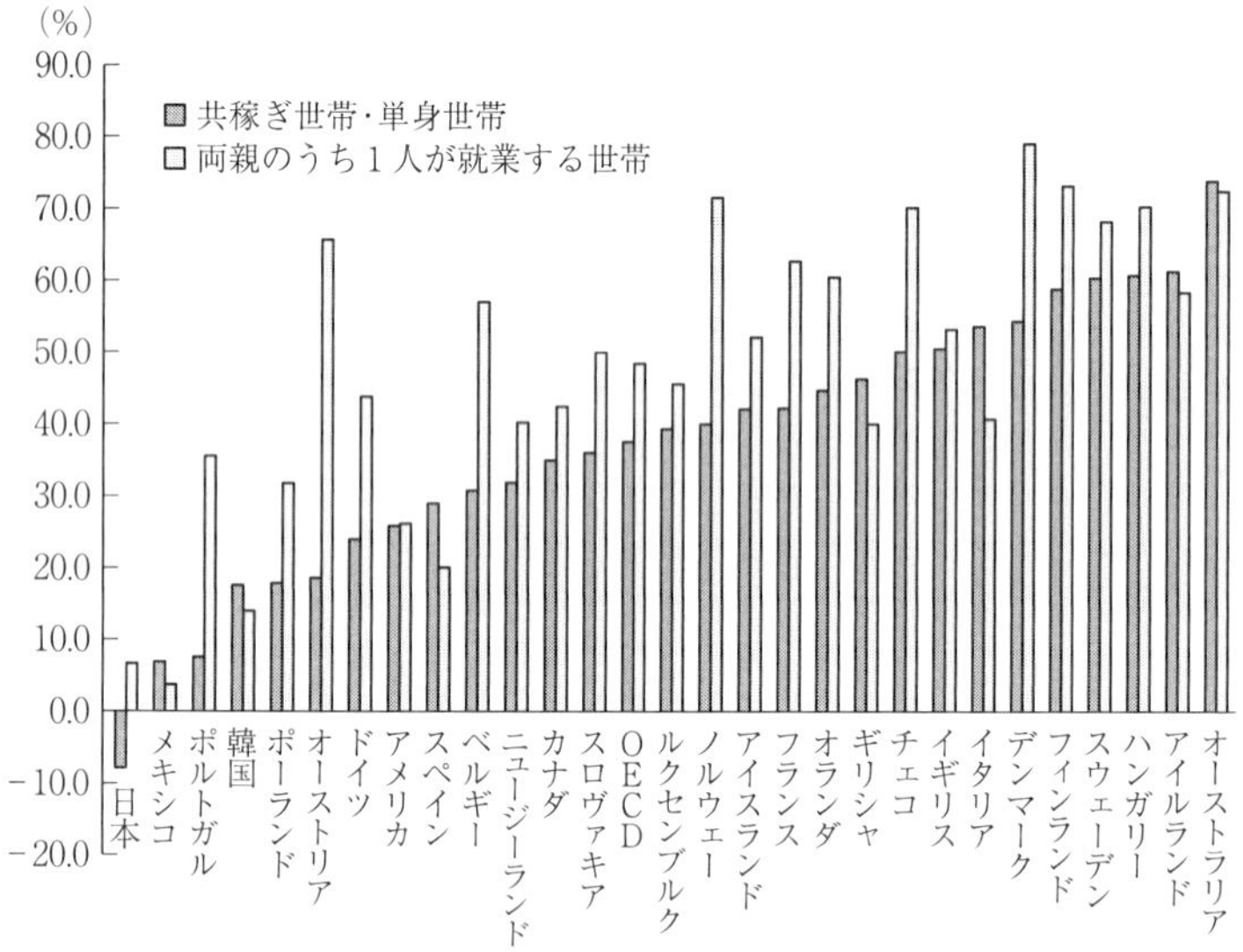

（出典） OECD, *Employment Outlook 2009* より作成.

図1-6 社会保障制度の貧困削減効果（世帯類型別）

特質なのである（小塩 二〇一二a、二〇一二b）。

このように、日本の社会保障制度は「年齢階層間の所得移転」を中心としており、所得格差を是正するために設計されたものではない。このため、驚くべきことに、社会保障制度が存在することによって格差と貧困が拡大してしまう場合さえある。**図1-6**は労働年齢層を「共稼ぎ世帯・単身世帯」と「両親のうち一人が就業する世帯」とに分けて、それぞれに対して（純）公的移転支出がどの程度貧困率を削減しているのかを示している。これをみると、日本の社会保障制度の貧困削減効果はOECD諸国中最低であることが一目瞭然である。特に注目すべきは「共稼ぎ世帯・単身世帯」である。「両親のうち一人が就業する世帯」では

表 1-5　税・社会保障による所得格差の改善度

	ジニ係数 ①	②	③	④	ジニ係数の改善度		
	当初所得	①+社会保障給付金−社会保険料	可処分所得（②−税金）	再分配所得（③+現物給付）	再分配による改善度	社会保障	税
1999 年	0.472	0.400	0.388	0.381	19.2%	16.8%	2.9%
2002 年	0.498	0.399	0.385	0.381	23.5%	20.8%	3.4%
2005 年	0.526	0.406	0.393	0.387	26.4%	24.0%	3.2%
2008 年	0.532	0.402	0.387	0.376	29.3%	26.6%	3.7%
2011 年	0.554	0.407	0.389	0.379	31.5%	28.3%	4.5%

（出典）　厚生労働省『所得再分配調査報告書』2011 年.

わずかではあるがかろうじて貧困率を削減できているのであるが、「共稼ぎ世帯・単身世帯」では貧困削減効果がマイナスとなっている。すなわち、この世帯ではむしろ貧困を拡大させてしまっているのである。社会保障制度の「逆機能」が問題視されるゆえんである（大沢 二〇一四）。生活困窮はとりわけ単身世帯において顕著である以上、これは看過できる事態ではない。

当然、こうした状況に対しては、税制でこれに応ずる、ということが考えられよう。しかし、厚生労働省の『所得再分配調査』によれば、「税による（所得格差の）改善度」は微々たるものである。例えば、**表1-5**にあるように、二〇一一年においては、税は所得格差をわずか四・五%改善できたにすぎない。減税政策が大きく影響していることがうかがえる。現在では八割にのぼる者が限界税率一〇%以内に収まっていることから（望月 二〇〇四：三四、吉田 二〇一一：一九）、適用税率だけをみれば「所得税=累進的」という構図はすでに通用しなくなっている。所得税のフラット・タックス化が進展しているものといえよう（平野 二〇〇六）[6]。税制の崩壊については、本書第三章で詳しく述べる。

家族と雇用の崩壊

そしてさらに、冒頭で示した事例のように、家族と雇用の崩壊はもはや決定的となっており、このことが保険主義的な社会保障制度の問題を深刻化させている。二〇一三年一〇月に公表された国勢調査によれば、単独世帯の割合は三二・四%と、「夫婦と子供から成る世帯」の二七・九%を超え、最も多い家族類型となったことが分かった(総務省 二〇一三a：三〇)。前回調査ではわずかに「夫婦と子供から成る世帯」が上回っていたが、ついに逆転された格好だ。先述したように、社会保障制度はこの夫婦と子供から成るいわゆる「標準世帯」を対象に考えられてきた以上、この家族類型の変容の意味は極めて大きい。

そして、この傾向が今後も反転することはないことも分かっている。国立社会保障・人口問題研究所は世帯類型についての将来推計を出しているが、二〇三五年には単独世帯の割合は三七・二%、なんと四割ほどを占めるに至ると考えられているのである(国立社会保障・人口問題研究所 二〇一三：一二)。一方の標準世帯は二三・三%に減少するものと推計されているので、「単独世帯の標準世帯化」が現実化したものとみてよいであろう。

他方、雇用の変容についてもみておこう。『労働力調査』によれば、非正規雇用者の割合は三六・六%、実数では一九〇六万人であり、この増加傾向はとどまることを知らない(総務省 二〇一三b：八)。もちろん、こうした雇用形態の変化に応じ、所得格差の拡大は深刻化している。事実、労働所得の格差の主因は非正規雇用者層の増大にあるが、これらの層の年間収入の平均は三〇〇万円未満となっており、正規雇用者層との格差は大きい（内閣府 二〇〇九：二二七）。日本の相対的貧困率は国際比較的にみてかなり高位にあることが知られているが、これはワーキングプア層の増大に帰因しているのである（後藤ほか編 二〇一三）。自助の困難は、年功序列と終身雇用を柱とする日本型雇用の崩壊に由来する。[7] 保険主義的な社会保障制度から排除されるものが数多いのは、こうした理由による。

以上のように、数の上ではもはや、非標準世帯と非正規雇用とがわれわれにとっての「標準」である。政策は今後、このような現実を前提に構築していく必要がある。

「高失業」国家＝日本

後者の雇用の問題について、もう少しみておこう。雇用が壊れつつあるという指摘に対しては、ヨーロッパの労働市場の状況を例に出し、「日本はまだマシだ」と言う者もいるかもしれない。世界金融危機で深刻な国家債務危機に陥ったポルトガル、アイスランド、イタリア、ギリシャ、スペインといったＰＩＩＧＳ諸国の異常な数値は別としても、多くの欧州諸国の「失業率」は総じて日本より高いためである。ＯＥＣＤの「失業率」の平均は二〇一三年でおよそ八％、対して日本はその半分の四％程度である。日本の「失業率」は、国際比較的にみても下から数えたほうが早い。[8]

しかし、表面的にみていくら失業率が低いといっても、現実の雇用が人間らしい生活を保障できないものとなっているのであれば、その数字はほとんど何も意味を成さない。実際に、政府が公表する完全失業率（＝「狭義の失業」）ではなく、「広義の失業」についてみれば、日本の失業率は一〇％を大きく超えた「高失業社会」であることが分かっている（同：二一一）。広義の失業とは、失業者のほかに、求職意欲喪失者や生活困難のためにそうした状況を変えたいと希望する不完全就業者をも含めた概念である。ワーキングプアの増大にみられるように、現状の日本の雇用問題とは、雇用か失業か、という二分法で明快に論じられるものではないのである。

こうした不完全就業者の多さは、日本の貧弱な失業時保障の問題と深く関連していることが重要である。わが国の失業者に占める雇用保険受給者の割合は、労働市場の規制緩和と雇用保険制度の改正によって現在ではわずかに二割ほどと、雇用保険を備えている国のなかでは極めて少ないグループに入る(ILO 2010: 246)。そして、失業時保障が貧弱な結果、人々は生活の安定を求めて多少労働環境が悪いとは思っても、目の前にある当座の仕事を選択せざるを得なくなる。社会学者の後藤道夫は、失業時保障のカバー率とその保障水準が低ければ、失業状態でいつづけることが困難となり、意に沿わない条件の職であっても就かざるを得ないとするが(後藤ほか編 二〇一三：六〇)、正鵠を射た指摘であろう。まさに、「ないよりマシ」というわけだ。(9)

このことを念頭におけば、いわゆる「ブラック企業」の問題とは、社会保障が貧弱な結果生じる「失業の恐れ」を使用者側が利用することで、労働者側に違法な労務管理を受容させることが可能な日本的な土壌があったために広まった現象だといえよう。最近、「就職の失敗」を理由とした大学生の自殺が顕著に増大しているが(内閣府 二〇一三)、死の誘引をふりきって就職戦線で勝ち抜いた「勝者」といえども、その後に待つ「選別」「使い捨て」などによって肉体的にも精神的にも磨耗していく(今野 二〇一二)。正社員採用のはずが実際は個人事業主や一人親方扱いされていた、という事例も後を絶たない。「労働基準法上の労働者ではない」ということを口実に、違法な労務管理が行われているわけだ。

雇用については、性差に着目するとさらに深刻な問題が浮かび上がってくる。生活保障システムが「男性稼ぎ主」型であることから、女性の賃金は不当に差別されたものとなっている。国際的にみても、男女間の賃金格差は韓国とともに先進国中最も大きいレベルにある(OECD 2012: 87)。要するに、日本においては、「男性稼ぎ主」を持たないシングルの女性は必然的に貧困に陥ることになるのである(海妻 二〇一二:七八)。事実、新聞報道で話題になったように、わが国では二〇—六四歳の単身女性の三割強が、母子家庭にいたっては六割ほどが貧困状態に陥っているという極めて悲惨な現実がある(『朝日新聞』二〇一一年一二月九日付朝刊)。かつてわが国では「貧困の女性化」現象があまり進んでいないという議論が一般的であったが、それはこれまでの研究が明らかにしてきたように、日本の離婚率の顕著な低さに由来していたのである(堀江 二〇〇一:二〇)。

震災は「誰」を襲ったのか

実は、「被災」の問題もこれまでにみた日本型生活保障システムの綻びと無関係ではない。その惨状を目にみえる形で露呈させたのが、東日本大震災であった。「被災」の問題を被災地固有の問題として理解すると、事柄の重要な側面を見失ってしまう。実際に、NPO法人POSSEと筆者(佐藤)のゼミは共同で仮設入居者の生活実態調査を行ったが、これは〈被災者〉の苦難と〈わたしたち〉の苦難とがかなりの部分で重なっていることを物語るものとなった(渡辺・佐藤 二〇一四)。

調査時(二〇一三年八—一二月)の仮設入居者の平均年収は一七九万円と、震災前の二四九万円から大

き く減少している。別の調査でも、仮設入居者は市全体との比較ではもちろん、みなし仮設との比較においても所得が低く、また、非正規社員比率が高くなっていることが明らかになっている（パーソナルサポートセンター 二〇一二）。この意味で、被災は平等に降りかかるものではないことは明らかである。われわれの調査では、調査対象の四〇世帯中、生活保護の最低生活費を下回る世帯が一二世帯も含まれていた。

収入が減少した主たる理由は、震災による失業と労働条件の悪化にある。調査対象者のうち一二人が就労していたが、そのうち八人は震災後に失業しているのだ。再就職をしても、日雇いなど不安定な就労に流れ込んでいる者もいる。例えば、六〇歳の妻と五六歳の夫からなる世帯では、女性、男性ともにパート収入のみが頼りである。女性はホテルのパート収入で年間一〇〇万円ほど、男性は七〇—八〇万円ほど稼いでいるとのことだ。なお、女性、男性ともに震災前よりも収入は大きく減額しており、震災後にあったビル修理の仕事もいまではあまり入らなくなっている。女性は、「現在の給料では厳しい。本当にきついときは給料の前借りをしている」という。

また、震災によって家族の解体が進んでいる。実際に、震災後には五人以上の世帯が消滅した一方、震災前には八世帯であった単身世帯は震災後には一五世帯へと倍増している。単身世帯化は、震災による死別や震災後の家族関係の悪化のほか、仮設住宅の構造そのものによっても引き起こされている。仮設住宅は、一—四人の都市型の家族を想定しているため、多くのものが入居の際に世帯の分離を行わざるを得なかった。このことが家族の相互扶助機能の劣化を引き起こし、とりわけ高齢者は震災後、買い物や通院などが困難になったり、公的な制度を利用する手続きを行えずに制度から排除されるケースが相次いだ。

こうして苦境に立たされている世帯は、社会保障があることによって救われてはいない。例えば、七二歳の女性と四五歳の息子からなる世帯では、息子が被災により失業したこともあり、わずかな年金収入のみでは生活が苦しいという。一度、生活保護を申請しようとしたが、「息子を頼れ」と言われ、結局は受給を断念している。また、震災後一時的に導入された医療費減免制度もなくなり、病院への通院を減らさざるを得なくなった。ここでも、雇用の劣化に伴う収入の減少と、自己負担に耐えられず受診を抑制している姿が浮かび上がってくる。このケースでは、女性が「抽選で(復興公営住宅への入居が)決まっても、家賃や生活費はどこから払えばいいのか」「それよりも仮設に居続けたい」、と述べていたのは印象的であった。

「被災」とは一面において、単身世帯化による相互扶助機能の劣化と雇用破壊という、日本が抱える問題を強制的に表面化させたものと捉えることもできる。これを救うはずの社会保障制度の空洞化も深刻で、こうした事態に全く対処できていない。おそらく今後、この調査で明らかになった「被災の問題」は、「われわれの問題」として現前することになるだろう。

3　租税抵抗に向き合い、財政への信頼を作る

〈私〉化される財政・社会保障制度に抗して

これまでみてきたように、日本型の生活保障システムは決定的に崩壊している。とりわけ、男性の

雇用を確保し、これによって被用者保険へと人々を包摂していく仕組みは、雇用の崩壊という現実を前にその土台から掘り崩されているといってよい。

こうした社会の危機は財政が引き受けていくほかはなく、普遍主義的な社会保障制度の確立が必要である。そしてそのためには、税制を再構築する必要がある。保険料や受益者負担とは異なり、税により負担とリスクを「分かち合う」ことで、〈私〉化の論理への歯止めとなるからである（神野 二〇一〇）。もちろん、現在では、人々が抱える多様なニーズに対応するために多くのNPOが活躍するようになっている。ただし、社会保障分野でこうした市民団体が利益を出して継続的に活動することも困難である。彼らの活動を支えるためにも税財政の拡充は不可欠だといえよう。

租税抵抗を回避するために税収依存度を切り下げていった結果、日本の租税国家は債務に塗《まみ》れ、破綻寸前である。次章以降で詳しく論じるが、租税国家の危機は人々の間での税・財政に対する「合意の危機」に由来する。「合意」をいかに作れるかが、租税抵抗を考えるうえでは非常に重要な点である。アタリが言うように、国家の債務とは、国が担うべき役割に関する社会的コンセンサスの弱さを計るモノサシなのだ（アタリ 二〇一一：一六九）。政府が、財政が「人々のためにある」という説明と実践を放棄し、租税抵抗を避けるために安易に債務や受益者負担に依存したことが、この国を際限ない財政再建の泥沼におしやり、人々を生活困窮に陥れている。

今、われわれが経験していることは「特殊な環境におかれた人々が経験していること」ではなく、「共同の困難」である。そうであればわれわれが必要としているのは、この「共同の困難」に対応した「公共的な政府」、これである。国家破産を避けることも、良き生を享受することも同時に可能であることを示さなければならない(第五章を参照)。

本章では、日本の税・社会保障制度の現状を概観した。次章では、租税抵抗の問題をより深く考えるために、これを理論的・歴史的に検討していくことにしよう。

第二章　租税抵抗の歴史的文脈

1　租税抵抗はなぜ生じるか

「共同の困難」から生まれた租税国家

本章では、租税抵抗が日本でなぜ生じるのかを、租税国家の形成史を踏まえつつ論じる。

この問題を明らかにしていくにあたって、初めに触れなければならないのは、シュンペーターの租税国家論である。彼の議論は、租税国家と公共性との関係を真正面から取上げており、租税抵抗が生じるゆえんを解き明かす手がかりとなる。彼の脳裏に直接浮かんでいたのは、第一次世界大戦で荒廃したオーストリアの姿であったが、同時に彼は近代国家生成に関する普遍的な事柄も語っているがゆえに、日本財政の現在の危機を理解するための鍵もまた隠されているのである。

彼はかつて、『租税国家の危機』のなかで次のように述べたことがある(シュンペーター 一九八三[一九一八]：三四)。

財政上の要求は、近代国家誕生の最初の刺激であるのだ。それだからこそ、「租税」は、「租税国家」という表現がほとんど重複語ともおもわれるほど、深く国家と関連する。

ここに記したように、シュンペーターは、「租税」と「国家」との親密なる運命を「租税国家」という言葉で表現した。彼が言うように、封建国家と近代国家との質的な差異は、国家の「欲求充足方式」の差異に由来している。封建国家は、所有地収入や各種の特権収入、あるいは家臣からの貢納等といった「家産《パトリモニウム》」的な財源に立脚しており、したがって「自己の利益」のために任意に利用可能であった。しかし、大きな戦争が生じ、ひとたびこうした収入だけでやりくりできなくなると、地方領主は等族に租税を要求せざるを得なくなる。国家の「無産性」は、前近代国家と近代国家とを分かつメルクマールの一つである。

ここで重要なのは、領主が租税徴収の根拠として、今直面している「危機」が「かれの個人的な事柄」ではなく、「共同の困難」であることを訴えなければならなかった点である。このときはじめて領主が支配する「私」的な世界に対して、「公」的なものが持ち込まれることになったのである。シュンペーターはこうした「公的領域」の誕生と近代国家の生成との関係を重視し、「「共同の困難」から国家は生まれた」とする(同：二四)。

また、シュンペーターは同じ箇所で、領主の説得に対する、租税を徴収される側の「同意」についても言及している。財政学でも通常、古代よりある「公課」と近代国家以降主要な財源となった「租税」とを区別するが、これは後者における「同意」という契機を重視するためである。こうした近代的租税の始まりをなす税は「懇願税」(Bede)と呼ばれ、特に注目されてきた。私的所有から疎外された国家は常に、自ら行うことが「公共的」であることを示し、財産所有者側がこれに承認を与えてはじめて国家運営が可能となったからである。このように、近代国家の生成には「国家経費の共同負担的意識」と「租税承認」とを必要とする（大畑 一九六五：五三）。シュンペーターが、「国家がひとたび成立したばあい、「公共的」または「国家的」事項となりえないようなものは存在しないし、また、そうでない場合、国家について語ることができない」と言ったのは、およそこのような意味においてである（シュンペーター 一九八三：一八）。

仮に国家が租税徴収の根拠として「公共性」を提示できない場合にいかなる事態が生じるのか。これが、租税抵抗である。シュンペーターと同様、租税国家の生成について目を向けた社会学者のノルベルト・エリアスは、「公のこと」や「国家」という表現が、領主と王に対する抵抗の言葉でさえあったと指摘した（エリアス 一九七八：三一七）。租税国家が成立して公共圏が形成されてから、国家権力の行為が不正に満ちていると感じられるのであれば、人民もまた同じように「公」の概念を持ち出すことで、国家に立ち向かい、抵抗するようになったのである。

租税がかくも人民の抵抗を引き起こすのは、これがその本質として「強制性」を有しているからである。租税とは、「反対給付の請求を伴わぬ強制公課」のことであり、強制性と無償性ないし一般報償性とを特徴としている（シュメルダース 一九六七［一九六五］：四一四）。この点は、自発性と有償性ないし個別報償性とを特徴とする保険料や自己負担などの受益者負担といった財源調達手段とは明らかに異なる点である。自分の意思による支払いではないということ、自分に利益が帰着しないかもしれないということ、租税のこの特徴が国家嫌悪や租税抵抗を引き起こす原因となる。

租税国家は債務国家化の道を歩む

繰り返すが、租税国家は常に、租税を徴収する際に、それが公共のために処分されることを示し続けなければならない。とりわけ、現代のように国家の活動が広範な福祉国家の時代には、この努力は必須である。かつてのように、治安と軍事を主たる内容とし、相対的に租税に依存するところの少ない「安価な政府」の時代ではないからである。

実は、債務国家というのは、国家が公共的であろうとする努力をせず、租税抵抗を安易な形で回避しようとするところに生じるものである。リカードの等価定理は、租税と公債とが経済的にみて等価であることを説くが、施政者側の判断としても購買力を移転する側としても、この区別は実のところ極めて重要である。財政心理学という独自の領域を切り開き、租税抵抗問題を正面から取上げたシュメルダースは、「心理的にみると、租税と国債は対立物であって、火と水のようなものである」という(同：五四五―五四六)。

それというのも、租税のもつ強制的性格によって、その不公正な賦課・割当が「あらゆる規模の租税抵抗を挑発する」が、一方、国家の保証が付随した資本証券たる国債は、人々の遊戯本能や名誉欲などを刺激し、自ら購買力を国家に移転するような積極的な反応を喚起することができるからである。「租税か公債か」を決定する基準は、「経済の領域よりも、むしろ政治的・心理的な領域に存在する」(同)。

このように、公債と租税との相違は、資金提供者が公債に応募するときの自由意思にあり、この公債応募の自発性という点は、租税支払いの強制性と比べて著しく対照的である。そのため、国民の側の主観的反応を考慮し、租税抵抗を回避しようとすれば、債務国家への道を歩むはめになる。世界的にみて極端に低い租税負担率と極端に重い債務負担とが結びつくわが国の事例は、この典型であると考えて良い。前章図1-1にあるとおり、直接税減税による税収の減少と公債発行額の増大の関係は明白だ。ちなみに、ゴルトシャイトがいうように、債務国家化は金融資本による「国家の収奪」を伴うものとなる(Goldscheid 1925＝1967: 203)。そしてこれは、貧しい人々の購買力を豊かなものへと移転し、格差と貧困を拡大させていく道でもある。消費税増税によって財政再建を達成し、債務の返済を保証しようとする社会保障・税一体改革を行う日本の現状とまるで瓜二つである。

租税国家と債務国家。この二つは、租税国家が財産から疎外された本源的に貧しい無産国家であるがゆえに、極めて近い距離にある。

減税に次ぐ減税

以上のことを考慮すれば、税制を立て直す際に必要なことは、近代税制が生まれた起源へと立ち戻ることである。税は、社会が直面した「共同の困難」に対処すべく生まれたはずだ。今日、「共同の困難」といえば家族と雇用の崩壊という、人々が広く経験する社会的なリスクにこそある(第一章を参照)。社会的な危機から目を背ける政府には、当然信頼など生まれようはずがない。実際に、第四章、第五章でみるように、普遍主義的な社会保障を構築し、社会的なリスクに対応した国ほど財政の信頼構築に成功しているのである。

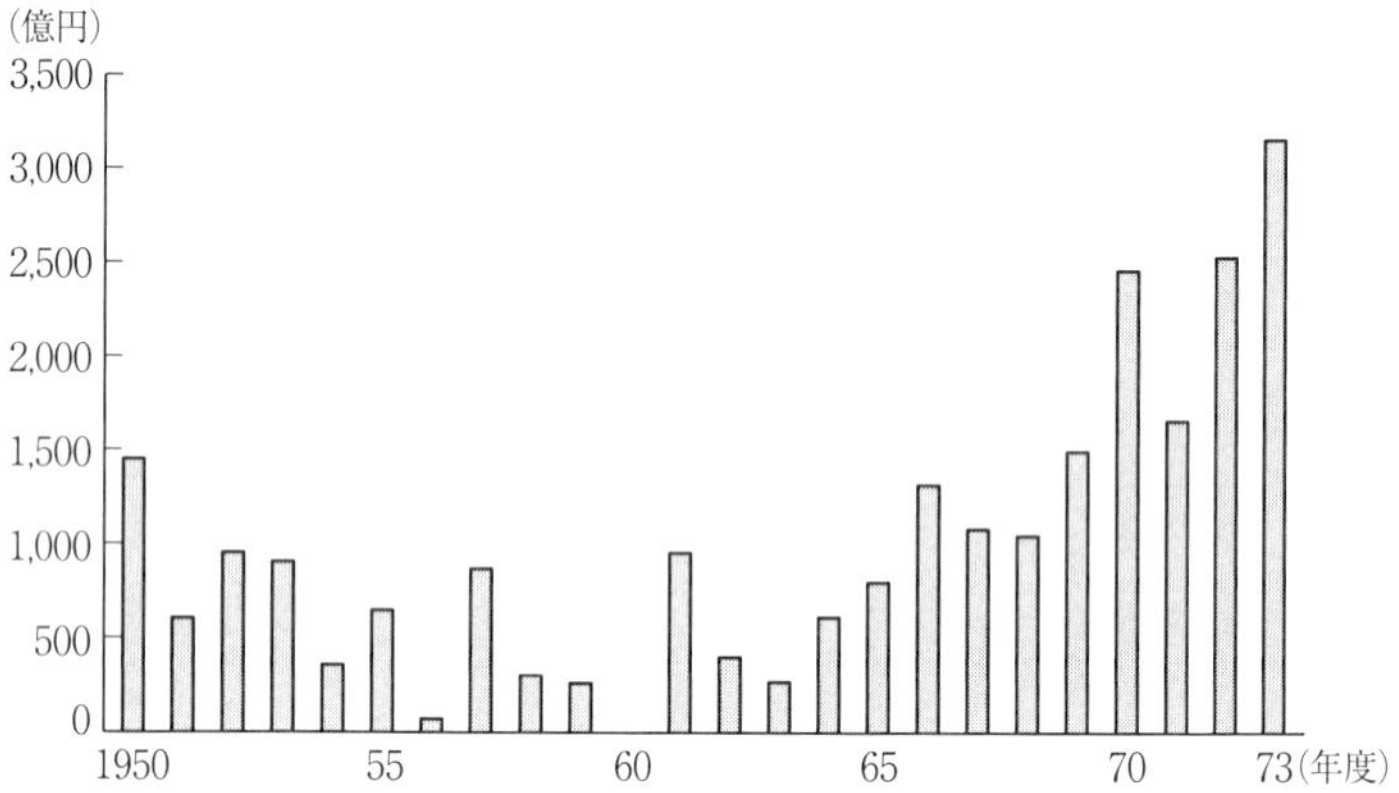

(出典) 大蔵省財政史室編(1990: 273), および財務省財務総合政策研究所財政史室編(2003a: 187)より作成.

図 2-1 所得税減税額の推移

しかし、日本ではこうした問題を正面から捉えることはしなかった。租税負担率が他国と比べてかなり低位にあったにもかかわらず、高度経済成長下には毎年のように減税が行われてきた。こうした積み重ねの結果として、前章でみた「小さな政府」日本が形成・定着したわけである。実際に、**図 2-1** にあるとおり、所得税だけでみても毎年数百億円から数千億円単位で減税が行われてきた。まさに、「戦後の税制改正の歴史は、所得税の減税の歴史といっても過言ではない」(大蔵省財政史室編 一九九〇：二七三)。

こうした減税政策は、前章でみたような租税負担「感」の高さを緩和するために行われてきたという経緯がある。日本における租税負担「感」の高さは、前章でみたISSPのような国際的な世論調査のほか、総理府が行った世論調査によっても何度も確認されており、定型的な事実であると考えてよい(1)。

それでは、こうした減税政策が人々の租税負担感

表 2-1　税の負担感と不公平感(1986 年)

(%)

		税の負担感							
		該当者(人)	感じていない			感じている			わからない
				全然負担には感じていない	あまり負担を感じていない		ある程度負担を感じている	非常に負担と感じている	
総数		3,902	17.2	2.1	15.1	73.4	49.5	24.0	9.4
年齢	20–29 歳	439	18.2	2.1	16.2	66.7	53.1	13.7	15.0
	30–39 歳	862	14.3	1.0	13.2	81.4	55.7	25.8	4.3
	40–49 歳	929	13.2	1.6	11.6	82.3	51.6	30.8	4.4
	50–59 歳	872	15.8	1.9	13.9	77.5	49.3	28.2	6.7
	60 歳以上	800	25.8	4.0	21.8	53.8	38.5	15.3	20.5
世帯年収	200 万円未満	324	23.8	3.7	20.1	54.9	38.9	16.0	21.3
	200–400 万円未満	1,047	18.1	2.3	15.9	76.2	54.3	21.9	5.6
	400–600 万円未満	873	15.3	1.4	14.0	79.7	52.2	27.5	4.9
	600–800 万円未満	399	9.8	1.8	8.0	86.5	57.9	28.6	3.8
	800–1000 万円未満	183	13.1	1.6	11.5	83.6	51.9	31.7	3.3
	1000 万円以上	161	13.0	0.6	12.4	85.7	45.3	40.4	1.2
	収入なし	16	18.8	—	18.8	37.5	12.5	25.0	43.8
	わからない	560	22.7	2.9	19.8	54.8	37.9	17.0	22.5
	答えない	339	16.2	2.1	14.2	72.3	49.0	23.3	11.5

		税の不公平感					
		該当者(人)	不公平があると思う	ある程度は不公平があると思う	どちらともいえない	わからない	不公平はないと思う
総数		3,902	43.1	38.2	7.0	6.8	4.8
本人職業	自営者	700	37.1	41.9	8.6	5.4	7.0
	家族従業者	313	34.2	44.1	9.3	8.9	3.5
	被用者	1,506	50.1	38.4	4.4	3.9	3.3
	無職	1,383	40.6	34.9	8.6	10.1	5.7

(出典)　総理府広報室(1986: 11, 14)より作成.

を減じさせていくことができたのかというと、決してそうではなかった。わが国では、一九七〇年代まで一貫して減税政策をとり続けてきたにも拘らず、一九八〇年代には「不公平」税制論が一挙に盛り上がることになるのである。(2) これは、申告所得と源泉所得との間に収入の把握や経費の認定において差があり、源泉徴収される給与所得者に不公平感が募っていたという問題である。**表2-1**のとおり、被用者のなんと九割近くが所得税を「不公平」だとみなしており、「税の公平感を巡って緊張した世相」を迎えることになった(財務省財務総合政策研究所財政史室編 二〇〇三a：三八〇)。

こうした問題に対して政府は、所得税の減税と消費税の導入を行うことになる。課税所得の捕捉に不均衡があるならば、所得にかかわらず消費税によって一律に負担を求めればよい、という単純な論理からである。

これが租税抵抗という問題に正面から取り組んだ結果かというと、実のところかなり疑わしい。政府側が重視したのは、消費税が、後述する受益者負担と同様、租税抵抗の回避という観点から多大なメリットがあるという点だ。というのも、消費税は商品の価格の中に租税を含ませることができるため、商品を消費することによる便益と課税による苦痛とを相殺することができるからである。そのため、一般的にいって、消費税は所得税と比べて租税の「可視性」を低く抑えられる(シュメルダース 一九八一［一九七〇］：四四四)。一九八八年四月の『税制改革についての中間答申』が、消費の大きさに応じて比例的な負担を求める消費税の対価的な性格をメリットとして挙げたのもこのためである(財務省財務総合政策研究所財政史室編 二〇〇三b：一二八)。

ただし、こうした国庫を満たすためだけの財源論的な戦略は、実のところ問題を真に捉えたもので

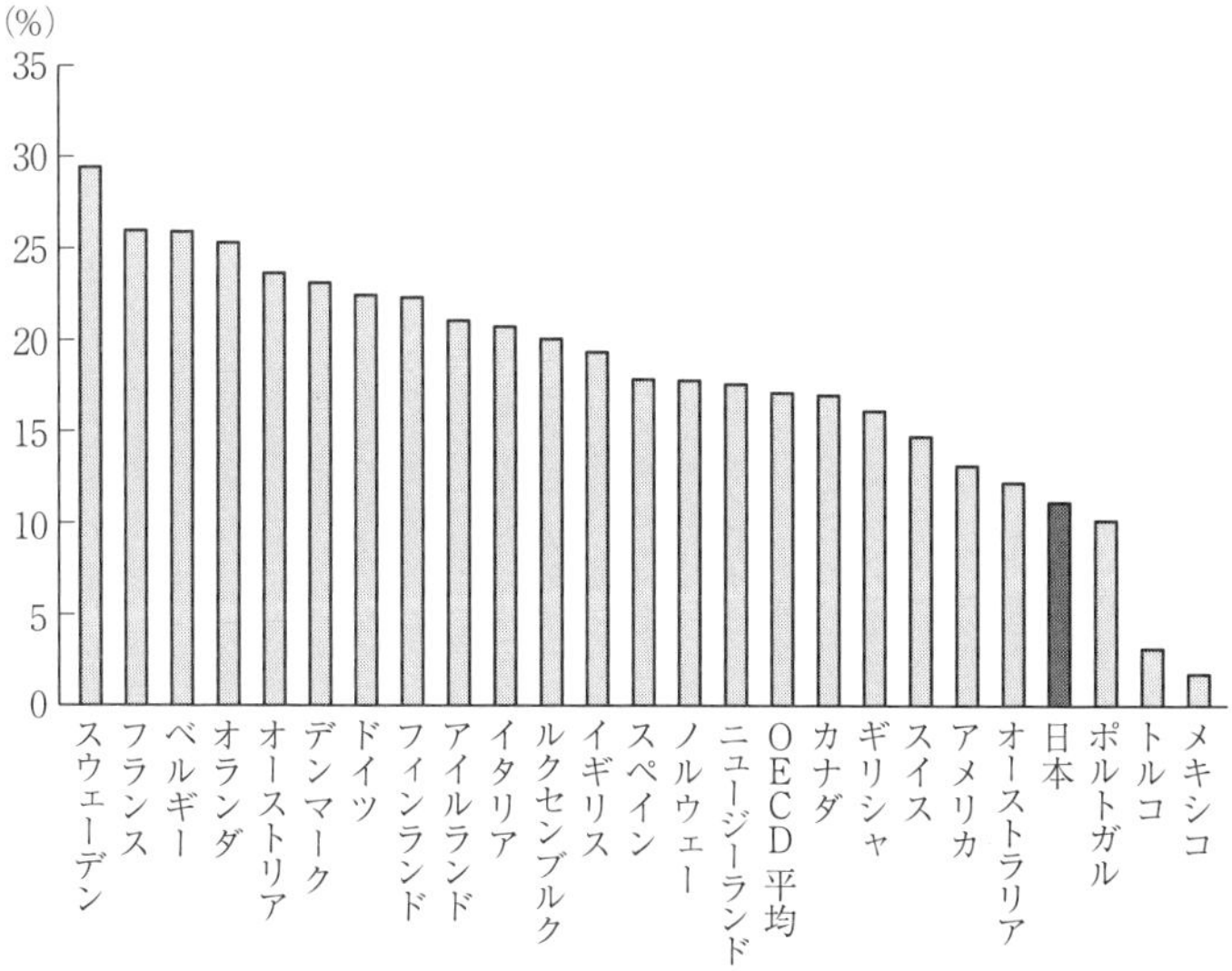

(出典) OECD. StatExtractsより作成.

図2-2 社会保障費の対GDP比(1985年)

はない。重要であるのは、藤田晴が指摘するように、税負担「感」には、絶対的な税負担の水準よりも「公共サービスに対する評価と比較した相対的な税負担感」が影響している点である(藤田 一九七二：二八六)。日本の公共サービスがどれだけ低水準なものであったかは、**図2-2**をみれば一目瞭然である。日本で不公平税制論が最高潮に達していた一九八〇年代における社会保障費の対GDP比は、アメリカをも下回り、先進国中最も小さなグループに属していたのである。

実は当時の政府は、こうした問題を一定程度把握できていたような節がある。次のように政府税制調査会は、給与所得者の負担の累増感を、人々の生活保障との関係で捉えていたからだ。「個人所得課税の納税者の大宗をなす給与所得者について、生涯の各段階における稼得、支出のパターンをみると、その年収は就職時の低い水準から中堅段階に至るとある程度の水準に達しはするが、他方、結婚、育児、教育、住宅取得等により家計上の諸支出も増加する。そして支出の増加の一方で、所得の上昇の結果、累進課税により税負担は累増する。したがって、収入の大きさは必ずしも文化教養に親しむゆとりのある生活を営むための支出能力と結びつかず、それが家計の逼迫感を醸し出している面があるのではないか。また、税負担の累増感に結びついているのではないか」(税務経理協会編 一九八六：一二)。

こうした認識の正しさは、一九八六年の租税に関する世論調査によって裏付けることができる。表2−1をみると、ちょうど四〇―四九歳の頃、収入の上昇とともに税負担も高まってくる年齢階層において税の負担感がピークになっている。この年齢層は、育児、教育、住宅取得など家計上の諸支出の負担も多くなっている頃である。収入面でみればそれは、六〇〇―八〇〇万円の中堅所得層にあたるであろう。まだ所得も支出も少ない二〇―二九歳の若年層や、年金の受給が始まる六〇歳以上で負担感が小さくなっていることとは対照的である。

このことと関連して、不公平税制論が、社会保障の資格付与との関係で深刻さを増していたことも忘れてはならない。例えば、同じような所得で同じような暮らしをしているのに、片方は納税証明書の額が少ないから、安い保育料で子供を保育所に入所させたりすることができるというようなことが問題視されていた(大内ほか 一九八三：三四七)。この時期にはすでに、人口の高齢化や核家族化の進展を前に、普遍的な社会保障の必要性が認識されるようになっており(後述)、税負担の不公平という問題はこうした人々の生活保障の再構築との関係で検討されなければならなかったのである。

結局のところ、所得税減税と消費税導入をセットにした「税制の抜本改革」は、税制の信頼構築に寄与することはなく、一九九〇年代には大規模な減税政策を招くことになる。実際に、社会保障を除く租税負担の対GDP比は、一九八九年の二一・一%をピークにその後減少し、二〇一一年では一六・八%となった。OECD平均はほぼ一定を保っており、これだけ租税負担を減らした国も珍しい。

この間、細川護煕が突如持ち出した福祉目的税構想の無残な敗北、橋本龍太郎の消費税引き上げが引き起こした政治上の混乱、それを収拾しようとした「世界一の借金王」小渕恵三の大規模な景気対策、小泉純一郎による新自由主義的な路線への回帰と、政策は揺れにゆれ、日本社会は未曽有の財政赤字を作りつつ、ゆっくりと自壊していった。国庫の観点から租税抵抗を安易な形で回避しようとしたが、それは一時的に問題を糊塗することさえできなかったのである。

土建国家と保険主義的な社会保障との関係

崩壊した税制の現状については次章で詳しくみるとして、ここでは、社会保障制度が租税抵抗を増大させる側面についてみていくことにする。日本の社会保障制度は、人々の連帯を生み出すどころか、それがあることによってかえって分断を進めていってしまう。これが、財政の公共性を立ち上げる際の妨げとなっているのである。

前章で論じたように、日本の社会保障制度は保険主義的な構造をとっており、社会保険制度に包摂されるか否かは死活問題である。井手英策が指摘するように、日本は「経済成長を与件としつつ、公共投資と減税を政策の中核に据えた利益配分システム」、すなわち、土建国家的な財政構造を備えているが（井手 二〇一三：六三）、こうした開発主義的な国家体制と保険主義的な社会保障制度は極めて相性が良い。公共投資により経済成長を促すことで雇用を生み、そのことによって人々を社会保険へと包摂する。そしてまた、減税によって人々の可処分所得を増やすことで、保険料負担に耐えられるような経済的な素地を作ることができるからだ。前章でみた民間による防貧機能の高さは、このような形で土建国家によって作り出されたところも大きい。実際に、**図2-3**のとおり、戦後、先進諸国が福祉国家を定着させたなかにあって、日本の場合、福祉元年の一九七三年までは一般会計の公共事業関係費が社会保障関係費を常に上回っていた。社会保障関係費が公共事業関係費を上回って以降も、国際的には日本の公共事業費の割合は一時期までかなり高位に推移している（**図2-4**）。

注意すべきことは、日本の場合、社会保険制度が職業ごとに分立的な構造となっている点である。これは、第一次世界大戦とロシア革命を経て国内を労働争議が席巻するなか成立した一九二二年の健康保険法が、一部の労働者のみを対象としていたことに由来する（相澤 二〇〇三：三二）。戦後に成立した皆保険制度は、これをただ被用者以外の者にも外延的に拡大させていったにすぎず、保険料や給付率などさまざまな格差を伴ったものであった。例えば給付率については、新国民健康保険法制定時において、被用者保険で世帯主一〇割・世帯員五割、国保では世帯主・世帯員ともに五割という格差があったのである（永廣 二〇一四：一八二）。

皆保険が成立した一九六〇年代以降は、この給付率の格差を埋め合わせるために、国庫負担の投入が続けられることになった。とりわけ、国民健康保険制度の被保険者からは健康保険と比して低い給付率が非難されており、一九六三年度を初年度とする五カ年計画によって、七割への引き上げが目指

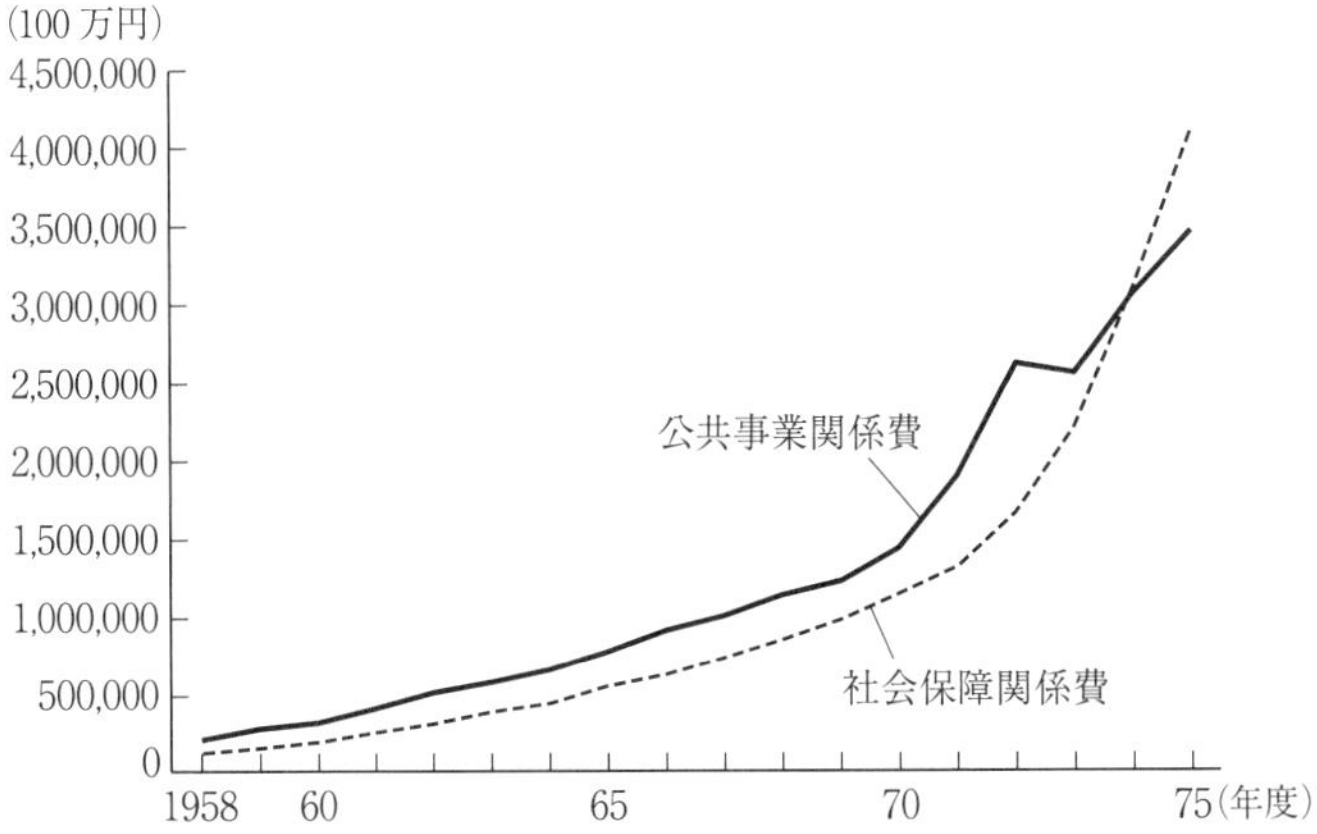

(出典) 総務省統計局『日本の長期統計系列 一般会計主要経費別決算額』より作成.

図 2-3 社会保障費と公共事業費の推移

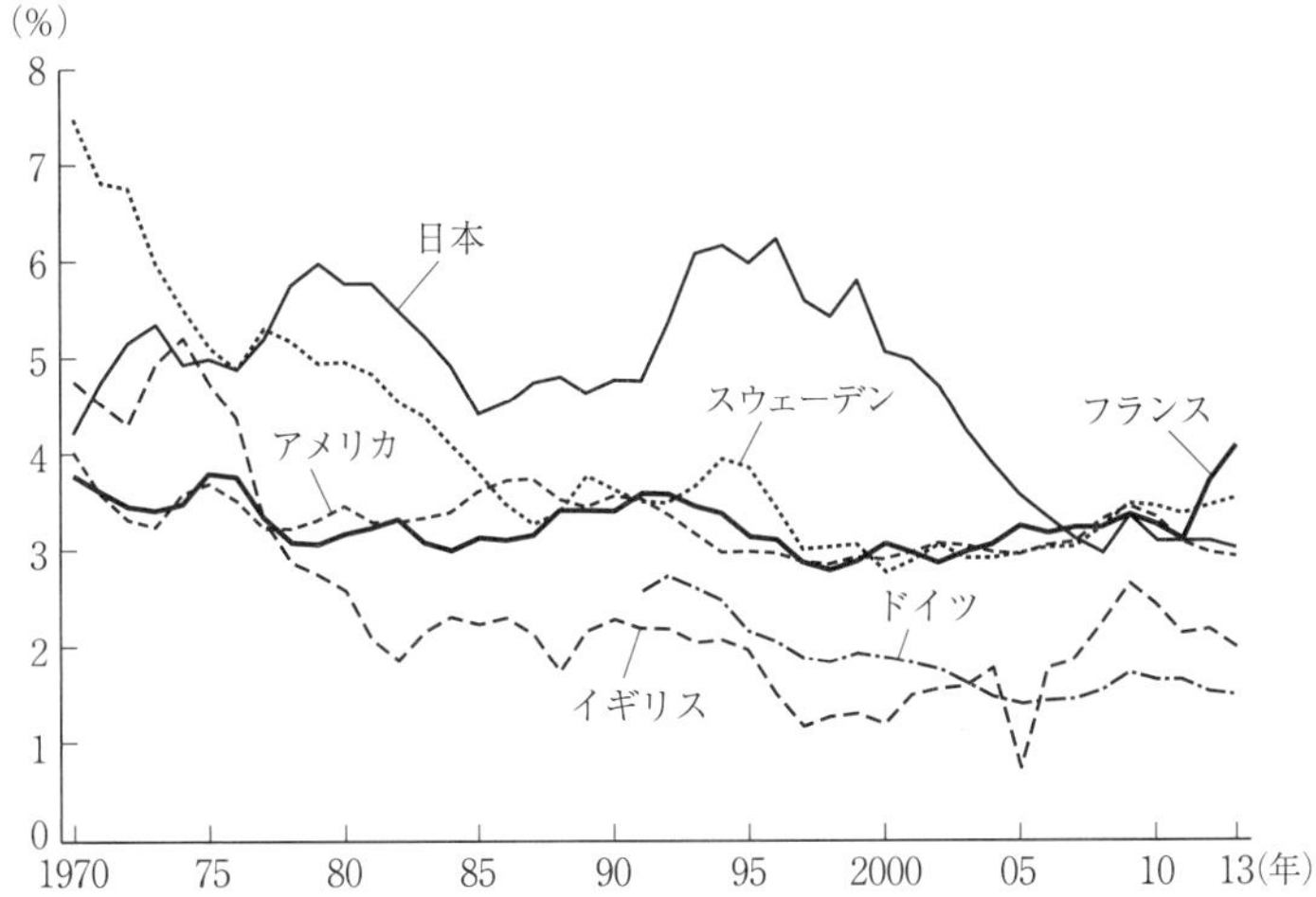

(注) ドイツは統一後の数字のみ表示. また, 93SNA から 08SNA への変更があるため, アメリカのみ "OECD Economic Outlook No. 90" の数字を使用.
(出典) OECD, "OECD Economic Outlook No. 94", *OECD Economic Outlook Statistics and Projecstions*(database), 2013.

図 2-4 公共投資(政府固定資本形成)対 GDP 比の推移

されることになった(同：一八三)。社会保険制度の整備に尽力した厚生官僚の花澤武夫が回顧するように、制度の分立状態と加入者の対立を利用し、社会保険を整備・拡充していく「均衡論」はわが国では「おきまり」の手法である(厚生団 一九七四：七二六)。

社会保険への国庫負担はもともと戦前のとき、国家もまた雇主や被保険者とともに「社会連帯」の観点から保険料負担を行う必要があるとのことから始まったものである(永廣 二〇〇四：二三四)。主要国では労使による保険料のみで制度運営を行うことから、この国庫負担の大きさは、わが国社会保険制度の特質の一つであると考えてよい。イギリスではほぼ全額が国庫負担ではあるが、給付率の格差など、制度間の公平性を確保するために国庫負担が行われる例は先進国では見られない(社会保障研究所編 一九七五：二三六八)。

ただし、日本の場合、こうした国庫負担の投入はあくまで経済成長が続く限りにおいて行われ、経済成長が止めば一転、その切り下げが始まっていく(永廣 二〇一四：一九二)。その場合は、今度は国庫負担を増大させた論理とちょうど逆のことが生じることになる。要するに、「公平」の観点から給付率の低いところに水準を合わせ、国庫負担を引いていくのである。また、それとともに、サービスの受益が個々の利用者に帰着するという理由でもって、保険料の引き上げや自己負担の導入など受益者負担の導入が始まっていく。国家は社会連帯から手を引き、代わりに社会保障制度は〈私〉化されていくのである。こうして連帯の象徴であるべき社会保障制度は、財政再建目的から人々を対立させる道具となっていく。

大蔵省が国庫負担の引き下げを本格的に検討し始めたのは、一九六五年、戦後初めて赤字国債を発行する必要に迫られてからであった。この論理は後に、財政硬直化キャンペーンの基礎となり、一九七〇年代、一九八〇年代と財政再建が必至となるなかで練磨されていく。さらに、医療保険を中心に練られた受益者負担の論理は、その他の介護保険や障害者施策の利用者負担や難病対策における医療費自己負担といった形で、次々とその他の社会保障領域にも侵入していってしまう。現在でも、「負担の公平」という観点から、難病患者の医療費自己負担の増額、七〇―七四歳の医療費自己負担の一割から二割への引き上げ、介護保険の利用者負担の一割から二割への引き上げなど、とどまるところを知らない。次節以降では、こうした日本型負担配分の特質を、財政制度審議会における議論を掘り起こしつつ明らかにしていく。

2　日本型負担配分の論理

行政の責任領域の見直しと社会保障

国庫負担の引き下げについて議論をリードしたのは、大蔵省主計局、とりわけ、新たにその機能を拡充した財政制度審議会であった。財政制度審議会は、一九五〇年に、会計制度調査会に代わるものとして設置された審議会である。この関係から、財政制度審議会は当初、国の会計経理に関する事項を調査審議する、極めて限定的な役割を担わされていたにすぎない(財政制度審議会 一九六五a：三六〇―三六一)。しかし、第一次臨時行政調査会が、行政改革の内容を専門的に議論する場を設けるよう答申したことを踏まえ、財政制度審議会はその機能を拡充することになった。要するに、この審議会の役割は、始めから行政改革の推進にあった。

このとき、後に「増税なき財政再建」を掲げる第二次臨時行政調査会で会長を務めることになる土光敏夫や、同調査会委員となる谷村裕がいたことは興味深い。谷村は、新規にスタートした財政制度審議会に事務局側として参加した主計局長であり、「財政の硬直化」に早くから目をつけていた[3]。行政改革に関する議論は、小さくはあるが伏流をなし、その後の「財政の公共性」をめぐる議論に大きな影響を残すことになる。このときの議論を振り返ってみよう。

「非公開ということを建て前といたしました中で、今まで部外に申し上げておらない点につきましても、ひとつ思い切ってある程度申し上げることにしようと考えております」(財政制度審議会 一九六五b：一二)。谷村がこう述べたように、「委員限」と書かれた議事録と資料の束には、このときの議論が生々しく記録されている。会の冒頭で、赤字公債の発行という異例の事態に直面する審議会が何を議論の俎上に載せるのかという問題について、谷村は次のように述べる。

結論的にいいますと、従来の均衡財政方針は、これは現実的にも転換の時期に迫られているし、また、思想的にというと少し上品すぎますが、ものの考え方としても、転換されて行ってしかるべき時期にきているのではないかということ。しかしながら、あくまで財政の本質というものを常にわれわれは注意して、いたずらに放漫化し、膨張し、なんでもかんでも尻が財政にくるということではなしに、財政は一体何をいかなる程度に、どういう方法になすべきかという基準なり考え方をしっかりと立てて、いわば国民経済の中でバランスのとれた、そうしてまた、内容のある合理的なものにして、それがすなわち均衡財政はとれなくなっても、健全財政という線は維持して行く道ではないか。(傍点は筆者)

福田赳夫蔵相(当時)が慌ただしく席を立った後で、谷村は財政の危機的状況を「前置き」として一気に語ったうえで、審議会の議論の方針を設定してみせた(同：二八)。「財政は一体何をいかなる程度に、どういう方法になすべきか」という論点は、谷村の、ひいては後の第二次臨調の思想ともなる重要な部分であろう(谷村 一九八八：一一四)。この審議会には、この時期が「とにかく国が借金をしようという財政史上画期的な転換のとき」であり、この期を「行政機構のむだな部分を合理化する一つのチャンス」と捉える空気が充満していた(財政制度審議会 一九六五c：七)[4]。主計局の立場からは、赤字公債の発行によって「均衡財政」を放棄せざるを得なくなったとしても「健全財政」は死守しなければならないというわけだ[5]。

このとき、赤字公債の発行との関係で議論されるようになったのが、財政が国民経済に占める「規模」の問題である。「国民負担率」を一定限度以内に抑制することが目標とされたのは第二次臨調以後のことであるが、財政当局側にも前史がないわけではない。再発足した財政制度審議会において、赤字公債の発行を余儀なくされたときに、健全財政主義の「保険」として主計局側が持ち出したのが、「財政の規模」論であったのである。それによれば、「公債発行によって財政の放漫化を招き、ひいては経済の過熱を誘発するようなことは厳にいましめなければなら」ず、「健全財政を堅持するためには、予算規模の決定がまず何よりも重要となる」(財政制度審議会 一九六五a：七)。そして、「経費の下方硬直的観念は捨て去り、経費内容の合理化、重点化に絶えず配慮する必要がある」というのである(同：八)。

また、あくまで不況克服、景気調節のために公債発行を行うのであって、財政需要の充足という観点からそれを行うのではない、ということも強調されている。それまで均衡財政のもと「量入制出」による財政運営を行っていたが、これを「量出制入」原則に基づく財政運営へと切り替えることは適当ではないというのである(同)。

それでは、「財政の合理化」を進めるために具体的に何をやろうというのか。「検討事項——第二小委員会(未定稿)」と書かれたメモには「国のなすべき仕事の方法・程度」の項があり、「国が関与するものであっても、その方法あるいは程度が適正かどうかについて」「再検討の必要がある」、「料金、対価、保険料等で受益者負担などの負担が相当に抑えられているため、過度の財政負担を招いているものはないか」検討する必要があることが書かれている(同：一二)。このメモは、谷村自ら「中学生の作文」だというが、受益者負担の増大によって、公と私との責任領域を区分けする必要性に言及しており、重要なものである。

財政制度審議会は、その後、第一小委員会と第二小委員会とに分かれ、財政の合理化については第二小委が引き受けることになった。ここでも議論をリードしたのは谷村であったが、興味深い発言をしている。「何か特定の経費をねらい撃ちにしていくというのはもちろんあまりいいやり方ではないと思います。かといってあまり抽象論ばかりやっていてもしょうがない、結局ある程度の具体的な問題をサンプルとしてあるいはモデルとしてつかまえながら、その中何がしかの考え方といいますか、整理の仕方というようなものを引き出して」(財政制度審議会 一九六五d：一、傍点は筆者)というくだりである。

事業官庁の反発を避けるために、予算の査定において「個別審査主義」をとることができなかったことは予算官僚の悩みの種の一つであった(安藤 一九八七b：一六八)。この点、谷村による「特定の経費をねらい撃ち」にすることが「あまりいいやり方ではない」という言い回しに明らかであろう。ただし、「財政の合理化」の問題を考えるにあたっては、行政領域の見直しの際のモデルとなる歳出対象を「サンプル」として何か取り出す必要性があることを谷村は認識していた。「一番財政としてのポイントになる問題」とは、個別の歳出をいくら削減したかどうかということよりも、「個人私企業の自己責任の範囲を越えている」かどうかが重要と考えたためである(財政制度審議会 一九六五d：二二)。主計局としては、公債発行を理由に予算要求が噴出して査定で押し切られることを懸念し、原則の確立を早急に図りたかったのであろう。

受益者負担論の台頭

第二小委ではこの観点からいくつかの歳出対象が挙げられたが、一番問題となったのは、桜田武小委委員長による「だんだんと一種の社会保障的なむだな面がふえていきますと、イギリスの二の舞にならんとしつつある段階にきているという気がしている」という発言にあるように(同：一五)、社会保障、とりわけ、医療保険についてであった。その背景としては、政府管掌健康保険の赤字が年々拡大していったこと、支払い者側と保険者側の対立を止揚するために国庫負担が導入され続けてきたこ

表 2-2　国庫負担の国際比較(1960 年度)

(%)

	フランス	西ドイツ	イタリア	イギリス	アメリカ	日　本	日　本(1965 年)
国税収入に占める国庫負担の割合	1.5	1.9	0.9	13.1	0.5	4.7	7.7
医療保険収入に占める国庫負担の割合	2.3	2.6	—	78.0	—	13.6	—

(出典)　上段「国税収入に占める国庫負担の割合」については財政制度審議会(1965a: 271), 下段「医療保険収入に占める国庫負担の割合」については社会保障研究所編(1975: 235)より作成.

とがあった。一九六五年には、政府管掌健康保険の赤字は、単年度だけで五〇〇億円、累積赤字では七〇〇億円ほどにのぼっていたのである(吉原・和田 一九九九:一七六)。さらに、このときはまだ人口構成上、年金の支給額が少なく、社会保障の中心が医療保険であったことも関係している。

もちろんこの審議会においても、日本の社会保障費が国際比較的にみて低水準であることは認識されていた。しかし、主計局が問題としていたのは、社会保障費の絶対額というよりも、その国庫負担率の高さであった(**表2-2**)。この点、谷村が「非常に同感の意見」だというのが、第一小委員会委員の高橋長太郎の意見であり、後に財政制度審議会の『中間報告』にもほぼそのまま取り込まれることになる内容である。彼は、社会保障を賄うための財源が、「(イ)保険料の引上げ、(ロ)公費負担(租税の導入)の増加、(ハ)自己負担の増大」の三つ以外にないとしたうえで、次のようにいう(財政制度審議会 一九六五a:三七—三八)。

社会保険料は強制加入の場合は目的税に等しく、その保険料引上げは増税と同じである。保険料の引上げは健康者から見れば不公平である。さらに公費負担(租税の導入)の増大は、社会保険と無関係な者から見れば、甚だしく不公平である。したがって自己負担の増大の方向へ進むべきである。その理由は、単に受益者負担という公平の原則ばかりでなく、自己責任を明らかにするためである……(略)……

社会保障において、費用の全額を保障することがその制度の進歩であるかのように思うのは錯覚であって、貧しい社会から豊かな社会へ接近するにつれて、自己負担が増大するのが当然であって、社会保障は最低限の保障を目的とするのがその本来の任務であることを忘れてはならない。(6)

高橋は、社会が進歩すれば自己負担が増大するのが「当然」であり、国庫負担が増大していくことは好ましいものではないという。「社会的最小限とは国の提供すべき最大限」だと断言する高橋らしい論旨である(高橋 一九六六:九)。財政学の常識からすれば、このような歴史認識自体肯定できるものではないが、それはともかく、ここには後に社会保障のあらゆる領域に侵入する受益者負担論の原型がある。受益者負担論の基礎には、受益者と非受益者とを区分し、対立させたうえで、「公平」の観点からサービスの価格を受益者から徴収するところにある。この点、高橋が租税との対比で受益者負担論を肯定しているところから明らかであろう。

ただし、高橋は自己負担と保険料とを区分して前者の引き上げを主張したが、日本の場合、社会保険が分立的な構造をとっていることから、高橋のように保険料と自己負担とを切り分けることはそれほど重要な意味を持たなかった。高橋が保険料と自己負担とを分けたのは、保険料が目的税と同じで、受益と負担との境界が一致せず、保険料の引き上げが不公平に作用するものがいるという観点からであったが、日本の社会保険制度は分立的な構造を持つがゆえ、国民全員をカバーするものと比べて、受益と負担の特定は比較的容易である。現在でも、「負担と給付の関係が明確な社会保険（＝共助・連帯）の枠組みの強化による機能強化を基本とする」（政府・与党社会保障改革検討本部 二〇一一：四）という意見が聞こえるのは、このためであろう。

大蔵省主計局もこの点では高橋とは異なり、保険料と自己負担とを基本的には一緒くたに「受益者負担」として扱い、この二つを増大させることで国庫負担の縮小を図ろうとしている。一九六五年に主計局が作成した「医療費問題について」という文書にも、「近代国家においては、社会保険は社会保障の主要な柱となり保険システムを通じて社会保障の拡大が行われている。これは、一般的な課税の拡大には限度があるとともに、受益者の特定している保険制度においては、その給付と負担能力に応じて費用を賄うのが、より現実的であるとともに、負担の公平にもなると考えられる」とあるように、保険料と税とを区分し、保険料を自己負担と同じように受益者負担の一種として取り扱っているのである（社会保障研究所編 一九七五：二四二）。

このように、社会保障を誰もが利用できるような普遍主義的な構造をとっていないところでは、受益の特定とその価格の徴収という、リスクの〈私〉化に対抗することは難しい。受益者負担は、受益者以外からも租税が広く徴収されることにより生じる抵抗を回避しようとするところに、求められるのである。

「保険料と税との徹底的な入れ替え」

依然として国庫負担の投入が行われている現実を前に、主計局側はこの後も、受益者負担論をより精緻なものに練り上げていく。特に、谷村が事務次官に昇格し、村上孝太郎が主計局長になったときの論調は実に興味深い。村上は、一九六〇年代後半に主計局が行った財政硬直化キャンペーンを主導したユニークな主計官である。

村上は、一九六七年の財政制度審議会において、「一種の演繹的な手法によるプログラム」だという「今後の財政問題検討の方向(メモ)」を提出している。「演繹的」というのは、谷村の言う「行政領域の見直し」という観点から、財政の合理化を図った、という意味合いであろう。メモの「基本的考え方」を補足しつつ、村上は、「福祉国家において年々必要とされる社会的コストは、国民が能力、受益に応じて経常的に負担して行くべきものであるという認識が基本的前提であり、何でも公経済に依存するという風潮は改めなければならない」「福祉社会というのは国民全体が支えておるんで、そういうことでないと健全な社会、相互扶助的な福祉社会というものが成り立たない」と述べた(財政制度審議会 一九六七b：四、傍点は筆者)。

ここには、「受益に応じた負担」という谷村のものから一歩進んだ視点を提示しているほか、「相互扶助的な福祉社会」という用語にみられるように、日本型福祉社会論に通じるものが早くも垣間見える点で興味深い。ただし、これはあくまで総論であって、社会保障を個別に論じた文書ではより踏み込んだ考え方を披露している(財政制度審議会 一九六七a：一〇七)。

医療保険に巨額の国費が集中的に投入されているわが国社会保障の現状は異常というほかはない。まず医療保険の財源について、保険料と税との徹底的な入れ替えを行ない、税負担をこの部門か

ら解放しなければ、全体としての社会保障制度の均衡ある発展は到底望めるものではない。（傍点は筆者）

「保険料と税との徹底的な入れ替え」という論点は、「社会保険に対する過度の国庫負担」が「本来租税負担を以て遂行すべき他の分野の発展を阻害し、かえって全体としての社会保障の停滞の因となる」という認識のもと、「租税と社会保険料負担とをどのように組み合わせるべきか、どういう部分を税金で賄い、どういう部分を保険料で賄うべきか、またどういう部分を関係者の負担とすべきかということについての基準」を作るべきだ、というところから出てきたものである（財政制度審議会 一九六七b：一一一—一一二）。こうした論調には、**表2-3**のとおり、度重なる国庫負担の投入の結果、保険料率が低位にあることも影響していた。

表2-3　国民所得に占める保険料負担率と租税負担率

（%）

	フランス	西ドイツ	イタリア	イギリス	アメリカ	日　本
保険料負担率	11.7	12.0	11.6	4.7	4.6	3.8
租税負担率	28.5	29.8	25.4	30.5	27.8	21.3

（出典）　社会保障研究所編(1975: 242)より作成.

　以上の問題については、村上は社会保障制度審議会による一九六二年勧告をベースにしたものと言うが、これは勧告の方針を意図的に誤読したものだといえる。主計局は、「社会保障制度審議会の答申は、国庫負担（公共負担）の優先順位を①公的扶助、②社会福祉、③公衆衛生、④社会保険としている」。そのため、社会保険への国庫負担の投入は「負担と給付についての理念」に反しており、社会保障制度は「保険主義の原則に立って再建する必要がある」という（同：一二三）。

　たしかに、一九六二年勧告は、主計局の言うような順序にしたがって国庫負担を優先的に投入するように書かれてはいるが、社会保障制度審議会の役割を考えれば、むろんこのことが即、「保険料と税との入れ替え」とか「税負担の解放」などということを意味しないのは明らかである。勧告はむしろ、「これまでの社会保障」が「社会保険を中心として発展してきた」ことを反省し、公的扶助や社会福祉の拡充を主張しようとするものである(社会保障制度審議会 一九六二)。優先順位を示したからといって、当然、「社会保障に対する国の負担を軽減しようという意味ではない」のである(同)。財政当局の「支出を最低限度におさえようとする」態度をいましめようとさえしている。

ともあれ、保険主義の強化は、この時点で完全に規定路線となったものと考えてよいであろう。(7)

「負担の公平」論の定型化

以上の議論の後、受益者負担の導入の根拠は、「負担の公平」論として定型化されるようになった。それは、現在でも財政当局による国庫負担切り下げの論拠として、また、受益者負担導入の根拠として用いられているものである。

繰り返し論じているように、日本の社会保険制度は職域別に分立的な構造を持っており、給付率も保険料も各制度間で異なっている。そうであれば、一部の特定の者のために国庫負担を入れるのは「負担の公平」上好ましくない。この問題が解決しない限り、国庫負担の導入は認められない。これが、主計局の判断である。

こうした問題を論じる際に、彼らが引き合いに出したのが、皆保険化される以前に健康保険の財政問題について答申した『七人委員会の報告』である。この委員会は、先に紹介した高橋長太郎も参加しており、議論の継続性という観点からも興味を引かれる。委員会報告は「関係者のいわば悲願ともいうべき国庫負担論」に対して、冷淡である。ここには次のようにある（七人委員会編　一九五五：一七六）[8]。

> なるほど健康保険は、強制的に加入させるものであって、それだけ公的な色彩が強く、国庫負担と結びつく基盤を備えているわけであるが、何分にも特定の者に利益を与える制度である。従ってその赤字に対し、利益を受けない国民の納めた税金を回すのには、よほどの理由がなくてはならない。その赤字がどういう原因でできたか、自力ではどうしてもやれないのか、そこに無駄がないか、給付に行き過ぎはないか等について、納得されるだけの根拠がないと、その制度に縁のない国民は、その赤字を埋めるための醵出《きょしゅつ》を肯《がえ》んじないであろう。

それでは保険財政の赤字をどう処理するのか。主計局が「かなりオーソドックス」だとして紹介するこの委員会の見解は、こうだ（同、および財政制度審議会　一九六八c：四六八）。

> これ以上の負担能力がないということは、直ちに国庫負担の論拠とはならない……（略）……一般租税の場合とちがって、納めた者に対して特別の利益が与えられる特殊の場合であるから、負担能力がなければそれだけ給付を減らすほうが、むしろ順序である。赤字だからといって直ぐ国庫

負担と結びつかない。(傍点は筆者)

負担能力がなければ給付を減らすのが筋だ、という七人委員会の見解はそれ自体議論の対象になりえようが、彼らが健康保険への国庫負担投入を拒否したことにも理由がないわけではない。この報告書が出たときにはまだ日本経済の実力も弱く、国民皆保険制度も実現していなかった。事実、七人委員会は、この二つの条件が揃えば、国庫負担導入もありうることを示唆しているのである。国庫負担を導入する前提として彼らは、第一に「十分な再配分を行う基盤をつくること」、第二に「一つの事故に対する保険が広く国民一般に開放されていること」を挙げているからだ(七人委員会 一九五五:一八〇)。国庫負担の拒否は、皆保険制度を推し進めるために主張したと取れなくもない。[9]

そうであれば、名ばかりの「皆保険」に満足するのではなく、全国民が一つの制度に加入するように各種の社会保険制度を統合する方向を模索するのが、不公平を生まずに人々の生活を等しく保障する道だといえよう。しかし、彼らは「社会連帯意識のおよぶ範囲というものが日本の場合には非常に職域的、地域的に制限されている」という理由をもってこれを退ける(財政制度審議会 一九六七c:二七)。保険財政の安定化のために、組合保険主義が利用できると見込んでのことであろう(健康保険組合連合会 一九六〇:一三四)。結果として主計局は、財政制約から国庫負担をこれ以上引き上げることができない以上、例えば給付率について、一〇割給付となっている被用者保険についても「受益者の負担を重視するという観点からその引き下げを検討する必要がある」という論調を取ることになるのである(同:二一三)。

皆保険制度導入時には、こうした制度間の格差問題には考えがいたらなかったというが、厚生官僚が「後腹が病める」と表現したように、保険制度をただ外延的に広げたことの問題は大きかった（小山編 一九八五：二〇二）。先にみた社会保障制度審議会の勧告もまた、国民全員を一つの制度によって包摂する医療保障制度を持つイギリスとは異なって、日本の場合には、「種々の社会的条件からその機会は各被保険者の間で必ずしも公平ではないので国庫負担の一般的な優先には限度がある」ことを指摘するが（社会保障制度審議会 一九六二）、財政当局はこうした社会保険の分立構造を利用して、国庫負担のさらなる投入を退けようとしたわけである。こうした議論の経過は、一九六七年健保特例法や一九六九年改正健康保険法に基づく本人一部負担の導入に反映されている（吉原・和田 一九九九：一七九―一八三）。かつては、制度の分立状態と加入者の対立を利用して「お決まりの均衡論」（厚生団 一九七四：七二六）を主張することで社会保険の整備・拡充が可能であったが、今度は一転、全く同様の論理でもって制度の縮小が行われ始めたのである。

彼らは、普遍主義的な社会保障制度を構築することによって、広い範囲での「社会連帯意識」を自ら創造しようとはしない。あくまで、狭く閉じ込められた連帯意識を前提に、制度間の「公平」を確保することをもって、受益者負担を導入していくだけなのである。

「福祉見直し論」の登場と受益者負担のさらなる引き上げ

一方、その後には「福祉元年」（一九七三年）が訪れ、財政当局側からすれば煮え湯を飲まされた時代もあった。もちろん福祉元年が持つ高齢者対策としての歴史的重要性を看過してはならないが、一九七〇年代の不況を前に「福祉聖域論」の寿命は数年で終わる。一九七五年には早くも財政硬直化打開のために「大幅な歳出の削減」「受益者負担や社会保険料の引上げ」が言われるようになるのである(財政制度審議会 一九七五)。「福祉見直し論」の出現である。主計局総務課長を務めた船後正道が一九六〇年代の財政合理化の議論に「付け加えるものはほとんどない」というように、かつての議論の焼き直しによる政策提言が行われているといえるが(石原ほか 一九七五：一八)、低成長下でその圧力は強く、「財政主導の社会保障政策」が本格的に展開されることになった(中山 一九九八a)。

そしてついに、一九七七年の財政制度審議会の建議には、「国庫負担はもはや限界」という極めて強い文言も見られるようになる(財政制度審議会 一九七七)。ここには、受益者負担について、「財政支出については、これを受益する者とその費用を負担する者との間の公平を確保することが必要」であり、「受益する者が特定している制度、施策等については、他の類似の制度、施策等とのバランスにも配慮して、受益者負担の水準について見直すこと」とあり、かなり定式化された印象を持つ。

このような文脈において、一九七〇年代後半には財政当局側からのシーリングも厳しくなっていくが、保険官僚の側からもこれに積極的に呼応する動きもみられるようになった。後に『医療費亡国論』を書き、医療費の患者二割負担と退職者医療制度の創設を提唱した吉村仁保険局長(当時)である。[10]

吉村は、給付率一〇割の医療保険制度のもとでは市場メカニズムが働かず、患者に「タダ意識」が生じ、「結果的には浪費といってもよいような医療の需要」が生じてしまうという(吉村 一九七八a：二二一―二二三)。低成長下においては医療保険の国庫財源の制約がある以上、「医療保険の財源は原則として社会保険料として自らが負担するという覚悟をもってもらう必要」があり、患者負担二割は必須だというのである（同：二五）。このとき、患者負担二割の論拠には、国民健康保険との給付率の格差という制度間の公平問題が持ち出されたことは言うまでもない[11]。吉村は、生命至上、健康優先などの「社会正義の問題」は「経済、財政の問題に転化した」とまで言う（吉村 一九七八b：二一）。

この後も医療費自己負担の増額は続けられ、かつて世帯主一〇割であった健康保険の給付率は、「公平」を理由に国民健康保険と同水準の七割へと切り下げられることになった。

総合調整から制度間調整へ

補足となるが、社会保障制度を〈総合調整〉することで、社会保険の分立構造を立て直そうとした時期もあった。日本の社会保障制度に特有の課題であったといってよい。

総合調整が本格的な課題となったのは、内閣総理大臣から「社会保障制度の総合調整に関する基本法策」について、社会保障制度審議会に諮問が行われたときであった。国民年金法と国民健康保険法が成立した一九五九年のことである。

総合調整は、「諸制度を普遍的、網羅的なものにする」ことを意図したものであり、そのための勧告が一九六二年に、およそ三年にわたる議論を経て公表された。これが、「社会保障制度の総合調整に関する基本方策についての答申および社会保障制度の推進に関する勧告」である。

この勧告は、社会保険が「もっぱら被用者に対する制度としてはじめられ、その発達も社会保険即労働者保険、労働政策または社会政策の一環としてであった」ことを批判し、「このような被用者に対する制度をそのまま国民一般にまでひろめてもうまくはゆかない」ことを批判する（社会保障制度審

議会 一九六二)。とりわけ、国民所得階層の格差が拡大していくような時期には、「社会保険では社会保障の目的が十分に達せられないというのは、保険の性質上やむをえない」からである。雇用の劣化に伴って格差と貧困が拡大する現在と同様の問題意識を抱えていたといってよい。

ただし、この勧告は、社会連帯の観点から、「現在分立している制度を統合し全国民を一つの制度に加入させることが理想」としつつも、「このような統合はにわかにはできない」という理由で退け、この問題を棚上げしてしまう。このため、給付率が低いところに国庫負担を投入するというたんなる財政問題中心の制度「間」調整へと問題が矮小化されてしまった。

3 社会福祉への受益者負担論の侵入

各領域への受益者負担の侵入

前述したとおり、主計局は医療保険をモデルに「行政の責任領域」を理論的に検討するなかから「負担の公平」という論理をつくり上げていった。そしてこの論理は、社会福祉領域にまで拡張されていく。

一九七〇年代半ばに書かれた全国社会福祉協議会による「これからの社会福祉――低成長下におけるそのあり方」は、社会福祉領域においては長らく費用負担の合理化などは問題とならなかったことを指摘している(全国社会福祉協議会編 一九七六:四〇)。これはもちろん、社会福祉がこれまで貧困者や要援護者を対象としてきたことから、公費負担が当然視されてきたからである。しかし、急速に進む高齢化や家族の変容を背景に、社会福祉サービスに対する需要が「国民的規模で発生」していることを踏まえれば、現行の救貧的な措置制度をいつまでも維持し続けることはできない、という。要するに、「社会福祉の対象たる要援護の内容は変化し、必ずしも、一部の貧困者あるいは自力で生活できないものだけに限定されなくなってきた」わけである。

それでは、こうした「国民的規模での需要」を充足するものとして租税が第一に考えられたのかというと、決してそうではない。これは、社会福祉の全般化が「福祉見直し」の時期に認められるようになったことと関係している。例えば、一九七五年版の『厚生白書』は、これからの社会保障の課題として、「人口老齢化の本格化や核家族化の進行による家庭機能の縮小などは社会保障に対する国民の需要をますます高めることとなるが、一方で予想される経済成長の低下、国民所得の伸びの鈍化など経済条件の変化は財源の窮迫をもたらし、増大する国民の需要への対応を困難にさせる」というように、二律背反する課題をいかに両立させることができるかを挙げている(厚生省編 一九七五：八五)。この相反する課題をクリアするためには、「医療、福祉サービスにおいても必要な場合には受益者負担的な考え方を取り入れるなど費用負担の合理化を行うこと」が必要なのだという(同：八八)。

社会福祉領域に受益者負担を導入する際に財政当局がしばしば援用したのが、価値財(あるいは準公共財)の理論である(藤井 一九八六)。価値財とは、競合性と排除性を持つがゆえ、基本的には市場でも供給されうる財ではあるが、その外部性の高さに着目し、政府が供給する「価値あるもの」と認められた財のことである。重要なことは、財政当局が社会福祉サービスの外部性、すなわち、サービスの便益が及ぶ範囲を狭く見積もることで、サービスの利用者と非利用者を区分し、この両者の間で公平性を確保するということを建て前に利用者から受益者負担を徴収しようとした点である。保育所の待機児童問題、特養などの介護施設の不足などに代表されるように、社会福祉サービスが過小供給されていることから、すべてのものが等しく社会福祉を利用できていない状況がある以上、利用者と非利用者との公平を図ることが必要だ、というわけだ。

紙幅の関係で詳しくは述べられないが、医療保険に胚胎した受益者負担の論理は、在宅と施設との「公平」を図るという名目で導入された介護保険の利用者負担(原 二〇〇七:二三四)、健康保険など他制度との「均衡」や入所施設・地域生活との「均衡」と称して「公平な負担」を確保するということで入れられた障害者福祉における利用者負担など(岡部 二〇〇八:一八九)といった形で、次々と社会福祉領域に侵入していっている。二〇一五年八月から介護サービスの利用者負担が一割から二割へと引き上げられることに象徴されるように、利用者負担の拡大はとどまるところを知らない。「負担の公平」論とは、その名称からイメージされるものとは異なって、いたるところに差異を見つけ、分断を促すことで財政の合理化を図ろうとする、そうした論理である。社会福祉の「応益原則志向の普遍主義」(宮本ほか 二〇〇三:三二五)とは、こうした現実を反映したものにほかならない。

そしてこの論理は、世代間の公平という昨今流行の問題にも容易に接続可能である。わが国の社会保障制度が、「所得」よりも「年齢」に着目し、若年世代から高齢世代への再分配を特徴としていることはすでにみた(第一章)。これは、社会保障の大宗が医療と年金という、主として高齢者向けのものから構成されているためだ。そうであれば、「負担の公平」論に基づけば、今般の社会保障・税一体改革のように、暫定的に一割負担となっている七〇—七四歳の医療費の自己負担については「世代間の公平を図る観点から止めるべき」、「現役世代並みの三割とすべき」ということが言われるようになっても全く不思議ではないのである。また、医療費の自己負担に上限を設けている高額療養費制度のうち、七〇歳以上を対象とした外来上限も、低所得者向けを除き廃止する検討に入った(『毎日新聞』二〇一四年六月一五日付朝刊)。どちらも、社会保障制度が現役世代に手薄く、普遍主義化されていないことを理由に「負担の公平」を求めているわけである。

そしてさらに、性質上明らかになじまない難病対策という領域にまで受益者負担が導入され、引き上げられようとしている。一九九七年九月一八日、参議院厚生委員会で厚生省の小林秀資保健政策局長(当時)は、公衆衛生審議会成人病難病対策部会による報告書「今後の難病対策の具体的方向について」に言及しつつ、難病患者にも受益者負担を求める必要があることを訴えた。この際に彼が強調したのが、受益者負担を導入することによって、ALS、重症筋無力症、多発性硬化症、パーキンソン病、悪性関節リューマチなど、全額公費負担を受けられる難病患者と、その他の難治性疾患患者との間の公平を図ることができるという点だ。「厳しい財政状況の中で本事業を維持し、他の重症難病疾患の追加指定にも対処するために患者負担を導入することもやむを得ない」というのである。全額公費負担でサービスを受けられるものと、そうでないものとを区分し、サービスの「受益」のあるものには負担を課す。この論理自体、これまでにも何度かみてきた「負担の公平」論と同型のものだということが分かるであろう。

ただし、これには続きがある。この発言のあとに、自己負担分が難病患者の所得状況を精査したものなのか、という質問には、「医療保険の自己負担分を全額公費で負担している特定疾患治療研究事業は……(略)……難治性で重症度の高い希少疾患について、症例確保等により治療法などの研究の促進を図ることを目的として昭和四八年度に発足したものでありまして、このため対象患者世帯の所得に関する国の調査は実施をいたしておりません」(傍点は筆者)と答えているのだ。厚生相の小泉純一郎(当時)は、「一切の聖域なくあらゆる制度を見直していこう」「給付と負担の公平なバランスを図る、これが構造改革だ」と述べているが、これでは論外だといわざるを得ない(12)。

現在進められている社会保障・税一体改革においても、三〇〇疾患に助成を拡大させる代わりに、難病患者に対して医療費の自己負担が増額されることになった。対象が拡大されたとはいえ、国により「特定疾患」と認定され公費負担で医療を受けられるものと、特定疾患の要件を満たしつつも難病対策の対象外とされている患者がいまだに多くいることから、自己負担の増額は「負担の公平上」やむを得ないというのである(『朝日新聞』二〇一四年二月六日付朝刊)。この場合、国が「難病」を定義して患者間の差異を作り出し、その差異を利用して受益者負担の増額を求めている以上、極めて深刻だ。これについては当然、所得状況を勘案しない制度改正に批判の声があがっている(『朝日新聞』二〇一四年一一月二五日付朝刊)。

かつて社会保障制度審議会では、医療保険への受益者負担導入に対して、「一部負担を受益の公平という立場から論ずることは問題であり、受療は必ずしも受益とは考えられず、損害の補塡にすぎない」こと、「一部負担を財政上の理由におく考え方は危険であり、この考え方にたてば一部負担は際限なく拡大するおそれもある」などを理由に反対していたが(総理府社会保障制度審議会事務局編 一九六一:四〇二)、この予言は残念ながら的中してしまった。医療保険から始まった受益者負担の波は、ついには障害、難病という明らかに性質上なじまない領域にまで拡張していってしまったのである。

連帯を生み出す社会保障制度の構築を

これまでみてきたように、日本の社会保障制度は人々の「共同の困難」に対処したものではない。それはむしろ、制度の分立状況やサービスが過小供給であることを前提に、受益者と非受益者という形で人々を分断させ、リスクを〈私〉化し、受益者負担を導くものである。受益の範囲が狭いために、反対給付を伴わない租税による財源措置では合意を得られない、という理由からだ。受益者負担の導入には、租税抵抗の回避がその根底にある。日本型負担配分の論理とは、このようなものだ。

ただし、受益者負担の積極的な活用は、「社会福祉サービスについての人々の平均的な費用負担能力が決して低いものではないという」こと、すなわち、「国民の経済的能力の平等化」が前提にあったはずだ(大野吉輝 一九八四：一二、京極 一九七九＝二〇〇三：三〇、社会保障制度審議会事務局編 二〇〇〇：五二)。しかし、いまや人々の間に楔をうち、相互の不信を煽るように負担を各個人に帰着させていく、そうした財政構造を維持したままでは社会の危機を深刻化させてしまう。政府が受益者負担の積極的な活用を謳ったのと同じ一九八〇年代以降、格差の「メガトレンド」は縮小から拡大へと大きく転換し、多くのアンダークラスが生まれているからだ(橋本健二 二〇〇九：一九六)。雇用の崩壊によって、保険料や自己負担に耐えられない層が次々と現れていることは、すでに前章でみたとおりである。

このような状況においては、現在の「共同の困難」に対応した普遍主義的な社会保障制度を整備していくことが不可欠である。そしてそれが結果として、人々の間に信頼を作り出し、租税への合意を作り出していくことになる。こうした人々の連帯に支えられた税と社会保障制度の構築こそが、財政再建の恫喝に屈せず、生活保障システムを持続可能なものにする道である(第五章で詳述する)。

しかし、日本においては、租税抵抗に直面して税制を根幹から壊してきた。次章では税制の現状について述べるとともに、受益者負担の強化によって人々がどのような負担を強いられているのかについてみていく。

第三章　再分配機能を喪失していく日本の租税構造

1　減税政策による所得税の財源調達力の喪失

所得税の形骸化と消費税負担

第二章で明らかにしたのは、戦後の日本財政において「受益者負担」が全面的に展開された理路である。保険料負担や利用者負担によって、社会保険制度から排除される可能性があったとしても、低所得者に対する保険料・利用者負担は、税財源で是正することができる。しかし、日本財政の租税構造は脆弱化していく経路を辿ることとなる。

横山寛和が的確に評するように、日本の社会保障政策には「社会保険と生活保護しかない」脆さがある（横山二〇一四：一九五）。その「脆さ」を支えるために、人々の可処分所得を安定的なものにする「民間企業の長期雇用」と、「地方に仕事を供給する」公共事業が存在してきた。社会保険と生活保護をつなぐ中間的な制度がないため、利用者負担や拠出原則によって普遍的なサービスを供給する社会保険から排除された人々は生活保護を利用するしかない（井手二〇一二。本書第一章参照）。

以上の政策の組み合わせによって、日本は税負担を低位にしながらも歳出を増大させていった。石弘光は、戦後の減税政策を「日本政府は、成長経済で年々増大するこの財源を、他の多くの国のように政府支出の拡大に用いず、減税に充当する政策を採用した」と評した(石 二〇〇八：一七六、本書第二章図2−1参照)。高度成長期の税収増を財源にした増税によって社会保障制度を拡充する道は採用されなかったのである。むしろ、所得税減税の財源として、消費税が導入されていき、租税構造の消費課税へのシフトが推進されていくようになる。

一九七五年度、税収不足を補うため赤字国債を発行せざるを得なかった政府は、新たな財源を模索していく。税収を安定的にするための方策として、旧大蔵省内では広い課税ベースを持つ一般消費税の導入が以前から検討されていた。しかし、一般消費税の具体案が明るみに出るにつれて、各種の団体の反対運動が発生した。強烈な租税抵抗に直面した当時の大平首相は、一九七九年の選挙期間中に一般消費税の導入を断念した(野村容康 二〇一三：三〇六)。財政再建のための新税導入には公正さはなく、既存税制や歳出の見直しで十分だと当時指摘されていた(石 二〇〇八：三七六―三七七、野村容康 二〇一三：三〇一―三〇六)。新税導入案がひきおこした政治的混乱が、与党自民党の総選挙での惨敗をもたらしたことからも、財政再建のための新税導入の困難さがわかる。一般消費税導入挫折の背景には、不公平税制への批判と政府への信頼の毀損が存在していた。後者は、「中央省庁の過剰接待」に対する報道の過熱に起因していた(石 二〇〇八：三七六―三七七)。つまり、公費の使途に公正さを感じられなくなった有権者は、政府による増税案を拒否したのである。

新税導入の挫折は、法人税と間接税といった既存の税目の増税へと税制改正を向かわせた。しかし、法人税の増税案は、産業界から政治的反発をおよび「増税なき財政再建」を生み出すこととなった(井

手 二〇一二：一五二）。事ここに及び、シーリングを中心とする歳出の抑制政策が本格起動した。シーリングとは、予算編成の際に関係省庁が財務省に提示する予算要求（概算要求）に、一定の基準値を設ける仕組みである。シーリングによる経費削減圧力は、公共事業削減を恐れる与党議員をして新しい間接税による増税を容認させるようになった（加藤 一九九七：一六四）。

一九八七年一一月に首相に就任した竹下登は、中間層に配慮した減税政策と同時に消費税を導入する改革案を提示した。すなわち、個人所得税の累進税率緩和と法人税引き下げ（四・五兆円の減税）、有価証券譲渡益課税の見直し等（〇・八兆円の増税）、消費税創設と間接税改革（二兆円の増税）による合計一・七兆円の減税政策である（野村容康 二〇一三：三一二）。消費税増税に対する租税抵抗を所得税減税で相殺したと評価もできるが、所得税減税の財源を消費税増税で賄ったと表現したほうが的確だろう。

減税政策は九〇年代にも推進され、社会保障と税を一体的に改革するチャンスを失わせることになる。一九九四年に発足した村山富市連立内閣において、大規模な所得税減税の実施が決定された。その税制改正案は、翌年以降の所得税減税を先行的に実施し、その減収分を一九九七年における消費税の五％への増税で補てんするというものであった（五％のうち一％はこのとき創設された地方消費税分である）。これが九四―九七年の増減税一体処理政策である。具体的には、所得税の税率構造の見直しなどによる二・四兆円の減税を、消費税増税による二・六兆円で賄う政策である。しかし、一・四兆円の特別減税と一九九五年と一九九六年の各年に二兆円の特別減税が実施されており、減税超過である点は明らかであった（同：三一三）。所得税が減税されていき、消費税負担が際立つこととなった。

当時、消費税財源による福祉拡充が政府内で検討されていたが、実現したのは所得税負担の軽減で

表 3-1　税制調査会による 1 世帯当たりの税負担の試算(1994–1998 年)

(万円)

給与収入		400	500	600	700	800	900	1000
現行制度	所得税・住民税	9.2	20.2	35.4	53.0	78.6	105.0	133.0
	消費税	6.5	7.9	9.1	11.0	12.5	12.8	14.3
税制改革後の税額の現行制度下の税額に対する増減額								
1994 年		−1.8	−4.0	−7.1	−10.6	−15.7	−21.0	−26.6
1995 年		−3.9	−6.1	−10.9	−14.6	−19.2	−19.2	−22.7
1996 年		−2.7	−3.9	−6.4	−10.8	−12.2	−12.6	−21.0
1997 年		0.8	−0.5	−1.7	−6.3	−5.5	−7.5	−19.5
1998 年		2.2	0.5	0.1	−4.0	−2.9	−7.3	−21.7

(注)　1994 年時点における給与収入別・勤労者標準世帯(夫婦子 2 人の給与所得者).
(出典)　税制調査会編(1995), 附属資料. p. 3 より作成.

あった。公的介護サービスの財源は税方式ではなく社会保険方式として制度化された。介護保険制度の立案・検討に携わった増田雅暢によれば、九七年の消費税増税財源のほとんどが所得・住民税減税に充てられたため、公的介護保険構想が厚生省内で浮上したとされる(増田 二〇〇三：三九)。

九〇年代の消費税増税を社会保障サービスの財源に充てる案は、当時の細川護熙首相も検討していた。細川は、保険料の逆進性を念頭に「国民全てのための制度である基礎年金部分」、「国民健康保険料(税)」の財源として消費税を用いる考えを持っていたことを回顧録にて記している(細川 二〇一〇：二八一)。また、細川は「基礎年金につきて、消費税をその財源または財源の一部とするということならば国民の理解も得られる」と考えていた(同：三五三)。しかし、唐突に提案された国民福祉税構想は頓挫してしまう。増税による財源を公共サービスとして人々に還元することで、人々は自分達の負担による公共サービスの充実ぶりを実感できるようになるであろう。しかし、当時の政府が選択したのは所得税の減税政策であった。

所得税の減税を行い消費税を増税する政策から利益を得るのは、所得税納税額が大きい所得階層である。当時の税制調査会が作成した増減税一体処理政策による「一世帯当たりの税負担の試算」（**表3―1**）によれば、給与収入四〇〇―六〇〇万円世帯では税負担が増大するとされている。なぜならば、この所得階層は所得税の減税よりも消費税による負担増が重いからである。所得税の再分配機能は低下し、消費税の逆進的負担が人々に重くのしかかるようになった。

所得税の負担構造

ここで所得税減税の規模を確認しておこう。日本の所得税収は、バブル期の二六兆円をピークに二〇〇九年には一二・九兆円にまで減少している。**図3―1**は、仮に所得税に対する減税政策が存在しなかった場合の所得税収の試算結果を示している。日本の所得税制が税収調達力を喪失した一因に減税政策が存在していたことを図3―1は雄弁に語っている。

貧困率が悪化する中、勤労世帯の可処分所得を増加させるための手段として、所得税の減税は無力というわけではない。しかし、基本的に減税からの受益を享受できるのは、中―高所得者層であり、貧困化に対して有効な手立てとは言えない。**図3―2**は勤労所得税の負担率の推移を示しているが、高所得層に該当する所得第V分位（括弧内は所得第I分位）において、一九八五年七・四％（一・九％）、一九九九年四・九％（一・五％）、二〇〇七年五・一％（一・〇％）と所得税の負担率が低下しているのが分かる。増減税一体処理政策に代表される減税政策は、税収調達力を持たない所得税を基幹税とする「「底抜け」した租税構造」を生み出した（木村 二〇一四：一六―一七）。

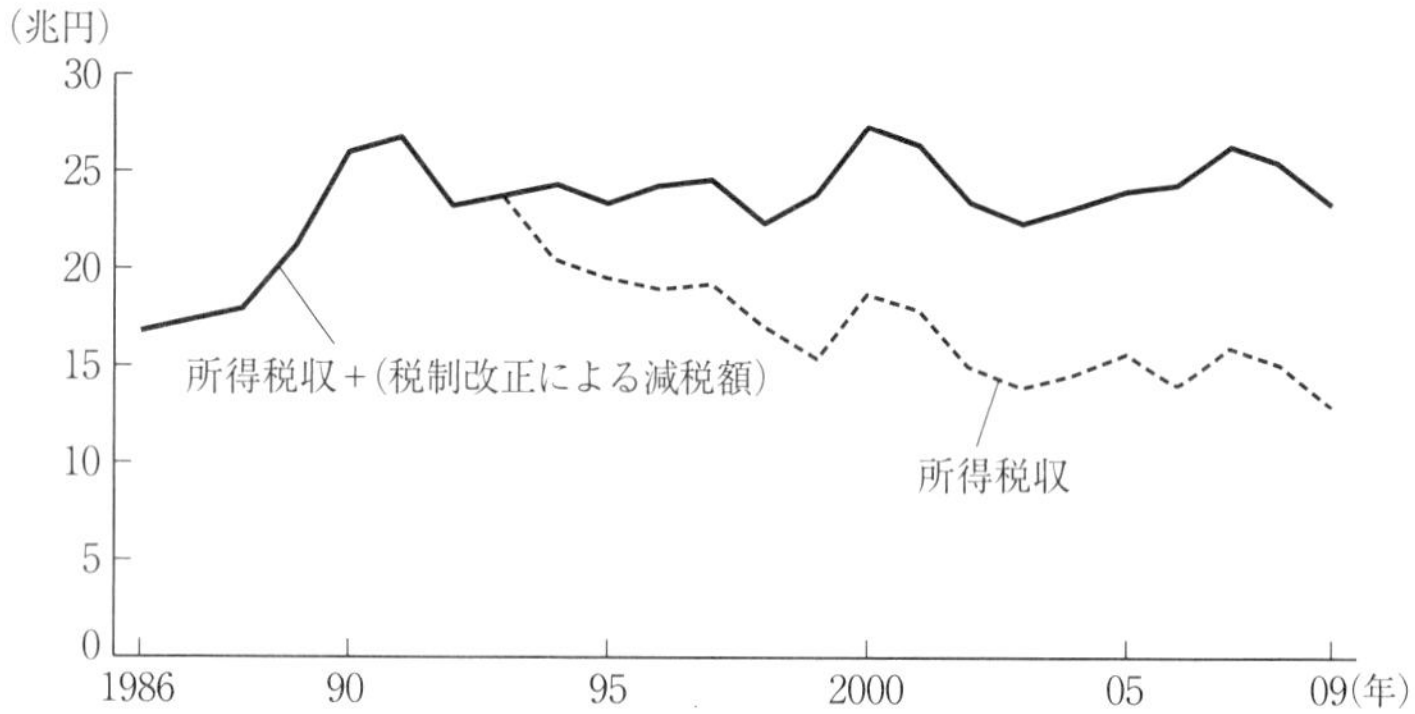

(注) 石橋(2010)の手法に基づき推計．税制改正による減税額を所得税収に加算して算出．
(出典) 「財政金融統計月報」(租税特集号)各年版より作成．

図 3-1 制度改正がなかった時の所得税収

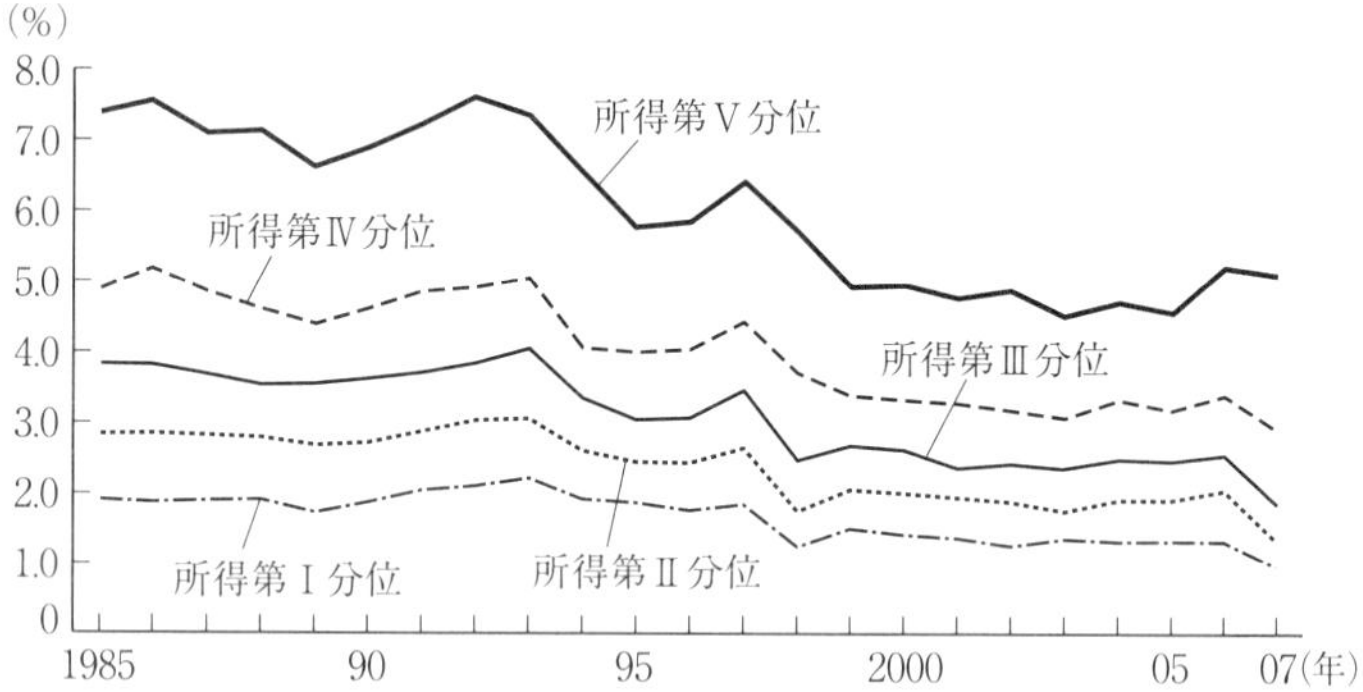

(注) 税負担率＝勤労所得税額÷実収入．
(出典) 総務省『家計調査』(各年版)より作成．

図 3-2 所得 5 分位別にみた勤労所得税負担率の推移(勤労者世帯)

所得税の累進度が後退したことを確認するために、税務統計(『申告所得税の実態』)を用いて所得税の負担を所得階層別に明らかにしよう。『申告所得税の実態』では、七〇万円以下から一〇〇億円超までの所得階層別に所得者を整理している。超過累進税率を採用している日本では、所得の増加と共に納税者に対する適用税率が上昇するため、実際の税の負担率も上昇することが予測される。しかし、現実は若干異なる。

図3―3は申告納税者の所得税負担率を示したものである。累進所得税であるため、所得階級七〇万円未満の人々から所得五〇〇〇万円の人まで税負担率が上昇している。しかしながら、所得一億円以上の階層から所得税負担率が減少している。所得五〇億円以上一〇〇億円未満の申告納税者の負担率は一六・二%であり、所得一二〇〇万円以上一五〇〇万円未満の所得者の負担率一五・八%とほぼ同等である。また、所得一〇〇億円超の所得者になると累進性が再び働くが、それでも負担率は二三%であり、二〇〇〇万円以上三〇〇〇万円未満の階層の負担率二三・五%に近い。

なぜ、申告納税者の負担率が図3―3のような形状をしているのだろうか。その理由の一端は、**図3―4**によって理解できる。図3―4は、合計所得金額に占める「株式等の譲渡所得の割合」、「配当所得の割合」、「給与所得の割合」を所得階級別に示したものである。所得階級二億円の層では、合計所得金額の約一割が株式等の譲渡所得であり、所得階級五億円では二二・五%、一〇億円では四〇・八%、二〇億円からは所得の五割以上が株式等の譲渡所得で構成されている。二〇一一年の所得税制度では、利子所得、配当所得、譲渡所得のような金融所得に対しては、累進税率が適用されず比例課税が適用されている(現在、二〇%)。これが所得税の分離課税方式である。特に、二〇〇三年から、配当所得

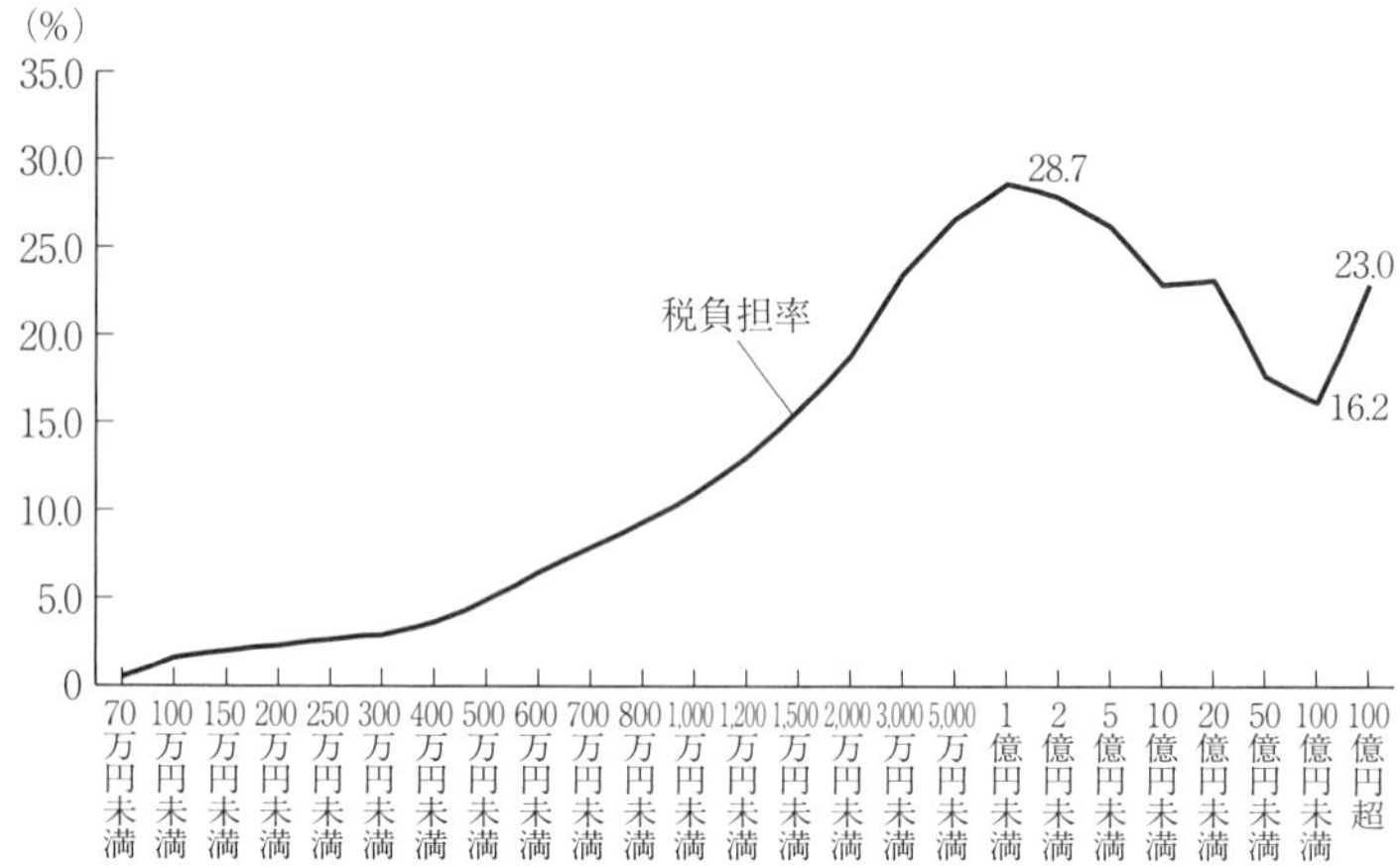

（注） 税の負担率＝算出税額÷合計所得金額.
（出典） 『税務統計から見た申告所得税の実態』(平成23年度版)より作成.

図3–3 申告納税者の所得税負担率(2011年)

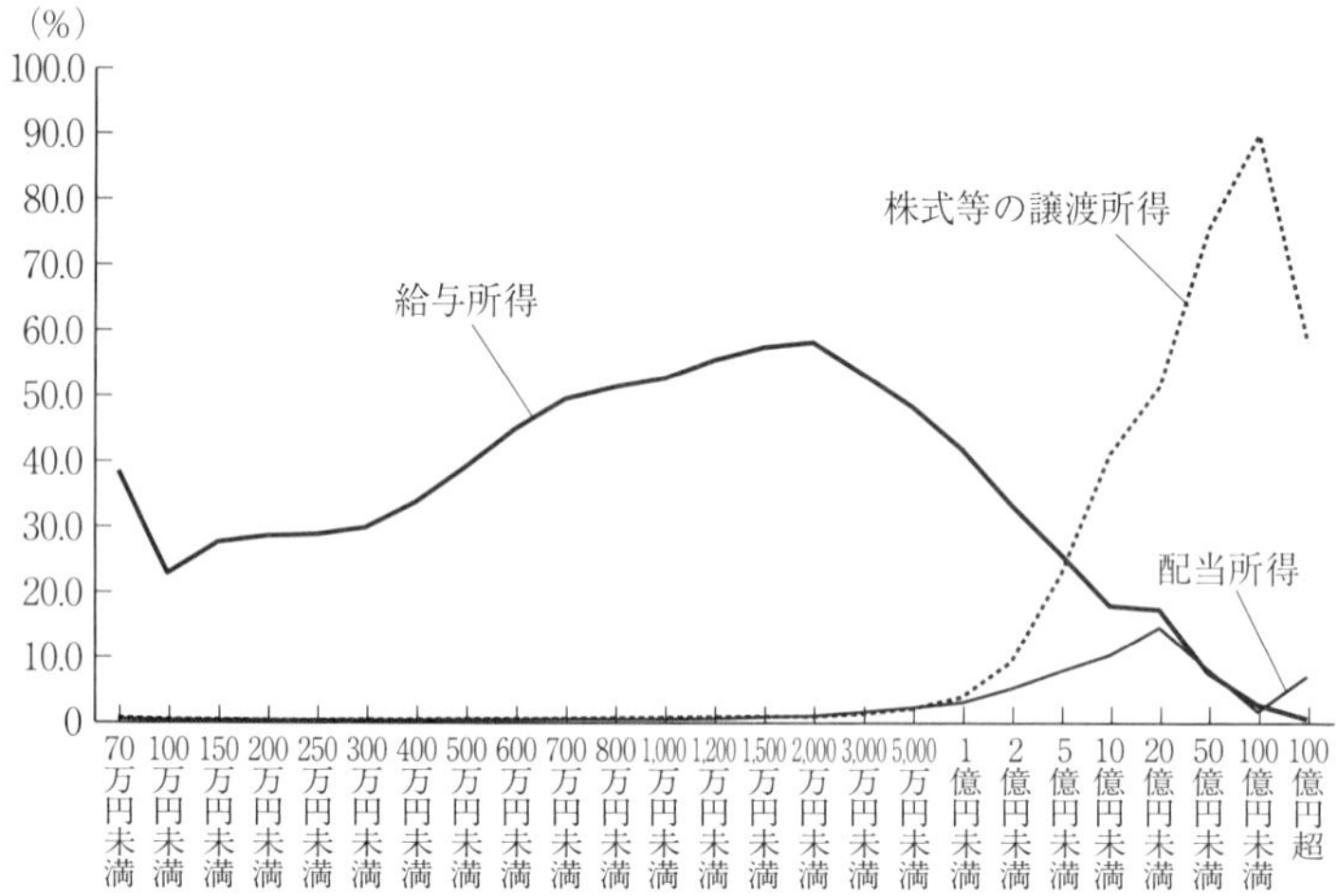

（出典） 『税務統計から見た申告所得税の実態』(平成23年度版)より作成.

図3–4 申告納税者の合計所得金額に占める各所得の割合

と株式譲渡所得に対する一〇％の軽減税率が導入されていたため、所得税の財源調達力はさらに後退していたのである。

給与所得の割合に目を向ければ、三〇〇〇万円の所得階層からその割合が低下しているのが分かる。日本の累進所得税は主に給与所得を中心とする勤労所得に課される。つまり、高所得層の所得の大部分が累進税率の適用外になっているため、実効税率の形状が完全な右上がりになっていないのである。

日本の所得税の再分配効果が後退した要因として、累進税率の緩和に加えて資本性所得の分離課税の存在に求めることができると、これまでの研究によって指摘されている。例えば、橋本恭之は二〇〇六年までの申告所得税を分析し、小泉政権期の税の「再分配効果の低下」を「景気拡大にともなう、株価上昇などが、分離課税対象の所得の比率を高めた」点に求めている(橋本恭之 二〇〇九)。望月・野村・深江(二〇一〇：第三章)は、「長期譲渡所得に対する分離比例課税の導入が申告所得税全体の再分配効果を大幅に低下」させたことを明らかにしている(望月・野村・深江 二〇一〇：iv)。

社会階層と所得税の痛税感

二〇〇九年に厚生労働省は日本における相対的貧困率の推移を公式に発表した。一九八五年は一二％だったのが、二〇〇九年には一六％にまで高まったと公表された。九〇年代末から二〇〇〇年代にかけて、日本で生じたのは格差の縮小と貧困化の進展であった。これを実証したのが小塩隆士による研究である(小塩 二〇一〇)。小塩は、厚生労働省『国民生活基礎調査』の個票データを用いて、一九九七年から二〇〇六年までに人口全体の貧困化による貧困線の下方シフトという現象を報告している。すなわち、人々が全体的に貧しくなったため相対的な格差は縮小したが、全体としての貧困化が進行していたのである。

日本では税財源で社会保障支出を拡大するのではなく、減税政策を推進した。増減税一体処理政策の負担推計(表3-1)から明らかな通り、所得税の減税は基本的に中高所得者層が恩恵を享受する政策である。では、人々の痛税感はどのような状態になっているのだろうか。

二〇〇〇年代の日本の痛税感を検討するのに有用なのが、日本版総合的社会調査(以下、JGSS)のデータである。この調査には、痛税感を問う設問がある。具体的には、「あなたに課せられている所得税は、高いと思いますか」という設問に、「低い、やや低い、適切、やや高い、高い、わからない、課せられていない、無回答」のどれかを答える設問を痛税感の指標として採用する。また、JGSSには、他の社会調査と同様に、「かりに現在の日本の社会全体を、以下の五つの層にわけるとすれば、あなた自身は、どれに入ると思いますか」という設問で「階層帰属意識」[1]を尋ねている。大野裕之は、この指標で人々の「担税力」(税の負担能力)を計測できると指摘している(大野裕之二〇一二:二五二)。

図3-5は、階層帰属意識別に人々の所得税の痛税感を整理したものである。JGSSのサンプルサイズがそれほど大きくないことを反映してか、所属階層を「上」と答えた人はごく少数である。階層帰属意識の高い階層ほど、痛税感が高いのは当然だろう。しかし、自分が「下」の階層に所属していると認識している人ほど、所得税の負担を「適切」と答える人の割合が低下している。この背景には、相対的貧困率の高まりや労働市場の問題などを指摘できるかもしれないが、一つ指摘できるのが

社会保障支出に対する人々の認識である。

公共サービスに対する受益を感じていれば、人々は税負担を「適切」「妥当」と見なす(第四章で後述)。JGSSには、「政府の支出」のうち「社会保障」が「多すぎる」「適当」「少なすぎる」のいずれかを問う設問が存在する。**図3-6**は、大多数の回答者が社会保障支出は「少なすぎる」と答えていることを示している。減税政策よりも、社会保障支出を拡大すべきであったことを明瞭に示している。また、階層帰属意識が低い人ほど、社会保障支出が「適当」と答える人が少ないことがわかる。自分が属する社会階層が「低

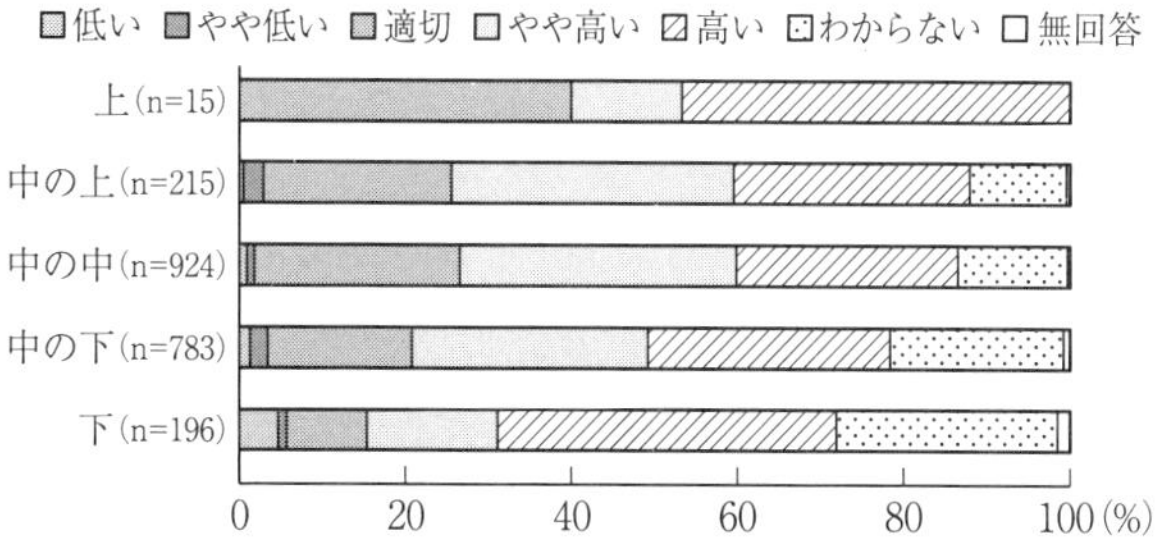

(注) 所得税が「課せられていない」と答えた回答者は除外している．階層帰属意識については「無回答」者を除外している．
(出典) JGSS-2010より作成．

図3-5　階層帰属意識別の所得税の痛税感(2010年)

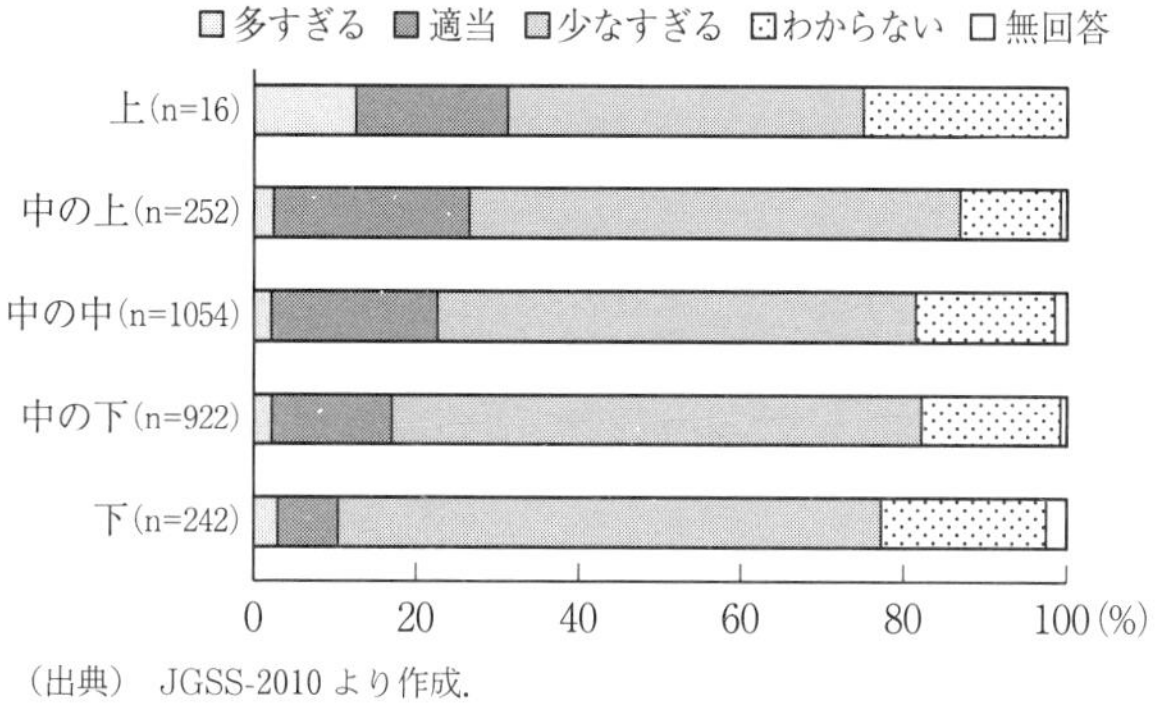

(出典) JGSS-2010より作成．

図3-6　階層帰属意識別の「社会保障支出への意見」(2010年)

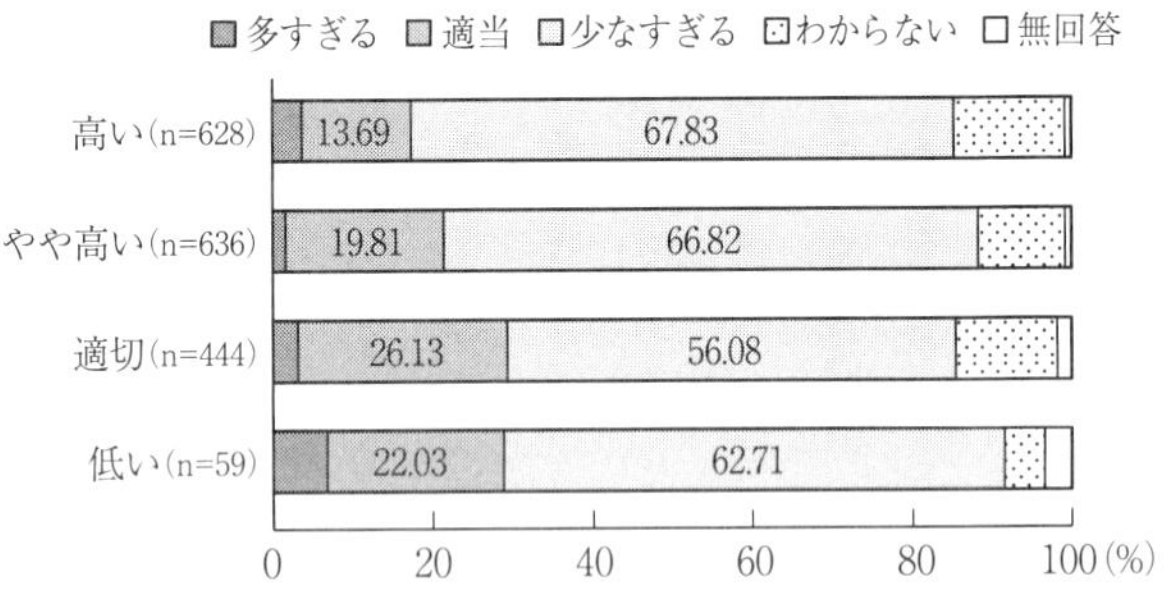

(注) サンプルサイズが小さいため，所得税の負担感が「低い」と「やや低い」は「低い」に統合している．「わからない」「課せられていない」「無回答」と答えた回答者は除外している．
(出典) JGSS-2010 より作成．

図 3-7 所得税の負担感と社会保障に関する意見(2010 年)

い」と答える人は、他の人々よりも社会的な支援を必要としている可能性が高い。そのような人々は、社会保障制度から十分に受益感を感じていないのである。減税政策実施後にもかかわらず、人々の痛税感は残存し、社会保障支出からの受益も十分ではない。人々は、なんのために税を課されているのか理解できなくなってしまうだろう。

減税政策による痛税感の緩和の帰結

図3-7は、所得税の痛税感別に社会保障に関する意見を整理している。所得税負担を適切と思っている人ほど、社会保障支出の規模が「適当」と認識する人が多い。所得税の痛税感が高い人ほど、現行の社会保障制度の量的な不足感を持っているのだ[2]。痛税感の緩和の手段として、所得税減税には一定の合理性があるように思える。しかし、人々が求めているのは減税による可処分所得の増大だけではなく、公共サービスで人々の生活を支えることだったのだ(武川 二〇一二b)。

所得税の痛税感を考える上で、不公平税制論を考慮に入れる必要がある(第二章参照)。簡単に整理し直せば、日本の租税構造が消費課税へシフトし始めたのは、所得税に対する人々の不信を払拭できなかったからである。特に、ブラケット・クリープに日本の勤労所得者は苦しんだ。ブラケット・クリープは、インフレによる名目所得の増大が、人々が直面する所得税の限界税率を高める現象のことである。この現象はスウェーデンでも発生しており、所得税の痛税感を高めていた。

日本において所得税に対する信頼が毀損した背景には、業種間の所得捕捉の問題もある。水平的公平性の概念に照らし合わせれば、同じ所得には同じ税負担を課すことが求められる。しかし、源泉徴収によって所得を捕捉される給与所得者と申告所得の所得捕捉に差があることがたびたび指摘されてきた。この格差が人々に税に対する不信を募らせることとなっていた。日本は所得税内部の水平的公平性回復を断念し、抜本的税制改革(累進税率緩和)と消費税導入によって事態の打開を図ったのである(小西 一九九七a：二〇三)。その結果、社会保障政策の主たる税財源は所得税から消費税へと転換していき、九〇年代には所得税の減税と消費税増税が一体的に行われるに至った。財源調達力を失った所得税の構造と消費税の導入・増税は、所得税に対する信頼を回復しなかったことを反映しているのである。

これまでの本書の議論によって、増税による社会保障支出の拡充に失敗してきた経緯を確認した。多くの人々が税の拡充によって受益を感じられないとき、減税政策は、可処分所得を増加させる社会保障政策(現金給付)として認識されやすい。そのため、痛税感の高い人は、政府規模の縮減を求めさえする(Wilson 2006)。**図3−8**は、増税と減税に対する人々の意見を所得税の痛税感別に集計したものである。新たに用いた質問項目は、増税・福祉増と減税・福祉減のどちらの意見に近いかと、回答者に尋ねるものである。具体的には、「A 増税をしてでも、福祉などの公共サービスを充実させるべ

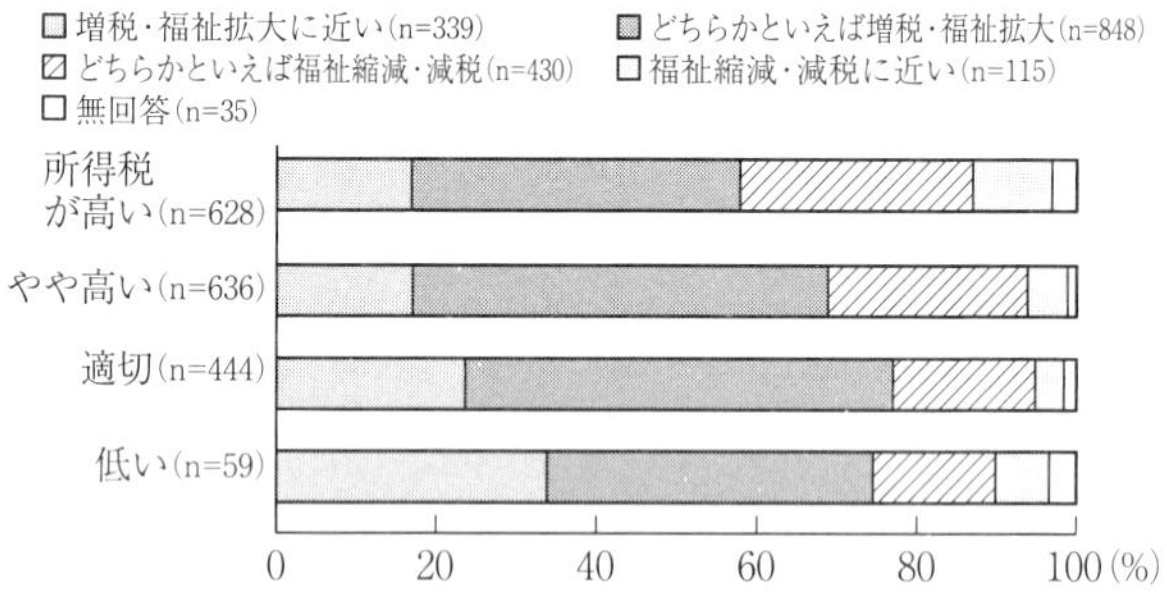

(注)　サンプルサイズが小さいため，所得税の負担感が「低い」と「やや低い」は「低い」に統合している．
(出典)　JGSS-2010 より作成．

図 3-8　所得税の痛税感別の増税・減税に対する人々の意見(2010 年)

きである」「B 福祉などの公共サービスが低下しても、税負担を軽減すべきである」のどちらに自分の意見が近いのかを尋ねる質問である。図3-8が示すのは、所得税の痛税感が高まるほど、「公共サービスが低下してでも、税負担を軽減すべきである」と答える人の割合が高まる可能性である。ただし、所得税の痛税感が高い人であっても、「増税をしてでも、福祉などの公共サービスを充実させるべき」と望む人が依然として多いことがわかる。しかし、所得税に対する不信があれば、人々は公共サービスの拡充を望んでいても、所得税以外の財源を指向するかもしれない。そして、その事態が進行しているのである。

2　貧困化を促進する負担構造

社会保障削減政策と利用者負担増からこぼれ落ちる人々

前節では、九〇年代までの減税政策によって所得税の財源調達力と累進性が後退した事実を確認した。二〇〇一年に発足した小泉純一郎政権は、租税構造を立て直す政策を採用せず、社会保障制度の見直しの名の下、給付水準の引き下げや利用者負担の拡大を推進した。具体的には、概算要求段階で

表 3-2　社会保障給付費と社会保障関係費削減方針の変遷

	2001	2002	2003	2004	2005	2006	2007	2008	2009	2010
社会保障給付費(対 GDP 比，%)	16.23	16.79	16.79	17.07	17.37	17.50	17.82	19.22	21.07	21.60
医療	5.31	5.28	5.30	5.40	5.57	5.52	5.64	6.05	6.51	6.75
年金	8.49	8.91	8.92	9.05	9.16	9.30	9.41	10.12	10.92	10.94
福祉その他	2.44	2.60	2.57	2.62	2.64	2.68	2.77	3.05	3.65	3.91
一般歳出(兆円，A)	48.66	47.55	47.59	47.63	47.28	46.37	46.98	47.28	51.73	53.45
社会保障関係費(兆円，B)	17.56	18.28	18.99	19.80	20.38	20.57	21.14	21.78	24.83	27.27
社会保障関係費の一般歳出に占める割合(B/A, %)	36.1	38.4	39.9	41.6	43.1	44.4	45.0	46.1	48.0	51.0
社会保障関係費の自然増試算額(兆円)		0.94	0.91	0.91	1.08	0.80	0.77	0.75	0.87	1.09
削減目標額(兆円)		0.30	0.22	0.22	0.22	0.22	0.22	0.22	0.22	自然増全額認める

(注)　2009 年の社会保障関係費の実質的な削減額は，新たな財源確保もあり，230 億円であった．
(出典)　国立社会保障・人口問題研究所『平成 22 年度社会保障費用統計』，財務省 HP 掲載資料，厚生労働省『厚生労働白書(平成 22 年版)』，厚生労働省『平成 22 年度厚生労働省所管予算に係る概算要求基準について』，小林(2007)，吉岡(2009)より作成．

社会保障関係費の自然増(概算要求)の毎年度二二〇〇億円(二〇〇二年度は三〇〇〇億円)もの削減が断行されたのである(**表3-2**)。

第二章で明らかにした医療保険制度に胚胎した受益者負担の思想が、各制度に浸透していく。介護保険制度は医療保険をモデルにし、障害者福祉は介護保険を参考に、定率の自己負担を制度化していった。

社会保障制度を安定化させるために財源が必要ならば、人々に政策の信を問い、真っ向から増税政策を検討すべきであった。しかし、減税をたびたび実施するなか、介護・障害者サービスの対象者が拡大されると共に利用者の負担が増大された。やはり、負担増を正当化するロジックは「応益負担(定率負担)」=「利用者負担」論であった。戦後からの障害者福祉や二〇〇三年度実施の支援費制度においては、「低所得者を念頭に置いた制度であり、対象者を限定」しているため、障害者サービスの利用者負担は所得に応じた応能負担とされていた。しかし、二〇〇六年施行の障害者自立支援法においては利用者の主体性と「普遍性」を維持するために、利用者負担は応益負担である定率負担とされた。「サービスを必要とする人が誰でも利用」でき、利用者が主体的にサービス供給者と契約を結ぶことが背景にあるとされる（障害者福祉研究会編 二〇〇七）。

利用者負担の定率負担に代表される障害者福祉の改革は、将来の介護保険制度への統合を予感させるものであり、「社会保障の社会保険化」が進展したといえる（伊藤 二〇一一）。障害者福祉サービスの利用者負担が定率負担へと改正されたことで、これまでサービスを利用してきた層が制度から排除される可能性が生まれた。厚労省が二〇〇九年一一月二六日に公表した調査によれば、利用者（調査対象）の約八七％において実負担額が増大しているのが明らかになった。また、低所得者（市町村民税非課税）の九四％において負担が増加していたのである（厚生労働省「障害者自立支援法の施行前後における利用者の負担等に係る実態調査結果について」）。まさに、利用者負担によって、普遍的なサービスに「空洞」が生じたと言える（宮本・イト・ペング・埋橋 二〇〇三：三三一）。

この利用者負担の定率負担化に対しては、全国一斉の違憲訴訟が提起され、利用者の制度に対する不信が示された（障害者自立支援法違憲訴訟弁護団編 二〇一一）。確かに、障害者自立支援法の利用者負担には、低所得者向けの負担軽減措置があるものの、負担軽減措置を受けるために所得調査を受け、自身の尊厳が傷つけられる事例が多数報告された[3]（さいたま弁護団・第一次訴状：八五）。公共サービスの負担を〈私〉化し、弥縫《びほう》策としての負担軽減措置によって利用者に屈辱感を与えるに至っては、公共サービスが本来の任務を果たしているとは到底言えない。

違憲訴訟を提起した弁護団の論理は、自由権を行使するための前提として生存を保障する社会保障サービスが存在しなければならないというものであった。弁護団らは「障害がない者であれば」「社会参加し自己実現を行う」権利を持っているが、「障害者は、金員拠出をしなければ社会参加し自己実現を行う権利を奪われる」と指摘し、応益負担の規定は「障害者が当たり前の一人の人間として生きていく」基本的権利、「個人の尊厳と幸福追求権を保障する憲法第一三条に反し、違憲」だと主張した(さいたま弁護団・第一次訴状：九二)。これに対して、政府の反論は、自由権と社会権を区分し、後者には広範な立法裁量が存在することを指摘するものであった(被告第一準備書面：四七—四八)。

そこで、弁護団らは、「自由権と社会権の不可分性」を提示した。社会権は「自由権行使」を前提にしていると考えられてきた。しかし、「障がいのある人」が「自由的諸権利」を行使するには、国による社会保障政策である障害福祉サービスが不可欠である(4)(障害者自立支援法違憲訴訟弁護団編 二〇一一：二二六—二二七)。政府と弁護団の議論は、生存を保障する公共サービスと「財源調達」との関係の再考を迫るものであった。

かつてイギリスでは、公共サービスの財源調達をめぐる熾烈な議論が戦わされてきた。公共サービスの利用量・必要度と負担に対価性を持たせると、最も公共サービスを必要とする人々に負担を課すことになってしまう。この不合理を解決するには、最低生活費の非課税が必要になる。そこで、案出されたのが生活費を控除した「所得」に税率を適用する所得税であった(Shehab 1953)。サービス利用者に応能負担を課したいのであれば、利用者負担ではなく所得税を用いるしかない。

また、「最後のセーフティーネット」である生活保護制度さえ、所得・資産調査や稼働力の調査によって、サービスを利用する権利を持つ人を制度から排除する「漏給」が発生している。この問題を正面から扱ったのが、厚生労働省の「ナショナルミニマム研究会」であった。同研究会で提示されたのが「生活保護基準未満の低所得者の割合」である。生活保護制度の漏給の程度を示す捕捉率については研究者による推計が試みられてきたが、厚生労働省による推計結果であるため注目を集めた。推計によれば、生活保護基準（おおよその最低生活費）を下回る世帯が、全世帯で一二・四％、勤労者世帯で八・三％、勤労者以外の世帯で一六・六％（所得のみを考慮した世帯）となる。そして、低所得世帯のうち、実際に生活保護制度を利用している世帯は一五・三％（所得のみ）から三二・一％（資産考慮）と推計された。つまり、生活保護制度の捕捉率は三割程度と示唆される推計であった。[5] 二〇〇〇年代は、まさに「格差」ではなく「貧困」が再発見された時代であり、制度によって排除される人々が可視化された時代でもあった。

顕在化する消費税の負担

図3-9は、総務省の「家計調査」より推計した税・社会保険料負担の所得に占める割合である。租税構造が「底抜け」した結果、消費税の負担と社会保険料負担の逆進性が表面化しているのだ。つまり、消費税の負担が、最も貧しい低所得層である第I分位において最も高い。しかし、それ以上に瞠目させられるのは、社会保険料の逆進性であろう（第一章第二節「保険主義的な社会保障制度」参照）。すでに我々は、所得税の減税財源として消費税が増税され、租税体系における消費税の地位が高まる過程を概観してきた。

国際的には、付加価値税について、所得税減税財源として位置づけている国と、社会保障支出の財源である所得税を補完する税としている国が存在する。例えば、スウェーデンでは、付加価値税の逆進的な負担は、所得税と普遍主義的な福祉政策で是正できると理解されていた（篠田 二〇一四：二三一―二三二、Kato 2003）。消費税によって最も負担を被る層をも対象にする社会保障制度を拡充することで、福祉国家を建設する国が存在する一方で、他方、日本のように所得税を「底抜け」させながら消費税を増税する国がある。

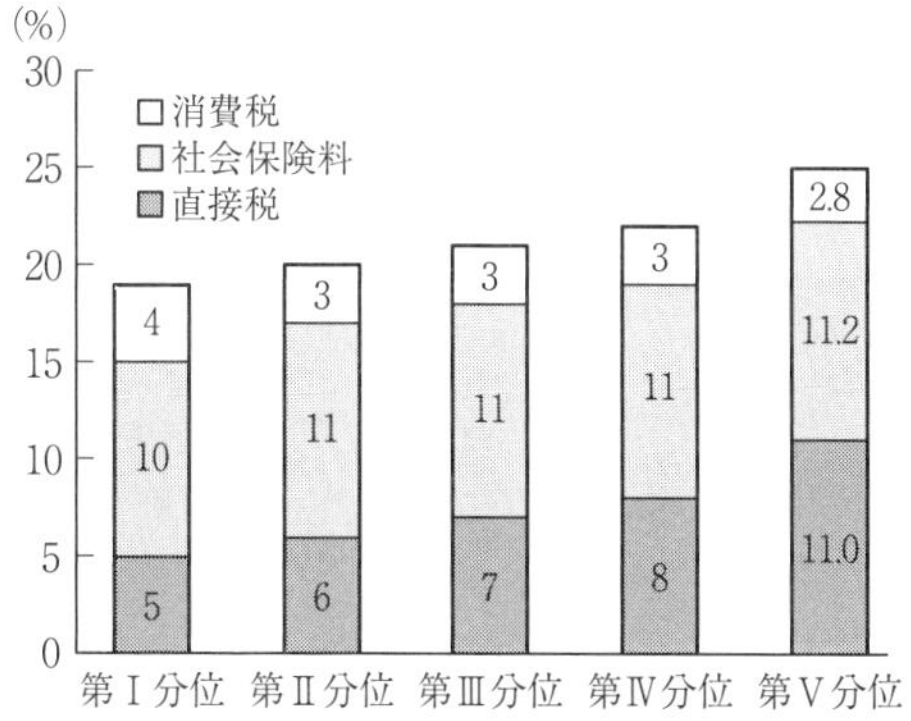

（出典） 総務省『家計調査年報 2012 年』より作成.

図 3-9 所得 5 分位別負担構造

では、どのような世帯がどの程度の負担を経験し、その負担はどのような消費費目で発生しているのか。ここで、所得階級別、消費費目別、世帯類型別に消費税負担の実態を示しておこう。消費税負担を推計する試みはいくつかあるが、本章では、齊藤・上村（二〇一二）の手法に従い推計した。

図3-10は所得階級別・消費費目別の消費税負担率（二〇一一年度）を示したものである。一〇大消費費目全てにおいて、逆進的負担を観察することができる。消費費目別に見ると、「食料」に対する消費税負担が最も高く、「その他の消費支出」がそれに次ぐ。「その他の消費支出」は、「諸雑費（理美容サービス、理美容用品、身の回り用品、たばこ、他の諸雑費）」「こづかい（使途不明）」「交際費」「仕送り金」によって構成されている。(6) つまり、消費税の逆進性は、やは

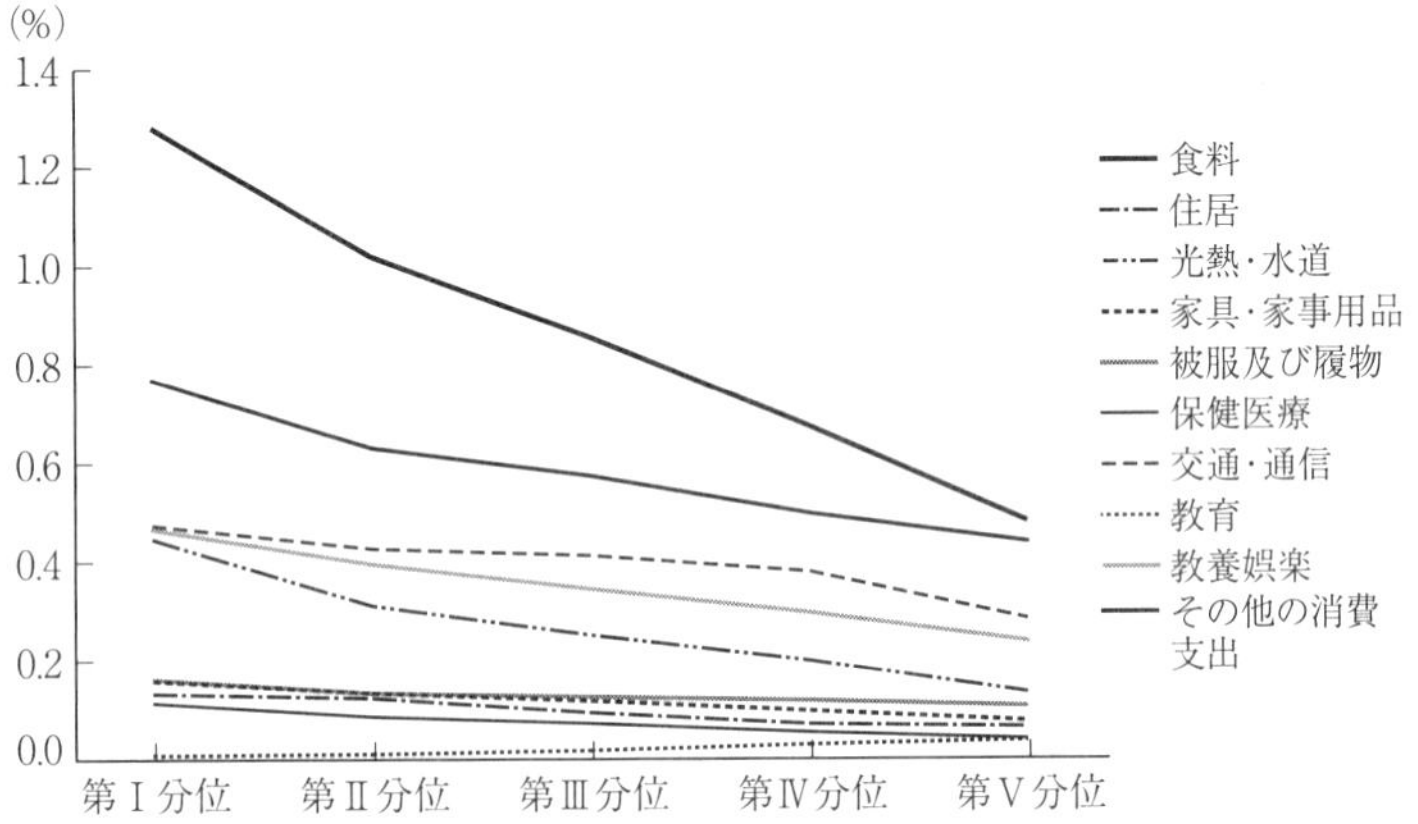

（注）　齊藤・上村(2011)の手法を用いている.
（出典）　総務省『家計調査』より作成.

図3-10　所得階級別・消費費目別消費税負担(2011年度)

り食料費の負担に起因するのだ。

消費税負担が直撃する世帯として、単身世帯が指摘されている(醍醐 二〇一二)。ここでは、母子世帯等に対する消費税負担率を把握しておこう。**表3-3**は「片親と未婚の子供から成る世帯」「両親と子供夫婦または未婚の孫から成る世帯」「片親と子供夫婦または未婚の孫から成る世帯」における消費税負担率の推計結果を示している。「母親と二〇歳未満の子供のみの世帯」の消費税負担率と「両親と子供夫婦または未婚の孫から成る世帯」の消費税負担率を比較すると、前者のほうが高いのが分かる。消費税増税財源をもとに社会保障制度を拡充するのであれば、このような世帯の生活を保障する仕組みが必要となるだろうが、現在、一時的な給付金を支給するのみで、恒久的な手当の拡大は実現していない。

これまでの分析結果から食料費に対する消費税の逆進性が問題となることがわかった。そこで、

表 3-3　世帯類型別の消費税負担

（%）

	片親と未婚の子供から成る世帯				両親と子供夫婦または未婚の孫から成る世帯			片親と子供夫婦または未婚の孫から成る世帯		
	合計	母親と20歳未満の子供のみの世帯	18歳未満の子供のみの世帯	その他	合計	父親が世帯主	息子が世帯主	未婚の孫から成る世帯	息子が世帯主	その他が世帯主
消費税負担率 1	3.8	4.3	4.4	3.5	3.2	3.2	3.2	3.3	3.3	4.0
消費税負担率 2	3.1	3.5	3.6	3.0	2.8	2.8	2.8	3.0	3.0	3.4

（注）消費支出は非課税分を控除済み．消費税負担率 1＝税額 ÷ 勤め先収入，消費税負担率 2＝税額 ÷ 実収入．
（出典）総務省『家計調査』(2012 年)より作成．

逆進性対策として提起されるのが消費税の軽減税率である。食料品などの特定の財・サービスに低い税率を課す軽減税率は、税制改革案として魅力的なのだろうか。

内外の研究者の間では、軽減税率の評判はそれほど良くない。「社会保障と税の一体改革」の検討作業中に提出された報告書は、英国IFSのマーリーズ・レビューを引用しながら、おおむね次のように論点を整理している。(1)直接税が整っていない途上国においては、軽減税率は所得分配の手段として考えられるが、先進国では直接税や支出政策を用いるほうが望ましい。(2)軽減税率による税収ロス、複数税率導入による事業者の事務負担、税務行政上の費用を踏まえれば、支出政策で逆進性に対応するのが望ましい(内閣府 二〇一一)。「社会保障と税の一体改革大綱」においても「消費税(国・地方)の税率構造については、食料品等に対し軽減税率を適用した場合、高額所得者ほど負担軽減額が大きくなること、課税ベースが大きく侵食されること、事業者の負担が増すこと等を踏まえ、今回の改革においては単一税率を維持する」とされている。

以上の論点に加えて指摘できるのが、軽減税率のような租税支出は、その適用をめぐる利害調整のコストを生じさせることだ。ある業界のある財に軽減税率を適用したとしよう。その業界のみを特別視する公正で合理的な理由を提示することは難しい。必ずや、別の団体も軽減税率を求める活動を開始するだろう。

以上の点は、複数税率の付加価値税を採用しているスウェーデンの政府の調査委員会においても指摘されている(SOU 2005)。スウェーデンは九一年に付加価値税を均一税率(二五%、ただし非課税あり)へと改正したが、その後段階的に軽減税率を導入している。二〇一二年段階では標準税率は二五%であり、食料品、レストラン、ホテルは一二%、旅客輸送、スキーリフト、新聞、映画、コンサート・オペラ、スポーツ・博物館、本・雑誌は六%の税率が適用されている(Skatteverket 2012: 196)。二〇〇五年に公表された政府報告書は、スウェーデンの付加価値税において累進的な負担構造が実現されていないことを明らかにしている(馬場二〇一三)。複数税率を設定したとしても、負担の逆進性は是正しきれないのである。OECDによる分析でも、消費課税(物品税含む)によって所得格差が悪化する点が報告されている(OECD 2008: 295)。

そもそも複数税率の消費税によって租税体系の公平性を図る考えは、限界がある。歴史的には、複数の物品税によっては担税力に応じた課税が実現できないため、所得に応じた課税が必要とされたのである。特に、人々の最低生活費に課税しない税制度を構築するには、物品税では難しい。そこで、人々の「所得」に課税する制度が求められるようになったのである(Shehab 1953)。

表 3-4　単身世帯と母子世帯における公共サービスからの受益と負担（世帯当たり，2009 年）

（万円）

世帯類型	類型 1	類型 2	類型 3	類型 4	類型 5	類型 6	類型 7	類型 8	類型 9	類型 10	類型 11
世帯主の年齢，性別	20 代女性	30 代男性	30 代女性	40 代男性	40 代女性	50 代男性	50 代女性	60 代男性	60 代女性	70 代男性	母子家庭
配偶者	なし	なし	なし	なし	なし	なし	なし	なし	なし	なし	
子ども人数	なし	なし	なし	なし	なし	なし	なし	なし	なし	なし	1 人
年間世帯収入	250	400	350	500	350	450	250	200	180	200	200
負担(B)	61	101	81	143	97	119	55	30	20	25	65
所得税＋住民税	20	40	30	60	35	55	18	15	9	12	13
消費税	5	5	5	6	5	6	6	6	6	5	7
保険料	35	55	45	75	55	55	28	5	2	5	30
自己負担額	1	1	1	2	2	3	3	4	3	3	15
受益(C)	56	61	61	63	65	69	100	170	190	295	235
医療・介護・教育等	10	11	11	15	15	20	30	35	35	85	125
年金・手当等	1	5	5	3	5	4	25	90	110	165	20
集合消費＋公共事業等(A)	45	45	45	45	45	45	45	45	45	45	90
ネット受益額(C－B)	▲ 5	▲ 40	▲ 20	▲ 80	▲ 32	▲ 50	45	140	170	270	170
社会保障のみの受益と負担の差額(C－B－A)	▲ 50	▲ 85	▲ 65	▲ 125	▲ 77	▲ 95	0	95	125	225	80

（注）原資料記載の世帯類型の番号と本表の番号は一致していない．
（出典）政府・与党社会保障改革検討本部，第 1 回成案決定会合配付資料「世帯類型別の受益と負担について」より作成．

利用者負担がもたらす貧困の悪化

社会保険と利用者負担によって財源調達をする日本財政は、いかなる帰結を生んだのか。参考になるのが、社会保障と税の一体改革の検討過程において作成された資料である[7]。この資料は、三八の世帯類型別に公共サービスからの受益と負担を大まかに推計したものである。内閣府によれば、同資料は「様々な世帯類型ごとに公的サービスによる受益と一定の負担の関係について、その傾向を概括的に見るために、試行的に簡易に計算した結果」である。**表3-4**は

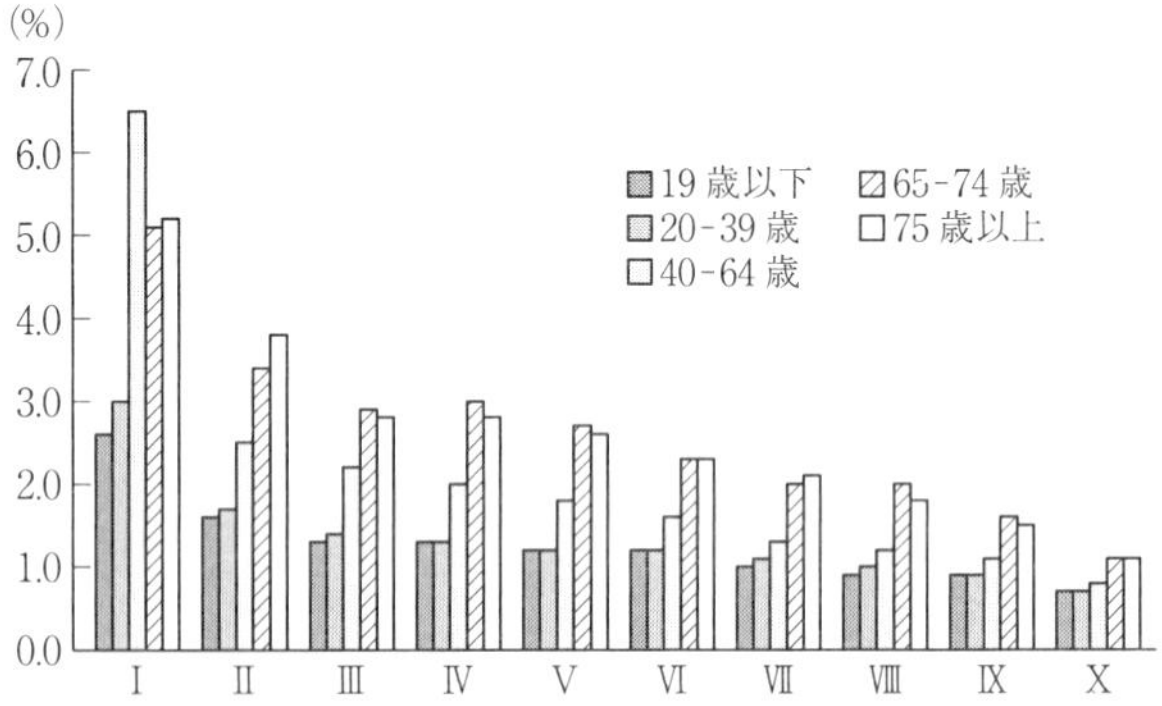

(出典) 田中・四方・駒村(2013: 126)の表2より作成.

図3-11 年齢別・医療と介護の自己負担率

三八の類型のうち、単身世帯と母子世帯を取り出したものである。「社会保障のみの受益と負担の差額」に示されているように二〇―五〇代の世帯類型に対する手当の貧弱さが目立つ。また、母子家庭の類型において社会保険料と医療・介護・教育等の自己負担額がきわめて高いのがわかる。所得を基準とする担税力に応じた負担を課さない構造は、制度が「標準」と想定していない世帯に大きな負担を課しているのである。

　さらに深刻なことは、世帯が貧困状態に陥る可能性を利用者負担が高めている点である。田中聡一郎・四方理人・駒村康平は、全国消費実態調査の個票データを用いた注目すべき研究を発表している。彼らは、医療・介護サービスにおいて低所得階層の自己負担率(利用者負担)が高まるという負担の逆進性と、医療・介護の自己負担が貧困率を引き上げている点を明らかにした。驚くべきことに、医療・介護サービスには利用者負担の緩和措置が存在しているにもかかわらず、負担の逆進性の影響が是正しきれていないのである(田中・四方・駒村 二〇一三)。**図3-11**は彼らの論文の表より作成した「年齢別・所得一〇分位別の医療・介護の自己負担率」であり、自己負担の逆進性の実態が分かる。

この自己負担率の逆進性を背景にしてか、日本の医療保険制度に関して、「同じ健康状態であっても低所得者ほど医療機関の受診確率が低い傾向」が確認され、低所得ゆえに受診が抑制されている可能性が明らかにされている(石井 二〇一一、埴淵 二〇一〇)。

中間層の租税抵抗を恐れるがゆえに導入される「利用者負担」は、最も支援を必要とする人に負担を集中させる。その結果、サービスの利用者は貧困状態に陥ることもあれば、サービスの利用を自主的に抑制さえしてしまう。これが利用者負担を強調する日本財政の実態である。

社会保障と税の一体改革は人々の財政に対する抵抗感を高めるか

九〇年代では消費税財源が所得税減税に充てられたが、二〇〇〇年代に入ると、消費税収と財政再建論が強固にリンクするようになる。この点を理解するためには、一九九九年に実施された予算総則の変化を知る必要がある。一九九九年に消費税収の「福祉目的化」が実現された(『朝日新聞』一九九八年一二月一六日付夕刊、『朝日新聞』一九九八年一二月一七日付)。これにより、一九九九年度予算において、消費税収(国分)の使途を基礎年金、老人医療及び介護に限ることが予算総則に明記されることとなった。

図3-12は財務省が公表している消費税収の使途の推移を示している。公表データでは、消費税収を充当するとされている対象経費(基礎年金、老人医療、介護)と当該経費に充当する消費税収の差額を「スキマ」として示している。すなわち、この「スキマ」が大きいことは、消費税収で対象経費を賄い切れていないことを表している。消費税の導入当初より、消費税の使途を明確化することで、国民

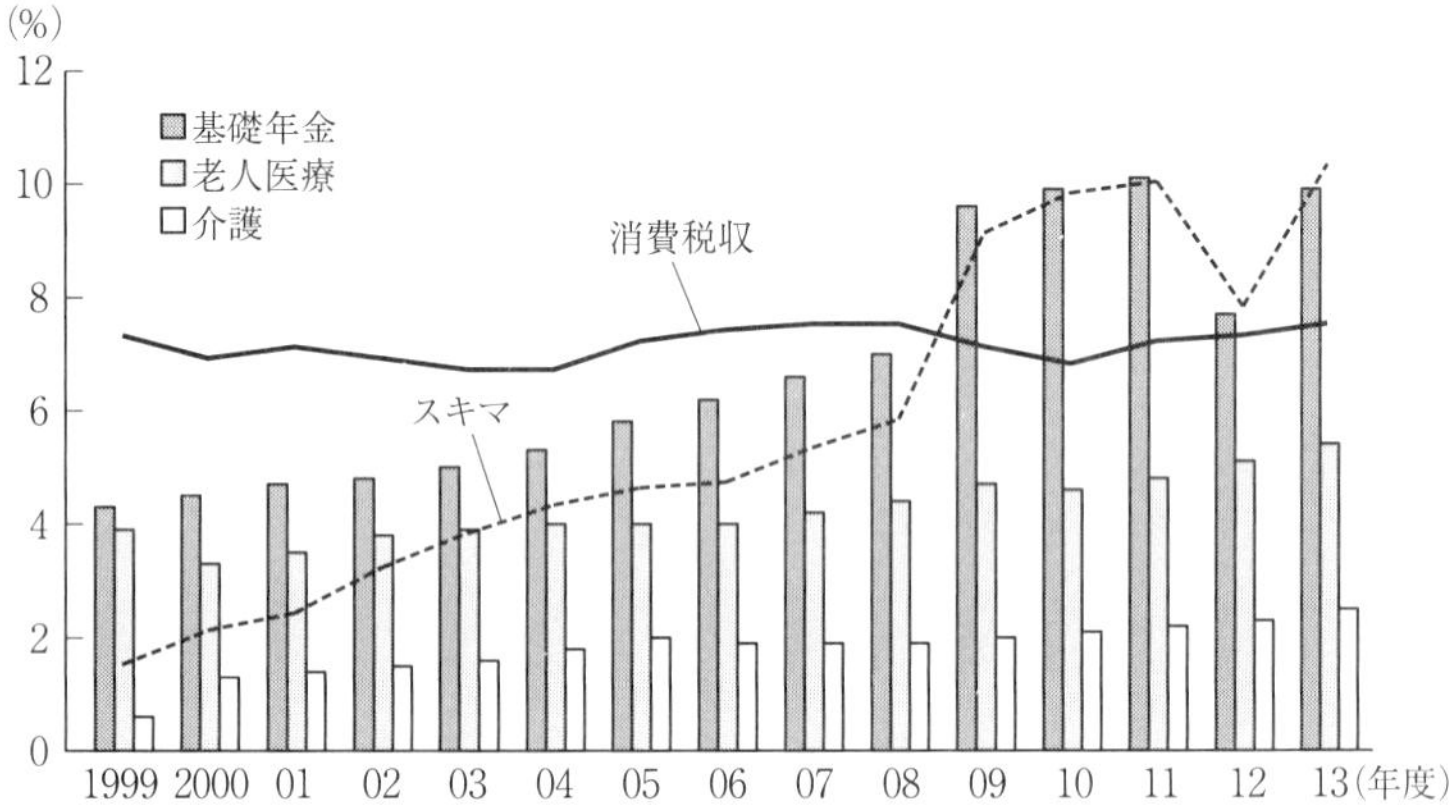

（注） 各年度の金額は，当初予算額である．2012 年度は，基礎年金国庫負担割合 2 分の 1 と 36.5% の差額(2.6 兆円)を除いた額である(差額分は，税制抜本改革により確保される財源を充てて償還される「年金交付国債」により手当することとしていたため)．2013 年度は，前々年度の「一般会計から年金特別会計への繰入超過額」が拡大したこと等を反映(繰入超過分は 2 年後に精算分として活用)．
（出典） 財務省 HP より作成．

図 3–12 消費税収と高齢者 3 経費充当収入との関係

の消費税に対する支持を好転させようとする試みがなされてきた。その意図自体は検討に値するも、高齢者三経費の財源として、消費税のみが注目されたことは見逃せない。そして、そのスキマは赤字公債で補填されるため、公債残高増加要因として社会保障関係費が注目されることになった。もともと税収不足は減税政策によって生じているにもかかわらず、消費税収の不足分のみが明示化されたのである。基本的に、社会保障と税の一体改革で実施される「制度の安定化」は、消費税収と「高齢者三経費」のスキマを埋めることを意味している。

財務省資料によれば、一九九〇年度末から二〇一四年度末にかけて、公債残高の増加額は約六〇三兆円で、そのうち歳出要因が約三三四兆円、税収等の減少要因が一四八兆円とされている。また、歳出要因のうち、約二一〇兆円が社会保障関係費に起因すると推計されている[8]（財務省「日本の財政関係資料（平成二六年二月）」）。本来ならば、社会保障制度を改正する際に、そのつど財源調達をすべきであった。増税による政治的反発を恐れた結果、社会保障関係費を特例公債で補塡する財政構造が構築されてしまった。社会保障の安定財源を目指す政策志向は、財政再建論と合流せざるをえなくなったのである。

社会保障と税の一体改革が、人々の租税抵抗に与える影響を考察しておこう。反税運動の研究で世界的に著名な財政社会学者アイザック・マーティンらは、税収と歳出のスキマを埋める改革こそが、租税抵抗を高めると主張している。社会保障制度は、人々に権利としての受給権を付与する。そのため社会保障制度の財源は、恒常的に確保されていなければならない。もちろん国債発行によって財源調達をすることは可能である。しかしながら、国債発行によって社会保障制度の財源を賄い続ければ、政府は歳出と税収のギャップを調整する改革に着手せざるを得なくなる。つまり、税収と歳出のギャップによって生じる構造的財政赤字（景気循環要因を除去した財政収支）は、政府に財政改革への圧力をかける。こうした改革は、歳出と税収のスキマを埋めるだけであり、人々の負担は高まるが、制度からの受益を高めるわけではない（Martin and Gabay 2013）。

もちろん、社会保障財政を安定化させることで、制度に対する信頼を高めることは期待できる。制度の安定化は、中長期的には人々の財政に対する抵抗を和らげるだろう。また、この間制定された「子どもの貧困対策法」や「年金機能強化法」など、社会保障制度の対象者を拡大し、制度の機能を高める改革も実施されている。子育て政策への財源投入も決定している（大山 二〇一三、小塩 二〇一四）。

しかし、いくつか公表されている推計結果は、制度のさらなる普遍化の必要性を示唆している。参考になるのが厚労省の試算結果をベースにした山本克也による研究である（厚生労働省「社会保障に係る費用の将来推計の改定について」、山本 二〇一三）。この研究は、二〇二五年の高齢者家計の支出・収入構造を推計した上で、医療・介護政策の効果を推計している。分析結果によれば、共働き、片稼ぎに関係なく、平均的な夫婦の世帯（標準世帯）であれば、医療保険料・介護保険料を負担しても十分に生活可能であるのに対して、単身世帯は苦しい生活状態に陥る可能性があることが明らかにされている（山本 二〇一三：二三七）[9]。

消費税増税が実施されれば、確実に人々の負担は増加する。そして、その負担構造はすでに明らかにした通り、所得格差を拡大する。**図3-13**は、階層帰属意識別に適切な消費税率への人々の意見を示している。明らかに、担税力が低いと考えられる階層に属する人々ほど、消費税率の増税に賛同していないのが分かる。考えられる最悪のシナリオは、消費税負担増に耐えられる所得階層が社会保障の

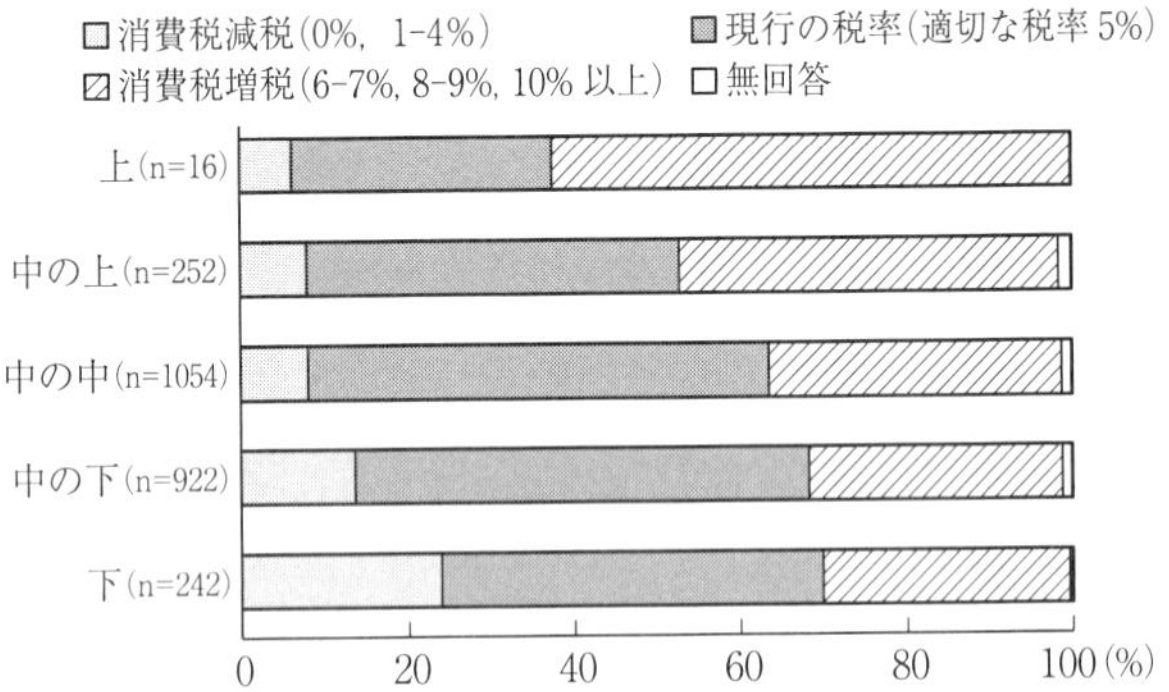

（注）「あなたは消費税をどのくらいにすべきだと思いますか」に対する回答．「0%」「1-4%」の回答は「現行水準よりも低い消費税率」（減税），「5%」という回答は「現行の消費税率」，「6-7%，8-9%，10% 以上」との回答は「消費税率の上昇」（増税）と整理した．

（出典） JGSS-2010 より作成．

図 3-13 所属階層帰属意識別の適切な消費税率（2010 年）

維持・改革を支持する一方、消費税負担増に耐えられない層が租税に不信を持つことだ。階層別の租税抵抗の高まりが階層間の不信につながれば、さらなる支出増・負担増を人々に提示することは、政治的に困難になってしまうだろう。

3　租税体系における所得税の役割

所得税を中心とする租税体系の必要性

福祉国家の財源調達構造は人々の生存を脅かさない体系でなければならない。第一章と第二章において明らかになったのは、日本の社会保障制度における利用者負担の問題である。戦後から、日本は社会保障制度——とりわけ、医療、介護サービス、障害者福祉などの現物給付——の対象者を拡大する際に利用者負担を拡充してきた。

注目しなければならないのは、制度設計者が利用者負担や受益者負担に注目した背景に増税忌避があった事実である。我々は、社会保障制度の拡充には負担増が必要だという意見には賛同する。しかし、人々の租税抵抗を恐れるがあまり利用者負担を拡大し、サービスを必要とする個人に負担を集中させるわけにはいかない。

第一章で指摘した高齢者世帯、とりわけ単身世帯の貧困問題は、保険料を納めていない層や被用者保険に加入していない非正規労働者層に対して、現行制度が対処できていない点に原因がある。[10]この問題に対しては、例えば、基礎年金の税負担の拡充が一つの案として提示されている（小塩 二〇〇一四：一五七―一五八）。いずれにせよ、足りないのは財源である。では、どの税金を引き上げるべきなのか。

仮に、利用者負担に苦しむ人、高齢低所得層といった人々に対する歳出を拡大するのであれば、求められる租税体系は所得課税が中心になるだろう。個人所得税は、個人の支払能力（担税力）に応じて負担を課す公平性を重視した租税である。個人所得税の特徴の一つは、最低生活費非課税の原則である。すなわち、課税後の手元に残る所得が、「最低生活費」を下回らないように所得税は設計されなければならない。言いかえれば、個人が当たり前に生きるために必要な生活費用（最低生活費）に課税してはならない。この最低生活費非課税の原則は、生存権保障が税制に具体化したものといえる。租税体系において所得課税が基幹税だと考えられてきたのは、この担税力に基づく課税の公正さが背景にある。

付加価値税（日本では消費税）は、所得課税の税収調達力を補完する地位に留まるべきだ。付加価値税最大の利点は、その圧倒的な税収調達力である。しかし、付加価値税は低所得者に重い負担を課しやすい。私たちが日々生活するのに必要な購買活動を通じて人々に税負担を課すからこそ、付加価値税には税収調達力があり、景気循環に関係なく税収が安定しているのである。これは欠点と表裏一体をなしている。

所得税や資産課税によって公正な課税が実現されていなければ、消費課税は人々の租税抵抗を高めてしまうであろう。租税体系の公正さを、我々は志向すべきではないだろうか。信頼と合意に基づく租税体系を構築するには、利用者負担の拡充には問題がある。仮に、所得に応じた負担を人々に課したいのであれば、利用者負担を複雑化せずに所得税を改善すればよい。そこで、日本の所得税改正の可能性を簡単に検討しよう。また、以下の試みから、現行の日本の所得税の実態が浮き彫りになるだろう。

所得税の総合課税化

所得税改正には二つの方法がある(関口 二〇〇八：二六―二八)。第一に、分離課税の総合課税化によって所得税を改正する手法、第二に、現行の資本所得の分離課税を維持しつつも、資産課税強化によって租税体系全体の累進性を高める手法である。分離課税の総合課税化とは、低率・比例税率で課税されている資本所得など(分離課税対象の所得)を給与所得などの他の所得と合算し、一つの所得として累進所得税の対象にする政策である。

分離課税を総合課税化するメリットは三点ある(同：二七)。第一に、総合合算した所得に超過累進税率を適用することで、高所得者には高い税負担を、低所得者には低い税負担を課す垂直的公平性に適った税制を設計できる。さらに、所得間の異なる取扱いを可能な限り縮小することで、同一の所得に同一の負担を課す「水平的公平性」の理念に適う税制へと所得税を変更できる。第二に、所得税の景気安定化機能を高めることができる。なぜならば、景気後退期には人々の所得が減少し、人々が負担する累進所得税の額が縮小するからである。景気拡大期には超過累進税率の存在によって、所得税を通じた自然増収を期待できる。景気拡大による財政赤字縮小を将来的に志向するのであれば、所得税の税収調達力を強化することが必要になる。第三の利点として、世代間と世代内部の公平性を確保

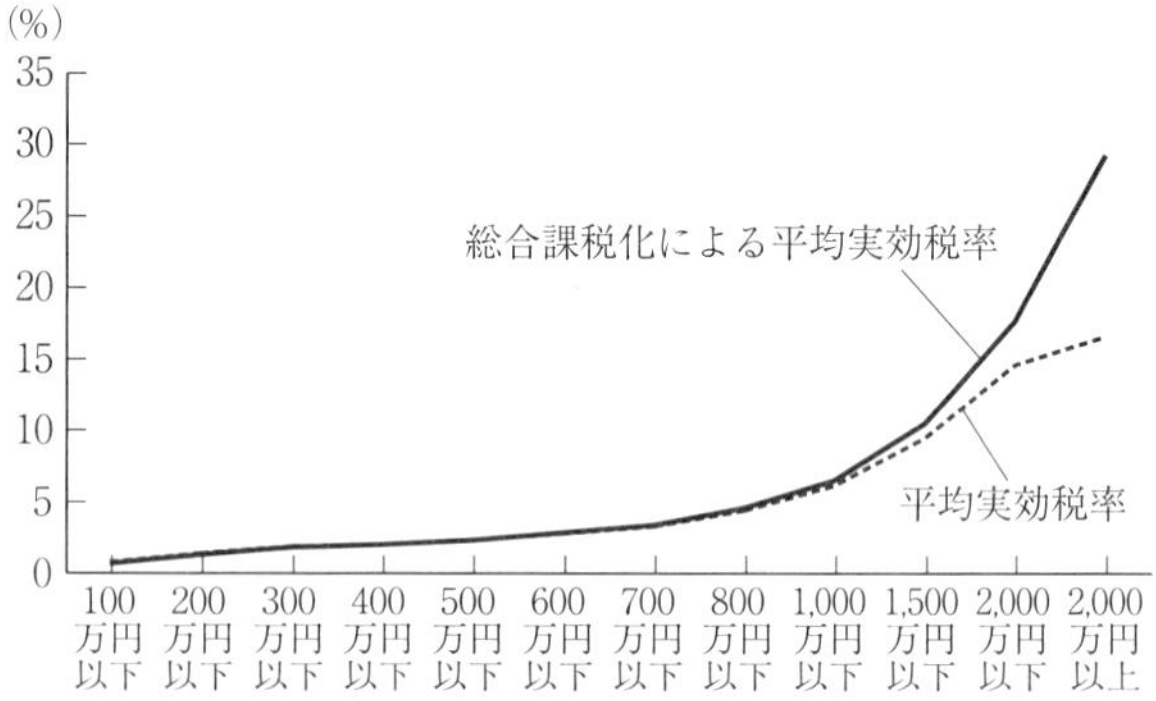

（注） 国税庁『申告所得税の実態』『民間給与の実態』，内閣府『国民経済計算』を用い，石(1979)の手法に拠った鈴木健司(2012)に従い算出．利子所得には法人受け取り分を含めている．山林所得は考慮に入れていない．平均実効税率＝税額÷総所得で算出している．

図3–14 所得階層別の所得税の平均実効税率(2011年)

できることが指摘されている。勤労世代の主たる所得は給与所得であり、退職した高所得者は資産所得を得ることが多い。資産所得に負担を課すことで勤労世代の給与所得の負担軽減を実現できる。退職世代内の負担の公平性を確保することに、資産所得の総合課税化は寄与する(同)。以上のメリットを念頭に、分離課税の総合課税化が所得税負担率に与える影響を推計しよう。

図3–14は所得階層別の実効税率を示している。推計結果によれば、分離課税によっておおよそ三兆円の税収ロスが発生している。とりわけ、その税収ロスのうち二兆七〇〇〇億円は二〇〇〇万円以上の所得階層において発生している。この原因は分離課税の存在にある。高い累進税率で課税される高所得者層ほど、分離課税から大きな便益をうけることになる。したがって、総合課税方式の下で徴収されるべき税収が、分離課税の導入によって脱落しているのである。

要するに、累進課税の対象外の所得を累進課税の対象にすることで、所得税の累進性を強化することができるのである。八〇年代以降の国際的な税制改革の主眼は、所得税の水平的公平性を確保することにあった。分離課税の総合課税化の推計からも分かる通り、水平的公平性の確保は税制の累進度を高めるのである（ブラウンリー 二〇一〇、本書第四章第三節参照）。累進的な所得税を機能させるために、分離課税の総合課税化は検討に値する案だろう。

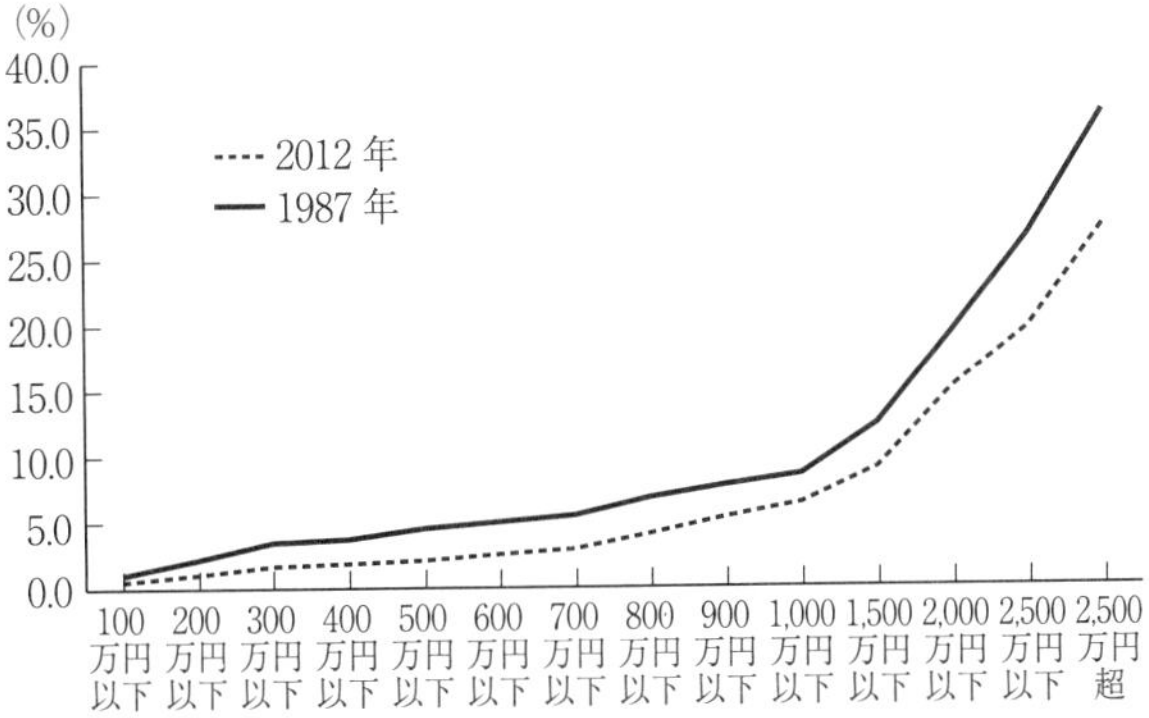

（注） 村上(2009)の手法を用いて推計．2012年度の税務統計．税額÷課税前所得で負担率を計算している．

図3–15 源泉所得税の累進税率改正の効果

累進税率変更による所得税の改正

所得税改正の第二の方向性として、勤労所得の累進税率を引き上げることを基本軸としつつ、資産課税によって資産所得に対する課税を補完的に行う手法が考えられる（関口 二〇〇八）。ここでは村上（二〇〇九）の手法を用いて、所得課税改正のシミュレーションを行い、累進税率表の変化による増収を推計した[11]。税率改正については多くの推計があるが、ここでは村上（二〇〇九）と鈴木善充（二〇一二）同様に抜本的税制改革以前の税率を二〇一二年の仮想的な課税所得に適用する。

図3–15は、仮に二〇一二年度の所得税が一九八七年の税率だった時の所得税の負担率を示している。一九八七年時の制度は、日本の累進税率が大幅に緩和される直

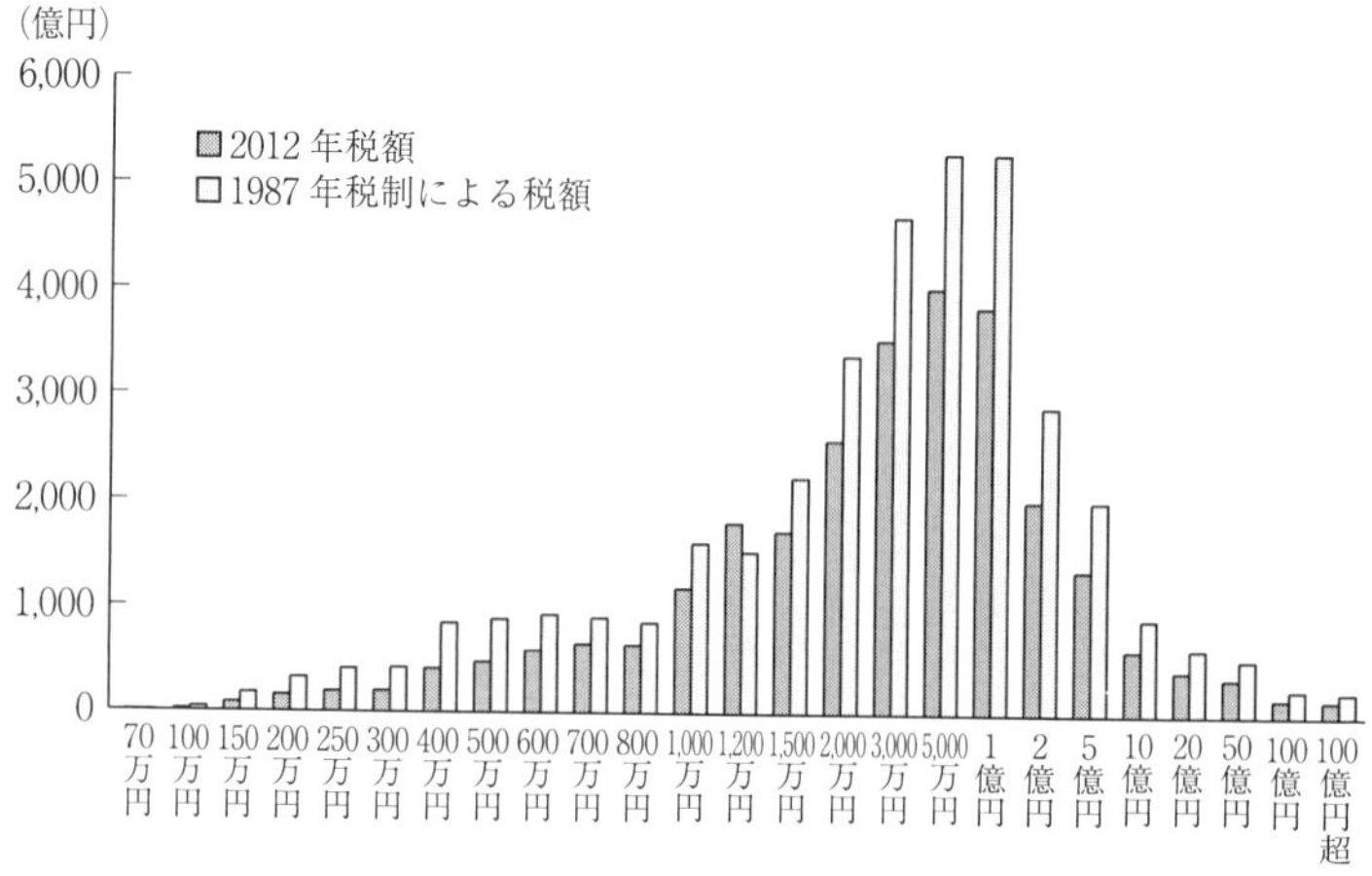

(出典) 国税庁『申告所得税の実態』に村上(2009)の手法を適用して算出.

図3‒16 申告所得税の累進税率改正による増収効果

前のものである。図3‒15より、累進税率の変更は、全所得階層の負担率を増加させることが見て取れる。また、増収額をみると、一定の前提を設けていることに留意すべきだが、源泉所得税で四兆六三八六億円の増収を見込める。

次に、申告所得税の累進税率を改正したときの影響を見ておこう。申告所得税については、分離課税の効果を考慮に入れていない点に留意されたい。**図3‒16**は累進税率改正による申告所得税の税額の所得階層別分布を示している。二〇一二年の推計税額(申告所得者は納税者の五〇%)[12]は約二兆七一七四億円であり、八七年の累進税率に改正すると約一兆一〇六六億円の申告所得税の増収が見込める。

以上より、累進税率表の改正だけで合計約五兆六四九二億円の増収を見込めるという推計結果が導出された。二〇〇七年の税務統計を用いた村上(二〇〇九)の推計では、六兆七五九四億円の増収という推計結果が出ており、その数字よりも二〇一二年の推計が過小になったのは、リーマン・ショックを挟んだ景気後退による所得の減少が要因だと考えられる。つまり、好景気時のデータを用いれば、増収幅はより高くなる。

ちなみに、本推計結果が実現すると仮定しても、日本の個人所得税収はまだOECD平均値以下である。地方税を考慮せずに、累進税率改正の推計結果を機械的に当てはめると、二〇一二年における日本の中央政府の個人所得税収(対GDP比)は二・九%から、約四・一%へと増大するにすぎない。一方、OECDの平均値は五・七%である(欠損値の関係上、平均値は二〇一一年データを用いた)。また、二〇一一年における日本の一般政府の総税収(社会保険料抜き)の対GDP比は一六・八%であり、OECD平均値である二五%より低い(表1-1)。これらのことから、本推計はあくまで試論ではあるが、国際比較の観点から見れば日本の個人所得税の増収幅は高いと考えられる。

そこで、参考までに中央政府の個人所得税の負担率をOECD平均並みにした場合、増収幅がどの程度あるかも示しておこう。民主党政権下で開催された税制調査会専門家委員会に提出された資料のなかに、税率区分ごとに税率一%を引き上げ場合、増収幅がどの程度かを示したものがある(税制調査会専門家委員会 二〇一〇a)。これは、本推計のように累進税率を一九八七年時点に戻したものではなく、二〇一〇年時点の所得税を前提にした推計である。二〇一〇年段階の所得税においては、一八〇〇万円超の課税所得には限界税率四〇%、九〇〇万円超―一八〇〇万円以下には三三%、六九五万円超―九〇〇万円以下には二三%、三三〇万円超―六九五万円以下には二〇%、一九五万円超―三三〇万円以下には一〇%、一九五万円以下の課税所得には限界税率五%が適用される。この資料を用いて極めて単純な試算をすれば、仮に四〇%→六〇%、三三%→五三%、二三%→四三%、二〇%→四〇%、一〇%→二〇%、五%→一五%へと大幅に税率表を改正した場合には、約一三兆円の増収となる。乱暴な試算ではあるが、ここまで増税してようやく、日本の中央政府の個人所得税収の対GDP比はOECD平均値並みになる。もちろん、実際には、所得税の課税ベースの拡大(控除制度の改正等)や資本所得への課税強化や総合課税化などを行えば、ここまで急激に税率表を改正する必要はない。一九八七年の税率表のように税率区分の数を増やすことで低所得者層への影響を緩和することも考えられる。また、地方政府の所得税を考慮すれば税率改正の程度はさらに緩やかなものになるだろう。

また、以上の推計では、あくまで個人所得税のみを増税していることに注意する必要がある。法人所得税の増税や社会保険料の事業主負担の負担増を実施すれば、個人所得税の増税幅はより少ない規模に抑えられる。むしろ、所得課税の強化には、個人所得税のみならず法人への負担増が必要になるだろう(次項参照)。

累進税率の改正によって所得税の税収調達力を高めることができるのがわかった。なぜ、我々は所得税による増収を検討したのか。ここで、二〇一三年一二月に問題になった、難病患者に対する自己負担額の増大のケースを考えてみよう(第二章第三節参照)。この事例も制度の対象者を拡大するために、利用者負担を増やす政策であったが、その事業費は約五〇〇億円であった。この事業費の規模を念頭に置くと、所得税の改正によって自己負担抑制のための財源は十分に調達できると考えられる。また、利用者負担の是正に必要な財源は、所得再分配を目的とする「累進所得税」を用いるのは理論的にも整合的だ。

分離課税の総合課税化、累進税率の改正、いずれの手法を採用するにせよ、所得税の税収調達力を回復することは可能である。ただし、推計結果が示唆するのは、中間層以上の税負担を高めなければ所得税の税収調達力は増大しないことだ。最高所得階層のみを狙い撃ちにした増税では、税収調達力の向上はさほど見込めない。社会保険料を一種の比例所得税[13]とみなせば、結局、公共サービスの財源を保険料か所得税のどちらかで賄うか、我々は選択しなければならない。社会保険料の逆進的負担を是正するためには、やはり所得税による増税を選択すべきではないだろうか。過度の利用者負担の拡大は「標準世帯」以外の人を、社会保障制度から排除してしまう。むしろ、社会保険制度が機能するためには、所得税の再構築が不可欠だといえよう。所得税の再構築を通じて、再び人々を財政に包摂することこそが現在求められている。次に、個人所得税を補完する「法人所得税」について検討を加えよう。

個人所得税を補完する法人税

現代において、法人所得税を保持すべき三つの理由がある(Clausing 2013: 174-175)。第一に、法人税は政府の税収調達手段として機能している。第二に、法人税には個人所得税を支える役割がある。法人税が存在しなければ、法人形態を利用して課税から逃れる機会を人々に与えるだろう。第三に、法人税の存在は、租税体系の累進度を高めることに貢献する。特に、法人税負担が資本や経済的利潤に帰着する傾向がある時には、この議論は説得力をもつ。

以上の指摘があるが、日本においては繰り返し法人税の減税が提起される。簡単に法人税の減税論

表 3-5　法人所得税収(対 GDP 比)の国際比較

(%)

	1980	1985	1990	1995	2000	2005	2010	2011	2012
オーストラリア	3.18	2.60	3.97	4.16	6.15	5.77	4.70	5.23	
オーストリア	1.37	1.41	1.42	1.36	1.99	2.21	1.94	2.22	2.28
ベルギー	1.92	2.16	2.03	2.35	3.20	3.31	2.63	2.90	3.10
カナダ	3.54	2.63	2.49	2.85	4.26	3.35	3.24	3.13	2.92
デンマーク	1.39	2.24	1.73	2.32	3.26	3.92	2.76	2.77	3.03
フィンランド	1.22	1.37	1.97	2.30	5.90	3.33	2.55	2.73	2.19
フランス	2.06	1.91	2.24	2.09	3.07	2.43	2.14	2.52	2.55
ドイツ	1.99	2.21	1.68	1.04	1.81	1.80	1.57	1.75	1.81
アイルランド	1.39	1.10	1.62	2.71	3.67	3.38	2.52	2.48	2.58
イタリア	2.32	3.11	3.78	3.46	2.90	2.78	2.82	2.71	2.86
日本	5.40	5.61	6.39	4.20	3.67	4.24	3.20	3.37	3.43
韓国	1.89	1.84	2.49	2.33	3.20	3.82	3.48	4.01	3.99
オランダ	2.83	2.95	3.24	3.10	4.00	3.77	2.18	2.07	
ニュージーランド	2.34	2.55	2.37	4.26	4.07	6.10	3.80	4.07	4.37
ノルウェー	5.66	7.34	3.70	3.77	8.92	11.66	10.01	10.70	10.39
スペイン	1.15	1.42	2.87	1.75	3.06	3.86	1.78	1.82	2.17
スウェーデン	1.14	1.66	1.64	2.75	3.92	3.68	3.47	3.23	3.03
スイス	1.57	1.71	1.77	1.71	2.59	2.37	2.87	2.95	2.88
イギリス	2.91	4.66	3.50	2.72	3.52	3.31	3.05	3.08	2.87
アメリカ	2.75	1.85	2.35	2.75	2.48	3.02	2.34	2.27	2.59
OECD	2.33	2.58	2.57	2.75	3.44	3.55	2.88	2.98	

(注)　オーストラリア，オランダ，OECD 総計の 2012 年のデータは欠損値である．
(出典)　OECD(2012), OECD.StatExtracts(database).

を、検討しておこう。**表3-5**はOECD統計による法人税収の対GDP比の国際比較である。この間、EU諸国において法定実効税率が引き下げられてきたが、実際の法人税収が減少しているわけではなく、税収増になっている国もある。税率引き下げが法人税収を増加させているかに見える現象は「法人税のパラドックス」として知られている。

海外と日本の法人税収の要因分析を試みた研究によれば、法定法人税率の引き下げと共に課税ベースを拡大することで、EU諸国は法人税率引き下げと税収増を両立させていることが指摘されている。課税ベースの拡大に加えて、法人税率引き下げによって自営業者のような非法人部門の事業者が法人化し法人所得の増加が法人部門の税収拡大につながったことも考えられる(大野・布袋・佐藤・梅崎 二〇一一)。

参考になるのがスウェーデンの事例である。一九九一年の改革で、スウェーデンは法人税率を引き下げ、課税ベースを拡大させた。表3-5を見ると、スウェーデンの法人税収が増大しているのがわかる。以上より、法定法人税率の引き下げが法人活動を活発化させ、法人所得税収が増加したと解釈されるかもしれないが、むしろ、個人所得税収から法人所得税収への税収の移転が生じている可能性が高い。スウェーデン財務省が専門家に委託した報告書は、近年農家や自営業者らが法人形態を選択していることを指摘している。つまり、法人所得税収の増加は個人所得税収の減少を反映している可能性が高いのである(Sørensen 2010: 90)。

税率引き下げが税収増をうむという議論は魅力的だ。しかし、その背景には課税ベースを拡大させる制度的要因と所得税の税収を法人税収として徴収しているという可能性に留意する必要がある。

法人税減税論の論拠として提示されるのが、日本の法人税負担の高さである。確かに、表3-5から、日本の法人税収がOECD平均を上回っていることがわかる。なぜ、日本の法人税収は高いのか。関口智はこの問題設定に対して、(1)法人税の課税対象の広さ、(2)日本の法人企業の海外進出度の相対的低さ、(3)法人部門の所得の大きさ、といった三つの観点から分析をしている(関口 二〇一二:一三四―一三六)。

関口は外国税額控除比率(外国税額控除÷算定法人税額×一〇〇)に注目した。これはおおむね「法人企業の全世界所得に対する法人税総額のうち、外国政府に納付された比率」を示している。このデータから、関口はアメリカとイギリスでは外国税額控除比率が高く(つまり外国政府に納付する法人税額が高い)、日本では低いことを指摘している。すなわち、日本企業は他国に比べて海外進出の程度が低く、法人税を国内政府に納税している割合が相対的に高いのである(同:一三五―一三六)。

当然ながら、EU諸国の法人税収増を支えたのは法人所得の増加である。問題は法人所得がなぜ増加したかである。実は、その理由は、法人部門の人件費減少や金融所得受け取りの増加のためであることが明らかにされている(同:一七〇)。

以上の諸研究を踏まえれば、法人税率引き下げと法人税収増が両立しているかに見えるとはいえ、我々は安易に法人税率の引き下げが法人税収を増大させると考えるべきではない。法人所得税は個人所得税の税収調達力を補完するものとして捉えるべきだろう。

仮に、法人税減税を実施するのならば、その財源を模索する必要がある。一つの案が、個人所得税における資本所得課税の強化である。法人税が減税されたら、その恩恵はどこに帰着するのだろうか。この論点を考える材料が二〇一〇年の税制調査会専門委員会にて提示されている。同委員会には、法人税減税に関する企業アンケートの結果が提出されている。法人税減税が実施されたとき、企業はどのような項目に減税分を充当するのだろうか。アンケート結果によると、法人税引き下げ分の充当先として「内部留保」と答えた企業が二五・六%、「借入金の返済」と答えた企業が一六・八%、「社員に還元(給与・賞与の増額)」が一五・五%、「設備投資」が一二・七%、「人員の増強」が八・四%、「研究開

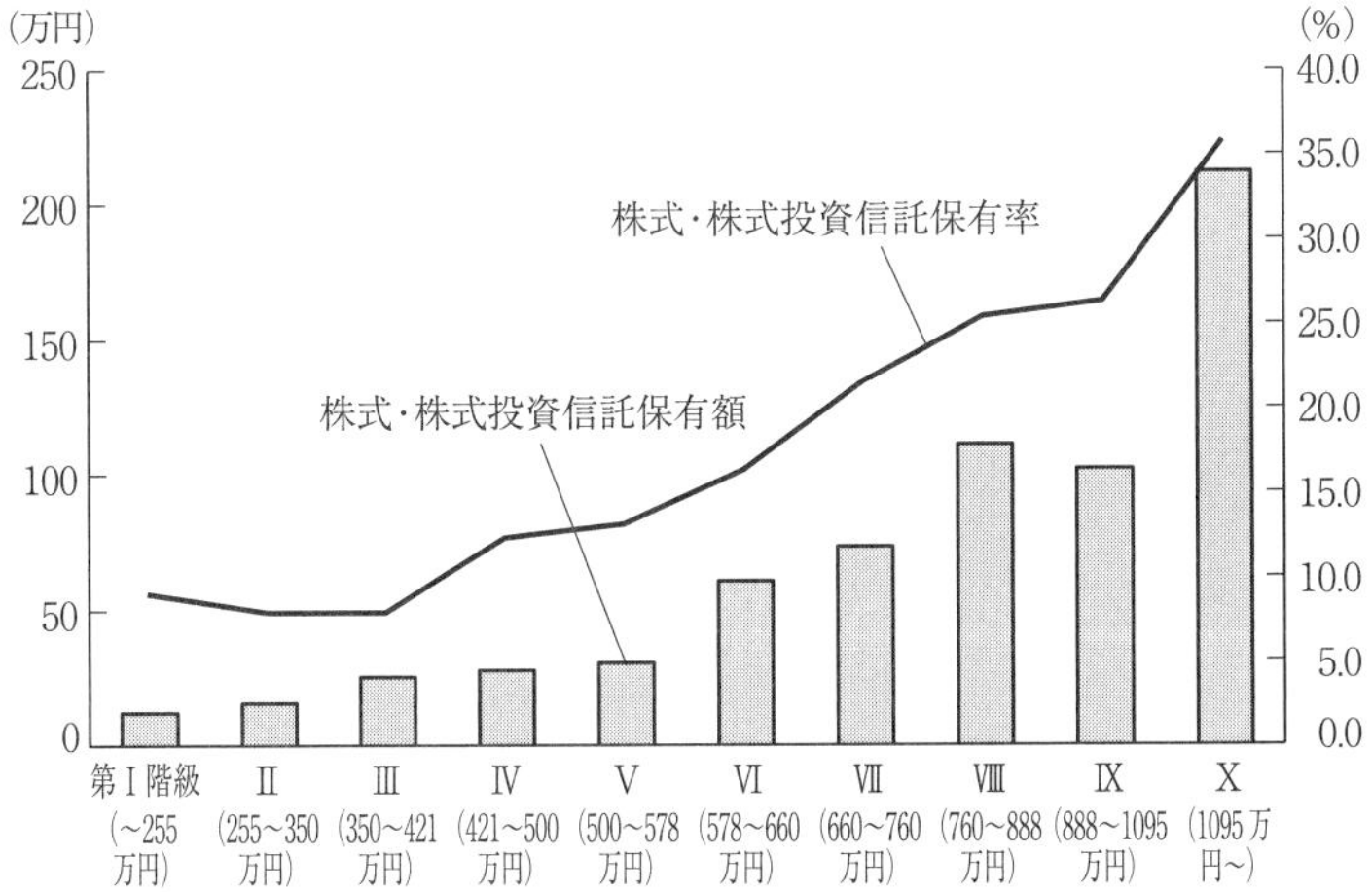

（出典） 総務省「平成21年全国消費実態調査・結果表(貯蓄・負債編)」より作成.

図3–17 収入階級別の株式・株式投資信託の1世帯当たりの平均保有額・保有率(勤労者世帯)

発投資の拡大」が五・五%、「株主に還元（配当の増額等）」が一・八%、「その他」が〇・七%、「分からない」が一三・一%であった（税制調査会専門家委員会 二〇一〇b）。橋本恭之は、内部留保、借入金の返済、設備投資の増強などは企業の株式価値を高めることに貢献するため、法人税減税は結果的に株主に帰着する分が高いと指摘し、その上で日本経済における株主の分布に注意を向けた（橋本恭之 二〇一二）。**図3–17**は、収入階級別の株式・株式投資信託の一世帯当たりの平均保有額・保有率を示している。明らかに高所得者層において株式・株式投資信託の保有率と保有額が高いことがわかる。

以上より、税収中立を前提にすれば、法人税減税分の財源は、その受益者である高所得者層への課税で調達する案が考えられる。例えば、個人段階（個人所得課税）での利子・配当課税の二〇％以上の増税、または総合課税化による資産課税の強化を指摘できる。なぜならば、法人税減税が長期的に株主に帰着するのであれば、個人所得税による利子・配当課税によって当該株主に負担を課すことができるからである（政府税制調査会二〇一〇年度第一一回専門家委員会議事録：一五）。すでに、所得税の分離課税を総合課税化することによって、高所得者層の負担率を高められることを明らかにしておいた。個人所得税段階の資産課税強化によって、法人税減税の財源を賄うことは、累進度の強化という点からも考えられる。

また、法人税減税財源を法人税改正で調達する選択肢もありうる。具体的には、租税特別措置の整理を通じた財源調達策である。二〇一三年度税制改正大綱を踏まえ、政府は消費税増税に伴うショックに対応するための措置として、小泉政権期の二〇〇三年度改正以来の一兆円規模の法人税の大減税を閣議決定した（「消費税率及び地方消費税率の引上げとそれに伴う対応について」（平成二五年一〇月一日閣議決定））。そこで、法人税減税の財源として、法人税の租税特別措置の見直しが進められている。しかしながら、租税特別措置見直しによる増収規模は、一兆円もの法人税減税を埋め合わせる規模ではなかった（伊田 二〇一三）。

消費税と所得税を増税し、法人税減税を実施する税制改正は、租税体系に対する人々の信頼を毀損し、租税抵抗を高めかねない。次章では、租税抵抗が引き起こす問題をイギリスとスウェーデンの事例を通じて明らかにしよう。

第四章　財政への信頼をいかに構築するか
——国際比較からのアプローチ

1　福祉国家の危機と租税抵抗の高まり

イギリスの道、スウェーデンの道

前章までに、日本の税・社会保障制度が、家族と雇用の崩壊という現実に対応できていないこと、そしてそのために格差と貧困を拡大させてしまうことさえあることをみてきた。これは、日本が先進国で最も租税負担率の低い国の一つであるにもかかわらず強い租税抵抗に直面しており、リスクを受益者負担という形で人々に押し付けざるを得なかったためである。

一方、租税抵抗に直面したのは、ひとり日本だけではなかった。欧米諸国もまた一九七〇年代以降、福祉国家の危機が言われるなかで、強い租税抵抗を経験するようになった。それは第一に、石油危機後に生じた景気後退によってより大きな税負担を求められなくなったこと、そして第二に、経済のグローバル化が進み資本の国際移動が活発化したことによる。特に、戦後福祉国家の基幹税たる地位を占めた所得税は、経済活動にゆがみを与えるものとして忌避され、アメリカやイギリスに代表されるように、所得税率は大幅に引き下げられ、税率区分も簡素化されていった。日本の所得税制の見直しと消費税の導入もまた、こうした新自由主義的な税制改革の影響を大きく受けたものである。日本、アメリカ、イギリス三国はそれぞれ、不公平税制への非難の高まり、財産税をめぐる反税運動の展開（カリフォルニア一三号提案）、そして反人頭税闘争と、大きな租税抵抗を経験した国でもある。

しかし、福祉国家の危機とともに生じた租税抵抗への対応は、何もこうした新自由主義的なものばかりではない。福祉国家類型論を展開したエスピン＝アンデルセンはかつて、福祉国家の危機への対応として、社会保障を限定的なものにするとともに市場の規制緩和を進める新自由主義ルート、家族政策や就労支援政策を強化し社会的投資を行うスカンジナビア・ルート、早期退職の奨励などを行う労働削減ルートという三つの型を析出した（エスピン＝アンデルセン 二〇〇三）。租税抵抗への対応の仕方もまた、おおまかにはこうした福祉国家の「適応戦略」と無縁ではない。

本章では、エスピン＝アンデルセンの議論を念頭に置きつつ、新自由主義ルートをとった国のなかからイギリスを、スカンジナビア・ルートをとった国のなかからスウェーデンを選び、両国が租税抵抗の高まりにいかに対応し、克服しようとしたのかをみていくことにしよう。イギリスとスウェーデンのみを挙げるのはあくまでわれわれの研究関心からであり、これらの国以外に重要な例がないというのではない。しかし、両国の事例を検討するだけでも十分に多くのことを汲み取ることができるであろう。

本論に入る前に、結論を簡潔に示しておこう。福祉国家の危機への対応として当初、新自由主義ルートをとったイギリスは、そのことによってかえって大規模な反税闘争を引き起こしてしまう。その後、イギリスは社会的投資を進め新自由主義ルートから決別するようにみえたが、租税抵抗回避から経済成長を前提とした税・財政構造を維持したために、金融危機に対処するすべを持たず、結局は保守党の財政再建路線に帰結してしまう。

一方、大きな政府を有するスウェーデンにおいても所得税に対する租税抵抗は高まっていた。こうした事態をスウェーデンは、普遍的な社会保障の拡充と所得税制改革とを組み合わせることによって乗り越えていった。スウェーデンでは、普遍的な社会保障を拡充することで税への信頼を高め、人々の連帯を生んでいった点が注目できる。このことに関連し、保育料の自己負担の上限設定(マックスタクサ)も導入されている。受益者負担を次々と求める日本とは非常に対照的な改革が行われているものといえよう。

2　イギリスにおける租税抵抗

福祉国家批判としての人頭税

すべてのものに権利を――これが、戦後イギリス福祉国家を形成する際の最も枢要な理念である[(1)]。これには、すべての被用者を社会保険制度へと包摂する「普遍主義」が福祉国家の基調に据えられており、ミーンズ・テストを伴う困窮者への「施し」から、権利としての社会保障へと進化しようとしたところに画期性があった。先進各国はその理念に強く惹かれ、程度の差はあれイギリスを福祉国家建設のモデルとしている。日本もまた例外ではない。

こうした構想はしかし、早くも限界を迎えることになる。福祉国家の青写真を示した「ベヴァリッジ報告」に基づく社会保険制度は一九四八年に始まるが、それから二〇年もたたずに福祉国家の「コスト」が問題とされ始めるのである。直後の下野で着手できなかったが、保守党のダグラス＝ヒューム首相が「ベヴァリッジ報告はきわめて高くつくものであった」として、「新しいベヴァリッジ報告」の作成を考えていたのは一九六四年のことである。一方、保守党政権に続いた労働党政権もまた「怠惰な」移民の福祉費用をまじめに計算していたし、一九七〇年代には公的扶助の不正受給への嫌悪は深刻な政治問題に発展している。福祉国家はもはや社会統合の手段などではなく、紛争の種へと転化しつつあったのである。

こうした福祉国家の「コスト」を統制するために考え出されたのが、現代史上最も悪名高い課税の一つ、人頭税である。人頭税は、一九七四年、当時保守党の影の環境相であったマーガレット・サッチャーが地方税改革の必要性にふれたことが端緒となった。環境省は様々な省庁が統合されてできあがったものであり、地方自治の問題も所管としていた。同年一〇月の総選挙を前にサッチャーは「住宅とレイトに関する保守党の新政策」という文書を作成し、そのなかで、経済規模に見合わない形で地方自治体の支出が急激に伸びていること、そしてこの支出の多くが中央政府からの補助金に拠っており、それが税負担を著しく高めていることを問題にした。そして、この問題を克服するためには、将来的にレイトを廃止し、「人々の支払い能力に応じた税」と入れ替える必要がある(2)。こう言うのである。

ここで言及されているレイトとは、イギリスの地方税、それも不動産課税のことであり、古くは一六〇一年エリザベス救貧法の救貧税にまでさかのぼる。イギリスではレイトは唯一の地方税であり、この税目の税率決定権こそが「イギリスにおける地方自治の根幹」とみなされてきた(北村 一九九八：一二)。日本における財政学の発展に多大な貢献をした島恭彦は、「救貧税の成立の歴史はそのまま租税国家の成立史の一つの雛形を提供している」という(島 一九三八＝一九八二：八〇)。

レイトはイギリスではこのように重要な地位を占めるが、戦後福祉国家が形成・定着していく過程において、財源としての重要性は次第に失われていった。サッチャーが批判するように、地方自治体の歳出をレイトのみでは賄うことができずに、地方自治体は中央政府からの補助金に強く依存することになったためである。補助金の増大は結局、何らかの形で税負担を増大させることになるが、スタグフレーション下ではこれは到底受け入れられることではなかった。特に、居住用資産へ課されるレイトには経済状況に応じて負担の減免制度が導入されていたため、重い負担が一部にのみ集中しているとして税負担者からの批判が噴出していた。

レイトに代わるものとして何がふさわしいかについては多くの議論が交わされたが、保守党が新税の基準として必ず考慮に入れたのが、「負担の公平性」と「アカウンタビリティ」であった。[3] 負担の公平性とはさきほど述べたように、サービスの給付に比して税が賦課される範囲が著しく狭く、不公平感が生じているために提出された基準である。一方のアカウンタビリティは、地方における民主的な説明責任を促進するかどうかを判断するための基準である。ただし、アカウンタビリティについては、この概念が提示された当初から批判されているように、非常に「政治的に歪曲された」ものであった。[4] 保守党はそれをたんに歳出水準が適正に保たれているかどうかを判断する基準として用いているからである。要するに、新税は歳出抑制に役立つものでなければならない、というのである。
政府がいうには、負担の公平性とアカウンタビリティという二つの基準を満たすためには、新税に対価的で料金的な性格を持たせる必要がある。そしてそのためには、すべての成人への一律課税、すなわち、人頭税が最もふさわしいという。一律課税であれば、負担の公平性は自然と満たされるし、すべてのものに課税を行えば、コスト意識も当然生まれ、財政もまた「アカウンタブル」なものとなる。さらに、現在、地方自治体のサービスは電気やガスなどの不動産関連サービスから、教育や医療などの人的サービスへと比重を移しており、この点でも直接税たる人頭税はレイトよりもふさわしい。直接税としてはスウェーデンのような地方所得税を新税に据えるということも考えられたが、このとき国税所得税は大胆に切りさげられていっており、国策と矛盾するとして放棄された。

こうして、課税の対価性と料金性が不当に評価されるなかで、人頭税はレイトの代替財源として最もふさわしいものとして考えられるようになっていった。名称もまた、「受益に応じた負担」という料金的な性格を重視し、人頭税ではなくコミュニティ・チャージとされた。地域住民が負担する料金=チャージという意味である。一九八六年に公表された政府文書『地方自治体への支払い』は言う(5)。

> レイトから一律のコミュニティ・チャージへの移行は、地方自治体のサービスに対して料金を課すことへと地方財政の向きを逆転させるという点で、重大な画期となるだろう。

人頭税とはこのように、福祉国家から「安価な政府」の時代へと時計の針を巻き戻す道具として導入されたものである。人頭税には明らかに福祉国家批判としての性格が持たされていたといってよい。第二章の日本の事例がそうであったように、イギリスもまた(政府用語としての)「負担の公平性」を確保することを建て前に、受益者負担を課す方向へと舵を切っていったのである。

反人頭税闘争とサッチャーの退陣

こうした人頭税は当然、これまでのレイトと比べると明らかに逆進的なものである。実際に、先ほど言及した政府文書より前に出されたもののなかには、「人頭税は世帯にいるすべての人員に、所得とは無関係に課される。したがって、どのような世帯であれ、低所得世帯は高所得世帯よりも租税支払いは重くなる。さらに、レイト支払いは所得とともに増大していくので、レイトと人頭税を入れ替えることは、高所得世帯が低所得世帯よりもより多くを得、より少ないものを失うことを意味している」と述べ、こうした問題が解決される限りにおいて「補完的な」位置づけを与えることができるとしていたのである(6)。これがいつしか、政府内部で受益者負担論が盛り上がるなかでむしろ負担の公平性とアカウンタビリティを確保するとして、利点と捉えられていった。

しかし、当初、租税抵抗を回避するために導入された人頭税は、皮肉なことにかえって大規模な租税反対闘争を引き起こしていくことになった。反人頭税連盟を率いたものの一人、ダニー・バーンズによれば、人頭税が導入されたことによって、以前よりも二倍から三倍も税支払いが増えてしまったものもいたという(Burns 1992: 10)。七割以上の人口が人頭税で生活が悪化したという調査もある。可処分所得のジニ係数でみた場合、一九七五年には〇・二六九だったものが、サッチャー政権の退陣が迫る一九九〇年には〇・三五五と大幅に拡大し、世界で最も格差が大きな国の一つとなった。生活困窮者が次々と生まれ、豊かなものがより豊かになっていく。人頭税はその象徴であったのだろう。反人頭税闘争の波は、導入時期が早かったスコットランドから生じ、次第にイギリス中に広まっていった。反人頭税組合はいたるところで組織され、一九八九年一一月までには、全国で一〇〇〇以上の反税組合があったという。

反税運動が違法性を帯びた「人頭税不払い」(Pay no poll tax) へと先鋭化していくなかで、政府側もこれを無視できず、対立は決定的となっていく。一九九〇年三月三一日、ケンジントン・パークからトラファルガー・スクエアへと一〇万人以上の人々が「税金不払い」をアピールするために行進を始めたのである(Burg 2004: 421)。世代や性別、人種さえも越えた人の連なりがそこにはあった。最初は非常に穏やかなものだったというが、参加者の一部が首相官邸のあるダウニング・ストリートで座り込みを行い、これを警察が手荒く追い立てたことをきっかけに、トラファルガー暴動へとつながっていった。警察が車両ごと群衆に突っ込んでいくなど、警察側はまったく統制が取れていなかったという。多くのものが血を流し、最終的には、当日だけで三四一人の逮捕者が出る事態となった。警察側も五四二人が怪我を負っている(Burns 1992: 92)。

こうした反人頭税闘争の高まりは、最終的には、一九九〇年一一月のサッチャー退陣へとつながっていく。(7) 彼女のあと、首相となったジョン・メージャーは、保守党で人頭税に終始反対していたマイケル・ヘーゼルタインを環境相につけ、コミュニティ・チャージを廃止させるなど、事態の収拾に追われることになった。新しく創設されたのは、所得の状況に応じて税負担をもたらすよう設計された不動産課税のカウンシル・タックスというものである。

人頭税は、人々に一律の税負担をもたらすという意味で、経済上の損失の少ない最も効率的な税だとされてきた（宮島　一九八六：一〇五）。課税前と課税後で資源配分にゆがみを与えないからである。この点、むしろ資源配分上の変化を積極的に肯定し、所得再分配効果をもたらすよう設計されている所得税とは根本的に異なっている。しかし、最も経済合理的な税が政治的にも合理的な税とは限らず、深刻な反税闘争を引き起こすこととなった。第二章で述べたように、税を課す究極の根拠は、税がいかに処分されるのか、その公共性にある。このことを考えれば、イギリスのサッチャー政権が行ったように、社会保障を削減しつつ財政再建目的で逆進的な税を課せば、反税闘争が拡がっていくのも当然のことであったといえよう[8]。

新自由主義ルートからの決別か？

その後イギリスでは、さらに数年間保守党政権の時代が続いたあと、一九九七年にはトニー・ブレア率いる労働党が政権につくことになった。労働党の課題も、福祉国家の危機への対処という点では保守党と異なるところはない。しかし、その志向するところは異なっていた。新しく政権についた労働党は、雇用政策や家族政策を拡充して社会的投資を進め、新自由主義ルートからの決別を果たそうとしたところに特徴がある。福祉国家を市場原理で乗り越えようとした保守党では、雇用や家族の崩壊といった現実に対応できなかったからである。かといって、かつての労働党の戦略にそのままたち戻ろうというのではない。そこに、ニューレイバーと呼ばれた労働党の「第三の道」、「新しい福祉国家」の新規性があった。

戦後イギリス福祉国家の特質は、すべての被用者を単一の社会保険に包摂することで、老齢、死亡、傷病、障害、出産、失業、業務災害といったあらゆるリスクに備えようとしたところにある。その際、保険料はすべてのもので均一（均一拠出の原則）、給付もまたすべてのものに対して均一（均一給付の原則）といった具合に、「普遍性」が強く意識された制度設計が行われた。とりわけ拠出原則については、救貧法時代の「施し」から権利としての社会保障へと進化したことを示すためにもこだわりをみせている。いわく、「自らの所得を自ら管理することは、市民の自由の本質的な要素である」。公的扶助のようなものは、社会保険制度が発達するとともに自然と役割を終えていく、そのように考えられていたのである。

しかし、現実はどうかというと、公的扶助はなくなるどころか、むしろその役割を増していった。均一拠出は相対的に低所得層にとっては厳しく、社会保険制度に包摂されない層を生じさせたこと、一方の均一給付は稼働時の所得とは無関係に給付され、しかもそれが「最低生活費」を大きく下回るものだったためである。また、一度公的扶助に陥ると、そこから抜け出すことが難しいものが少なからずいた。「貧困の罠」である。低所得層においては公的扶助からの給付よりも賃金の方が少なくなるものもおり、労働インセンティブを失ってしまうからである。仮に働くことを選んだとしても、保険料拠出は可処分所得を減らし、生活困窮の度は強まっていく。こうしたなかで、一九六〇年代には「貧困の再発見」が行われ、経済成長下においても一人親世帯や高齢世帯などでかつてと変わらず貧困に陥るものが極めて多いことが分かった。

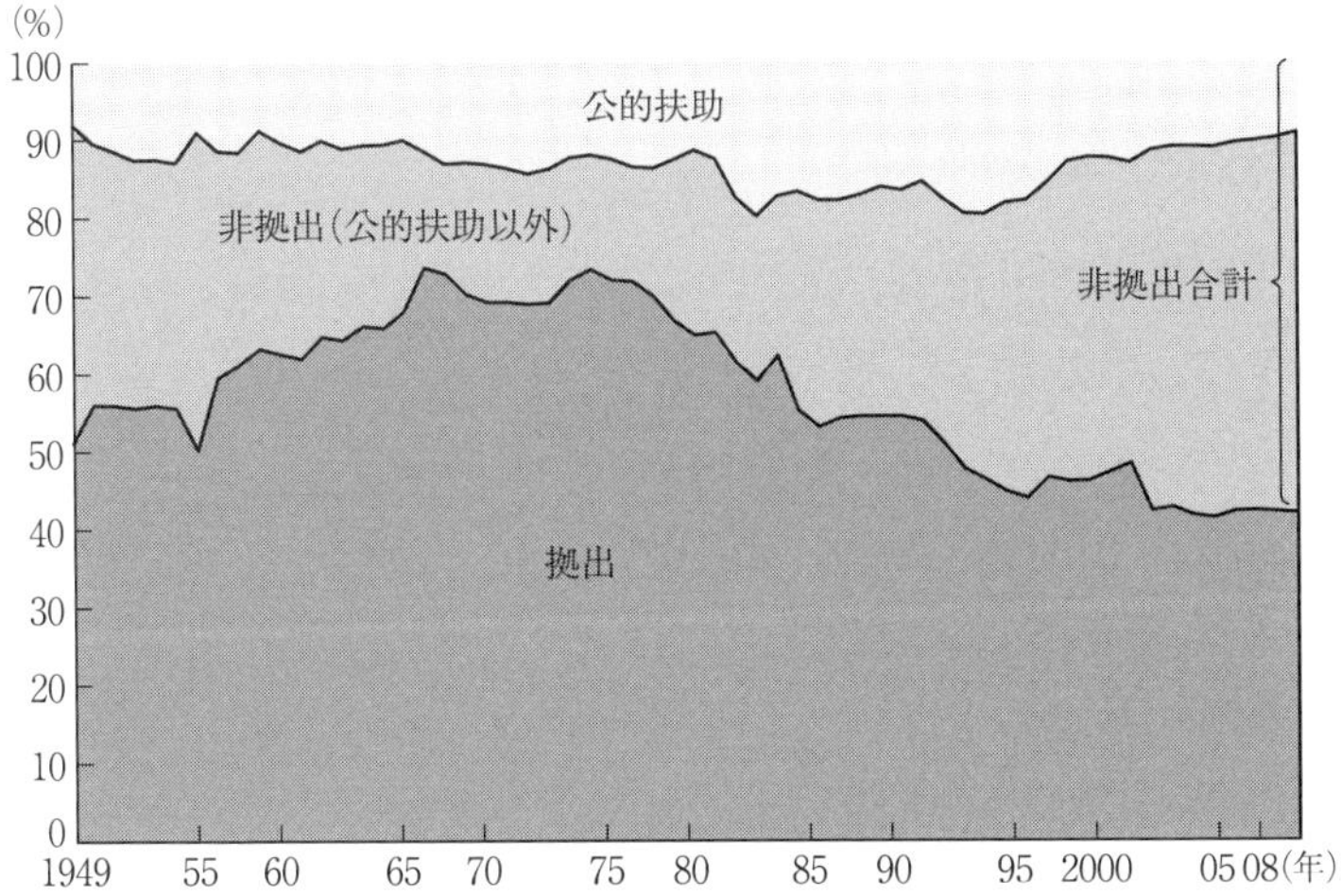

(注) 元データは，統計の表示方法の変更や社会保障制度改革の結果，相互参照可能な形で統計が公表されているわけではない．原則としては，1973年の 'Public expenditure on social security benefits' の表示方法をベースとして，拠出・非拠出の区分を設けた．
(出典) Central Statistical Office, *Annual Abstract of Statistics*, HMSO 各年度版から作成．

図 4-1 社会保障支出全体に占める拠出・非拠出支出の割合

実際に、**図 4-1** には公的扶助の割合が次第に大きくなっていっていることが示されている。初期には一〇％弱であった公的扶助の構成割合は一九六〇年代後半には一三％強、一九八〇年代前半には二〇％を越えるまでになった。一方、拠出に基づく社会保険給付は、一九六〇年代後半までは伸びていくが、その後急速に落ち込んでいく。一九八〇年代には社会保険給付は五割ほどになってしまった。

いまから考えれば問題含みに思われる、均一拠出・均一給付の原則を制度化したのにも実は明確な理由があった。ベヴァリッジ報告に、「社会保険計画が満足いくものになるには、雇用の維持と大量失業の予防とが前提となる」とあるように、戦後イギリス福祉国家は経済成長によって大量に雇用が生まれていくということが「前提」にあったのである。もちろん、その場合の「雇用」とは、自力で生活し、家族を養うに足る賃金をもたらす質の高いものである。そうでなければ被用者は、拠出に耐えることはできない。しかし、先述のとおり、現実は大きく異なっている。社会保険制度から排除され、貧困にあえぐものが次々と生まれていったからだ。しばしば、「市民であることは何の権利ももたらさない」というように（キンケイド 一九八七：一九五）、ベヴァリッジ型「普遍主義」の「選別主義」的な性格に対して批判が向けられるようになった理由はここにある。日本と同様、イギリスもまた保険主義的な社会保障制度の欠陥が露呈するようになったのである。

ニューレイバーはこうした現実を前に、ニューディール・プログラムと呼ばれる就労支援策の実施のほか、勤労税額控除の導入、児童給付の増額など社会的投資を積極的に進めていった。こうした施策は「ワークフェア」とも呼ばれるが、実のところ彼らが目指したのは、戦後イギリス福祉国家で「前提」とされていた雇用を意図的に作り出すことであったといってよいであろう。ベヴァリッジ報告の「前提」へと遡行すること、これが彼らの「新しい福祉国家」の姿であった。

政策に組み込まれる「経済成長」の意味

ただし、ニューレイバーは積極的に社会的投資を進めようとしたにもかかわらず、その財源については非常に曖昧な態度をとった。一九九〇年代初頭に反人頭税闘争という大規模な租税抵抗を経験したことで、増税が一種タブー化されていたためだ。増税の否定は、オールドレイバーの政策と差別化するためにも必要とされた。

結局のところ彼らは、租税抵抗という問題に正面から向き合い、税・社会保障制度の信頼構築ということについて真剣に思考を巡らすことはせずに、ワークフェアの財源としてウィンドホール・タックスという一風変わったものを提示した。ワークフェアは様々な政策の組み合わせからできているが、その目玉にはニューディール・プログラムが据えられ、五カ年間で合計四八億五〇〇〇万ポンド(約九七〇〇億円)の支出が計画された(**表4-1**)。総計では「若年失業者のためのニューディール」が二六億二〇〇〇万ポンドと大きく、その次に「学校のためのニューディール」「長期失業者のためのニューディール」が続いている。「福祉から労働へ」を標語とするワークフェアらしい政策であるといえる。

表 4-1　ニューディール・プログラムの支出計画

(100 万ポンド)

	1997–98	1998–99	1999–00	2000–01	2001–02	1997–2002
若年失業者のためのニューディール	100	580	650	640	640	2,620
長期失業者のためのニューディール	0	120	160	90	80	450
一人親のためのニューディール	0	50	50	50	50	190
病者・障害者のためのニューディール	0	10	20	80	80	200
失業中の両親のためのニューディール	0	0	20	20	20	60
学校のためのニューディール	100	300	300	300	300	1,300
チャイルド・ケア	0	40	0	0	0	40
産業のための大学(University for Industry)	0	5	0	0	0	5
支出合計	200	1,090	1,200	1,170	1,170	4,850
未使用分						350
ウィンドホール・タックス	2,600	2,600				5,200

(注)　数値の切り上げ，切り下げの結果，個々の項目の合計値と総計の値が合わない場合がある.

(出典)　HM Treasury 1997, ‘Chapter 4: Employment opportunity in a changing labour market’, *Pre-Budget Report.*

ここで問題となるのは、ニ

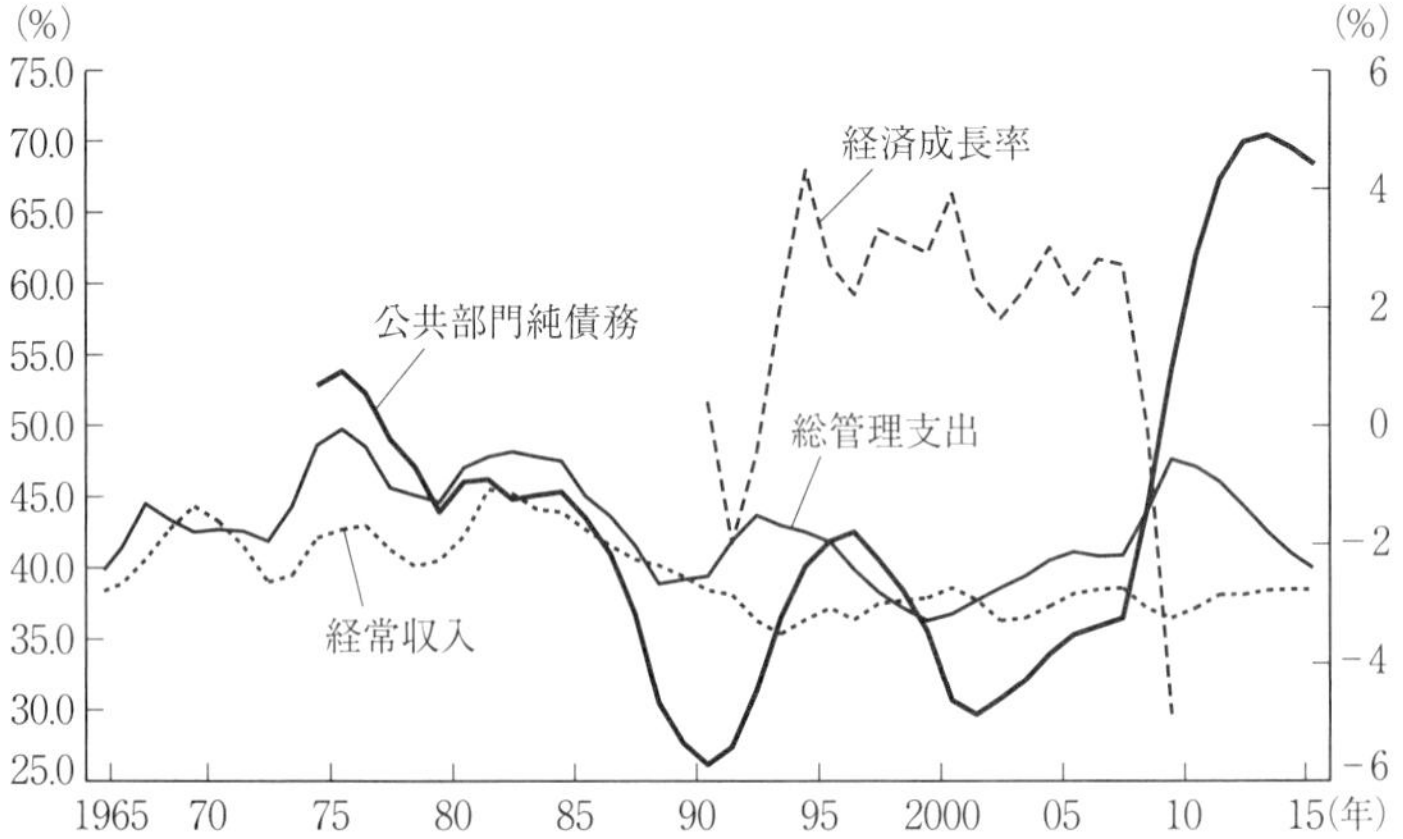

（注） 総管理支出，経常収入，公共部門純債務は対 GDP 比(%)表示．2010–11 年以降は予想値．
（出典） HM Treasury, *Public Sector Finance Statistics*, および，IMF, *World Economic Outlook*，各年版．

図 4–2 イギリスにおける財政支出，税収，経済成長率，公共部門債務の推移

ューレイバーの政策体系に占めるウィンドホール・タックスの位置づけである。「ウィンドホール」とはもともとは「棚ぼた」を意味するが、ここから「一回限り」の臨時増税のことをウィンドホール・タックスと呼ぶ。今回の場合、税は、サッチャー政権下で民営化された電力部門や水道部門などの公営企業の「超過利潤」に対して、一回のみ課されることになった。これら民営化された公営企業に対しては、民営化時に株式が過小に評価されたこと、その他の民間企業と比べてかなり好調な業績を収めていたことなどから、不当利益を得ているとの不満が高まっていたためである。

　実は、ニューディール・プラグラムの財源は、六年目からは新たな財源措置を講ずるわけではないにもかかわらず、一般財源から捻出されることになっていた。しかも、**図 4–**

2を参照すれば明らかであるが、労働党政権の第二期以降(二〇〇一年以降)は財政支出の拡大を行ってさえいる。追加的な財源を新たに用意することなく歳出を増やせば、財政赤字の拡大につながっていくはずである。ただし一方では、EUとの関係で、債務抑制に強くコミットメントをしている。そのため、福祉政策の拡充と債務抑制との間で、深刻な矛盾を引き起こしそうなものである。

ここで彼らが重視したのが、経済成長の追求である。というのも、当時ゴードン・ブラウン財務相が指摘していたように、経済成長は完全雇用に欠くことのできない条件であると同時に、自然増収をもたらすことで、ワークフェアのさらなる拡充を可能にするからである。このために彼らは、ワークフェアの追加財源を新たに考案するどころか、相当の減税を行っている。事実、所得税の標準税率を二五%から二〇%へ、最低税率も二〇%から一〇%へと引き下げている。これに加え、二〇〇〇年にはキャピタル・ゲイン税を二〇%と四〇%の二段階から、一〇%、二〇%、四〇%の三段階へと減税した。さらに、投資促進策として、相続税の非課税枠の拡大やキャピタル・ゲイン課税の減税も行われている。これら減税策によって、経済成長が達成されるものと考えたのである。

実際に、一九九九年度に財務省が作成した予算関係資料には「ウィンドホール・タックスを除いた」税収の推移がわざわざ明記され、減税路線を採用したにもかかわらず税収の増大が予想されている。中央政府歳入は、一九九六—九七会計年度から一九九八—九九会計年度で、四二〇億ポンド(約八兆四〇〇〇億円)増大すると考えられているのである。所得税だけでも一四一億ポンドの増収である。物価上昇分も考慮する必要があろうが、ニューディール・プログラムは当初四八億五〇〇〇万ポンドを計画していたのであるから、その維持どころか、大幅な拡充をも可能にするような額である。もちろん、労働党政権が誕生した際の経済成長率は三%程度と従来と比べて高めに推移していたことから、彼らの主張にまるで根拠がなかったわけではない。さらに、公共部門純債務についてみれば、こうした良好な経済パフォーマンスを反映して、労働党政権がワークフェアを拡充する第二期目に入る頃には、対GDP比で三〇%程度までに急落していた(図4-2)。

以上から、ニューレイバーの福祉拡充路線を成功させるために、彼らの政策体系に持続的な経済成長が欠くことのできない項として埋め込まれていたことが分かるであろう。ようするに、ウィンドホール・タックスとは、「財源調達→ニューディールの実行→労働生産性の改善→経済成長→自然増収→ワークフェアの拡充→労働生産性の改善→経済成長……」という好循環を生み出す条件を「セットアップするための課税」であったといえる。労働党が「生産性と就労率の増大は、財政の長期的な持続可能性を高め、公共サービスの量と質、その両面における改善をもたらす」と主張した論理は、以上を想定すれば理解することは容易であろう。

しかし、「持続的な経済成長」を前提に組み込んだ労働党の「新しい福祉国家」路線は、不況にあまりに脆弱であった。とりわけこのことが問題となるのは、サブプライム・ローン危機が前景化した二〇〇七年以降のことである。経済は傾き、財政赤字が急速に拡大してしまうのである(図4-2)。結果としてこれは、労働党の財政政策に対して決定的な不信を招き、「大きな社会」を唱える保守=自民連立政権が労働党に勝利し、福祉依存文化を克服するために大胆な財政支出の削減に取り組むことになる。

進展する社会の分断

ワークフェアはもともと、労働者、資本家などの立場の違いを超え、幅広く支持された政策であった。一九九四年三月のエコノミスト誌は、労働党の政策があらゆる層から支持を得ていることを伝えている。ワークフェアは、「利益集団のためではなく経済全体のためになる」というのだ。ニューレイバーの政策を後押しした社会学者ギデンズは、「正当にラディカルだといいうる政策の多くは、左と右という区分を超越している」と述べるが、ワークフェアの推進は、事実そのような効果をもったといってよいであろう。著名な意識調査「イギリス社会意識調査」によれば、「政府が失業者支援の主な担い手になるべきだと思いますか？」という設問に対して、二〇〇三年時点では、支持政党別、職業分類別、福祉受給者か否かの別を問わず、多くのものが賛同を示していたことがわかる（**表4-2**）。

表 4-2 「政府が失業者支援の主な担い手になるべきだと思いますか？」への回答

（%）

		2003 年	2011 年	2003 年からの変化
支持政党	保守党	80	51	−29
	労働党	83	66	−17
	自民党	82	56	−26
職業	専門職	81	53	−27
	中級職	82	57	−24
	ルーティン	81	67	−14
受給・非受給	福祉受給者	82	62	−20
	非福祉受給者	79	55	−25
全体		81	59	−22

（出典） Park, A., Clery, E., Curtice, J., Phillips, M. and Utting, D. (eds.) (2012), *British Social Attitudes: the 29th Report,* London: NatCen Social Research.

　ただし、ニューレイバーの政策は、前述のとおり、経済成長に著しく依存した形で体系化されていたことを忘れてはならない。「一回限り」の臨時増税＝

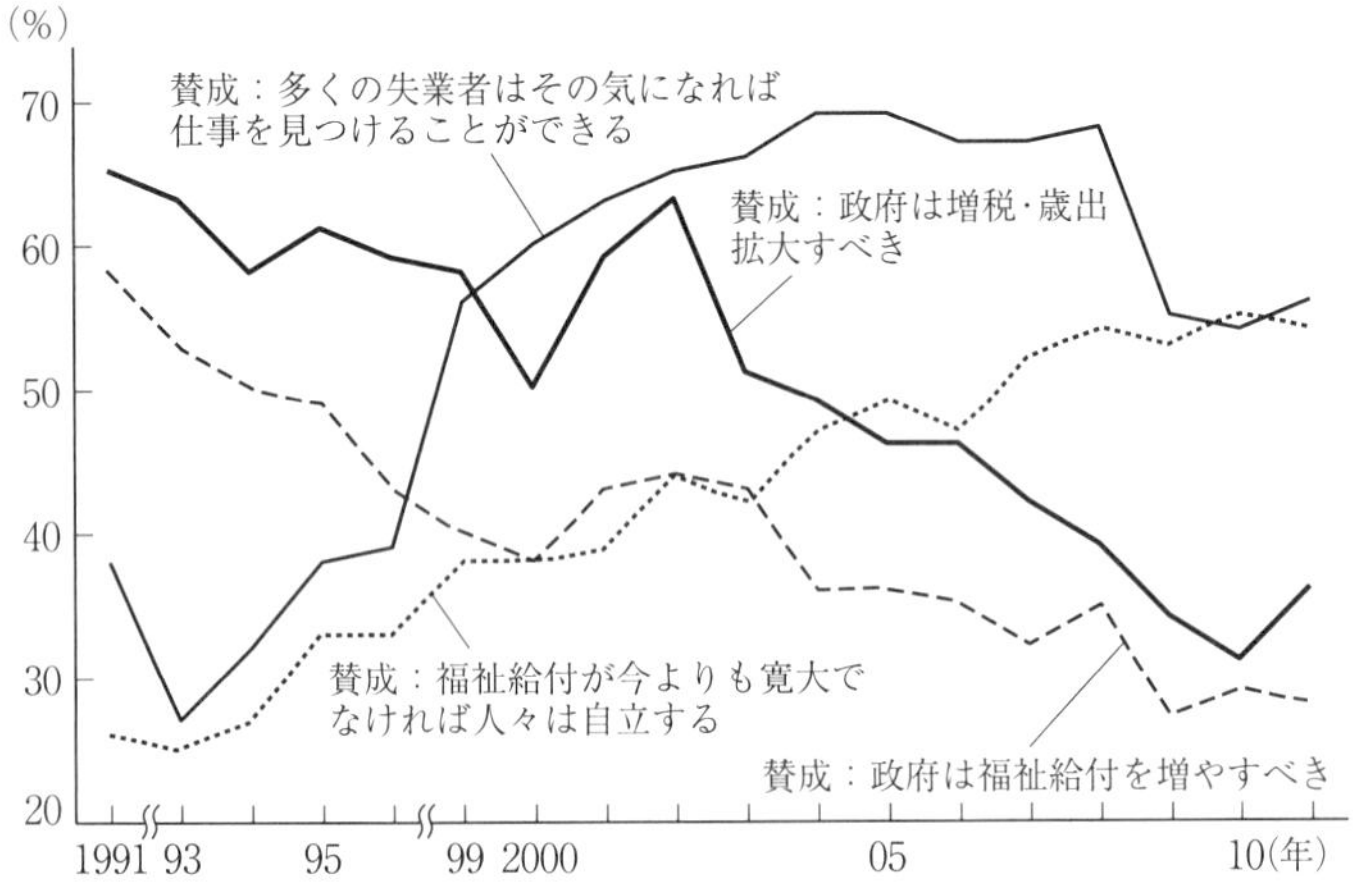

（注）医療費の EU 水準への引き上げが発表されたことを受けて，2000 年に「賛成：政府は増税・歳出拡大すべき」は急減した．なお，1992, 97, 98 年のデータが抜けている．
（出典）表 4-2 と同じ．

図 4-3 福祉財政に対する意識調査(1991-2011 年)

ウィンドホール・タックスを経済成長のセットアップのための財源とし、以降は増税をせずとも自然増収から自動的に財政の健全性が保たれる、そういう体系であった。ワークフェアの推進もまた、それが人々の生産性を高めるという点で支持されている。実際に、表4-2をもう一度みれば、金融危機後の二〇一一年時点では、とりわけ専門職や中級職以上のミドルクラス層で失業者支援策に不信を示した者の数が多かった。生産性に寄与しなければ、こうした策は無用というわけだ。

また、**図4-3**によって「政府は増税・歳出拡大をすべき」という財政全般についての設問を見ると、これに「賛成」と答えた割合が労働党政権下で顕著に低下していることが分かる。二〇〇〇年を例外とすれば、歳出拡大を図った第二期以降にこうした傾向は強まっていく。「政府は福祉給付を増やすべき」

という設問をみても、一九九〇年代初頭にはおよそ六割の回答者が「賛成」と答えていたにもかかわらず、二〇一一年には三割を下回り、半減した。過去の例からは、不景気になれば福祉受給者に同情が集まり、「賛成」の割合が増大していくはずである。しかし、金融危機以後もこうしたトレンドが反転していないことから、福祉受給者に対して非常に厳しい視線が送られるようになっていることが明確になったものといえる。「福祉給付が今よりも寛大でなければ人々は自立する」という設問に対しても、賛成と答えた者の割合は急増している。

イギリスは、新自由主義ルートから決別したかにみえたが、経済成長を「前提」に組み込んだ非常に脆弱な政策体系を作らざるを得なかった。それは、租税抵抗に正面から向き合うことなく、ウィンドホール・タックスという臨時税を採用したことからも分かる。その結果、人々の信頼に基づく強靭な税・社会保障制度を構築することができず、金融危機が生じるとともにニューレイバーの夢は潰えることになった。日本において初期の民主党政権が辿った軌跡を、どこか思わせるものがないだろうか。

イギリスの法人税減税は日本の範となるのか

現在イギリスで進んでいるのは、雇用政策や家族政策の面で労働党が積み上げてきたものを一挙に崩すような大胆な財政再建路線である。労働党に代わって政権についた保守＝自民連立によるキャメロン政権は、早速、財政再建計画の策定に取り組んでいる。スペンディング・レビューと呼ばれる中長期的な財政計画には、二〇一一／二〇一二会計年度から二〇一四／二〇一五会計年度までの間に八〇〇億ポンドの歳出削減を行うことが盛り込まれている(HM Treasury 2010)。仮に一ポンド＝一七〇円とした場合(二〇一四年九月時点での為替相場)、一四兆円程度となり、その規模に驚かされるだろう。これは、戦後最大の歳出削減額となる。一方で、付加価値税のVATは増税されている。

社会保障費も例外ではなく一八〇億ポンドが削減されることになった。その後、社会保障の効率化を具体化するために二〇一二年に福祉改革法が法制化された。住宅手当の適格要件の厳格化、労働インセンティブを重視したユニバーサル・クレジットの創設、イギリスにおける普遍的給付の代表格である児童手当への所得制限の導入、児童税額控除の削減などが行われることになった。ユニバーサル・クレジットとは、ブレア政権下でワークフェアを進めるために導入された各種の給付付き税額控除を一本化したものであり、受給するための労働要件が厳格化されたものである。また、同年には、イギリス福祉国家の象徴とも言うべき国営医療サービスであるNHSの歳出を大胆に削減することが、保健及びソーシャルケア法によって決定した。さらに、支給開始年齢引き上げを伴う年金改革も行われている。

イギリスで財政問題を専門とする研究所IFSは、キャメロン政権の財政再建路線の影響を算出している(Belfield, Cribb and Joyce 2014)。それによれば、これら社会保障改革によって最も深刻な影響を被るのは、子どもがいる稼働低所得世帯である。これは、子どもがいる低所得稼働世代向けの社会保障が中心に削減されるためである。労働党政権下では子どもの貧困率が顕著に低下したために、しばしば労働党政権下の重大な成果として取り上げられることがあった(ゴードンほか 二〇一二：二三二)。キャメロン政権が誕生する直前には、二〇二〇年までに子どもの貧困を撲滅するとした子どもの貧困対策法も制定されている。しかし、さきほどのＩＦＳの研究が明らかにするように、すでに子どもの貧困率は上昇し始めており、貧困撲滅は遠のいている。労働党政権下での唯一の成果さえも撤回されつつあるといってよい。

キャメロン政権は、こうした大胆な財政再建路線が経済へ悪影響を与えることを懸念して、経済成長に著しく傾斜した経済政策を採用することになった。端的にいえばそれは、資産価格の上昇を通じた経済成長路線であり、住宅購入促進策としてHelp to BuyやRight to Buyと呼ばれる政策を導入した。Help to Buyとは、住宅の新規購入者を中心に、わずかな元手のみで住宅を購入できるよう資金援助を行うものであり、一方のRight to Buyは、自治体所有の公営住宅の売却政策である。Right to Buyはかつてサッチャー政権下で進められた資産所有民主主義的な政策と同一線上にあるものである。また、法人税も徐々に引き下げられていっており、二〇一五年からは二〇％となる予定である。これは、西ヨーロッパでは最も低い水準であり、財務相のオズボーンは「企業に開かれたイギリス」を謳っている。

表4-3の通り、金融危機後のイギリスは想定とは異なり、景気の悪化も心配されたほどではない。むしろ、経済は上向きつつあるといってよい。ただし、経済成長の内実を問えば、住宅投資の増大が大きく寄与していることが分かる。先述の住宅購入促進策が効いているためであろう。他方で、野党の労働党党首ミリバンドが、賃金の相対的な低落を問題視し、現在のイギリスを「生計費危機」の渦中にあると判断しているように、一般的なイギリス国民の実質的な生活水準は経済成長の中にあっても切り下げられつつある。事実、物価上昇率に賃金が追いついていないばかりではなく、最近の賃金

表 4-3 イギリスにおける経済成長率の推移とその内訳

(%)

	1998 | 2007 年	2008 | 09 年	2010 | 12 年	2013 年 上半期	2013 年 下半期	2014 年 第1四半期
家計消費	0.9	−0.7	0.2	0.6	0.5	0.7
民間部門投資	0.9	−4.7	0.5	2.3	2.2	4.0
うち設備投資	0.7	−1.6	0.4	1.8	2.3	5.0
うち住宅投資	1.1	−8.8	1.5	3.5	2.0	2.1
民間部門国内最終需要	0.9	−1.3	0.2	0.9	0.8	1.3
政府消費・政府投資	0.8	0.8	−0.1	0.5	0.2	−0.7
国内消費需要	0.9	−0.8	0.1	0.8	0.6	0.8
在庫変化	0.0	−0.2	0.2	−0.1	−0.1	0.4
調整分	0.0	0.0	0.0	−0.4	0.4	−0.7
国内需要	0.9	−1.1	0.3	0.3	1.0	0.5
輸出	1.1	−0.7	0.9	0.9	−0.8	0.1
輸入	1.4	−1.4	0.8	0.1	−0.1	−1.0
純輸出	−0.1	0.2	0.0	0.3	−0.2	0.3
実質 GDP 成長率	0.8	−0.9	0.2	0.6	0.7	0.8

（出典） Bank of England(2014).

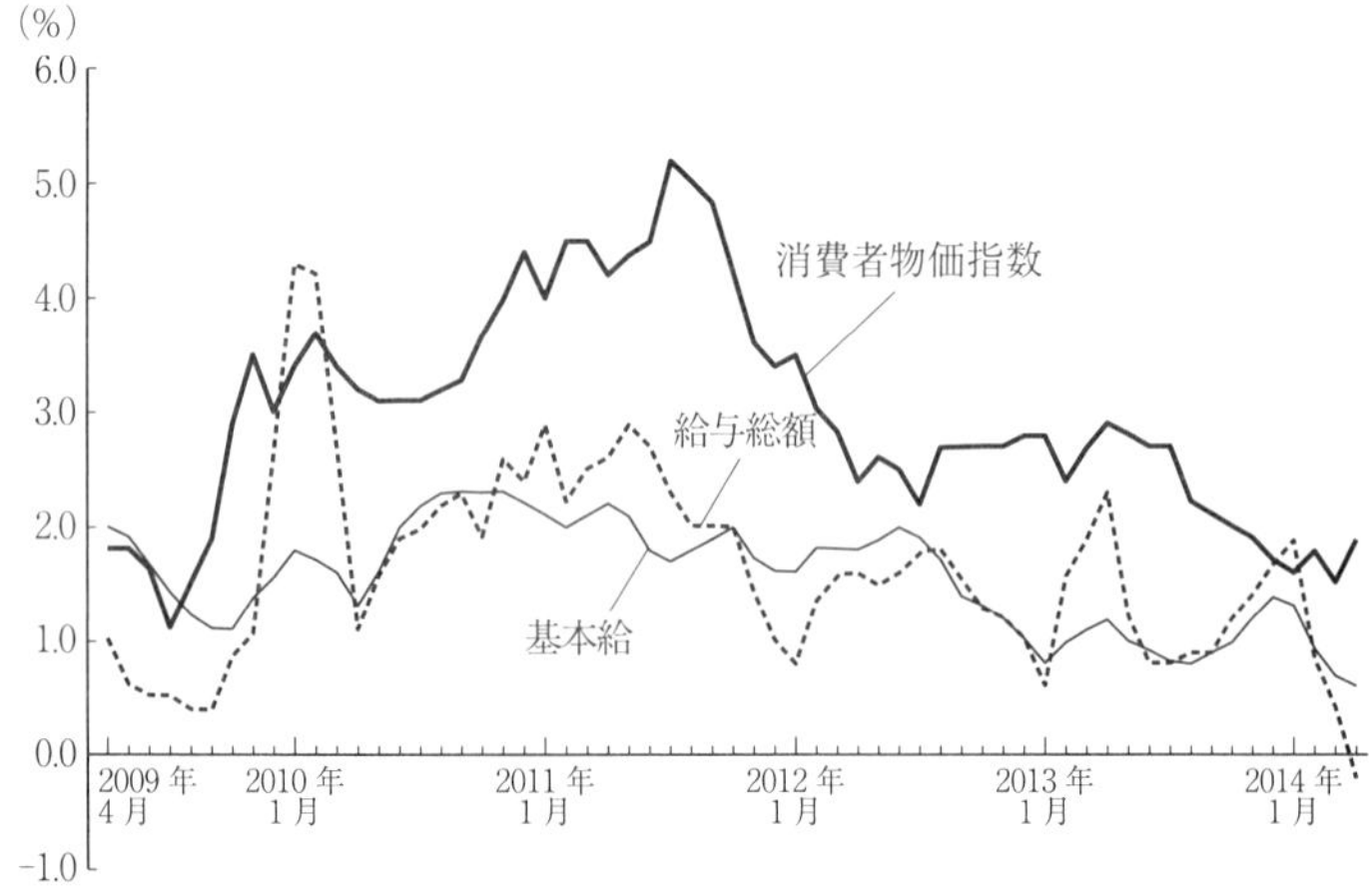

（出典） Office for National Statistics 2014, *UK Labour Market, August 2014.*

図 4-4 賃金と消費者物価指数の推移

上昇率はマイナスに陥っているのである(図4－4)。

賃金が低落するなかにあって住宅購入を進めようとするのであれば、家計は債務を増大させて対応せざるを得ない。イングランド銀行が問題視しているのも、家計と企業の債務水準が金融危機後も高止まりしたままバランスシート調整が進んでおらず、これがイギリス経済に著しい脆弱性をもたらしている点である(Bank of England 2013)。家計部門の債務水準は金融危機後は低落基調であったが、現在は再び上昇傾向にあり、将来的には金融危機前の水準を上回るものとされている(対国民所得比で一四〇％程度と予想)。景気悪化を回避するために発動されているイングランド銀行の量的緩和政策と政府の住宅購入促進策とが、相乗効果的に家計債務を膨らませている格好である。政府部門主導ではなく民間部門の債務増大による経済成長追求路線は、コリン・クラウチによって「民営化されたケインズ主義」と呼ばれたが(Crouch 2009)、金融危機後もいまだにこの路線を採用し続けていることになる。

一方でこれらの施策によって生じる住宅価格の上昇をバブルに近いものとしてイングランド銀行は危険視しているが、金融引き締めを容易には行うことができない状態である。試算によれば、住宅融資を借り入れている個人のうち一六％が、住宅コストや基礎的支出を除くとわずか二〇〇ポンド以下しか手元に残らない者たちだと推計されている。三〇〇ポンド以下の者にまで範囲を広げると、全体の三分の一程度がそれに該当する。こうした中での利上げは経済へ甚大な悪影響を与えるものと見られており、イングランド銀行はなかなか金融引き締めに踏み切れない状態となっているのである。

こうしてみると、結局、キャメロン政権は、ポスト金融危機の政策体系を作ることができていないことになる。それどころか、自然増収を狙って資産価格上昇による経済成長を演出しようとする様子は、金融危機前の姿そのものである。イギリスの経済政策は現在、財政再建による経済への悪影響を回避しようと、経済成長に極端に依存せざるを得ない状況である。我が国の経済財政諮問会議はイギリスの法人税減税を、法人税のパラドックスの観点から評価し(法人税のパラドックスについては第三章を参照)、日本における法人税引き下げの論拠としようとしているが、イギリス経済の持続可能性は極めて疑わしい。現在のように不安定な経済構造の下での法人税引き下げは一種の「賭け」といえようが、労働党政権下での蓄積が金融危機によって雲散霧消したように、その賭け金はあまりにも大きいものといえるだろう。

3　スウェーデンにおける租税抵抗

北欧諸国における反税運動

イギリスにおける人頭税の試みは、最も「効率的な」税が生み出した租税抵抗の事例であった。しかし、反税運動を自由主義的な国家に限定される現象と捉えることはできない。戦後の福祉国家では租税に対する不信が、反税運動にまでつながる事例がいくつも発生してきた。とりわけ豊かな社会保障制度を所得税で調達する北欧諸国は、所得税に対する租税抵抗に直面した。その結果、デンマークやノルウェーでは、反税政党が国政でキャスティングボートを握る事態にまで至ったのである。

しかし、デンマークとノルウェー同様に租税負担の重いスウェーデンでは、反税運動が社会現象にならなかった。それはなぜなのか、その要因を考察するために、デンマークにおいてかつて反税運動が盛り上がった要因を考察しよう。

なによりもまず、デンマークにおける反税運動の背景には、政府に対する不信があった。当時の世論調査によれば、デンマーク、ノルウェー、スウェーデンの三カ国ともに政府に対する不満が高まっていた。特に、デンマークでは若年労働者、ホワイトカラー、社会民主党支持者でさえも政府に対する不満を募らせていた(Esping-Andersen 1985: 250–254)。反税政党であるデンマーク進歩党台頭の一要因として、社民党の支持者でさえ同党に不信感を持っていたことを指摘できる。不信の背景には、人々の政府サービスからの受益感不足、社会保障制度の構造、所得格差の拡大が存在していた。順番に指摘しよう。

第一に、当時のデンマークにおいて、人々が受け取る現金給付の規模が政府の支出(一般行政サービスなど)に比べて手薄であった。ヒッブスらは、スウェーデン、イギリス、ノルウェー、ドイツ、オランダと比べてデンマークの現金給付の手薄さが、政府に対する不満を高めた可能性を指摘している(Hibbs and Madsen 1981: 425–427)。つまり、高い所得税負担を人々に課していたのにもかかわらず、負担に見合うだけの社会保障制度からの受益を人々は享受していなかったのである。

スウェーデンとノルウェーが、社会保険料の事業主負担を課していたのに対して、デンマークでは、極端な個人所得税中心の財源構造を採用していたため、基本的に人々の痛税感が高かった。さらに、一九七〇年に所得税に対して源泉徴収制度が導入されたことで、人々の所得把握が適正化されていた(Martin 2008)。つまり、租税の合理化によって負担が可視化された層の痛税感が高まっていたのである。

勤労所得者が所得税負担に見合う社会保障給付やサービスを享受できていたのであれば、問題はなかった。しかし、戦後のデンマークでは民間福祉を支援する政策が推進されていた。そのため、公的福祉を利用する層と民間福祉を利用する層に人々が分断されていたのである(Esping-Andersen 1985: 178)。

人々の分断に拍車をかけたのが、デンマークにおける賃金格差の拡大であった(Ibid.: 172–175)。勤労者に対する社会保障制度が手薄な状態であれば、可処分所得を増加させる減税政策は勤労者にとって魅力的になる。なぜならば、減税政策は、可処分所得を増大させる限りにおいて社会保障制度と似た役割を果たすからである。そのため、公共サービスからの受益感の乏しい勤労者(社民党支持者を含む)は、反税政党を支持するようになったのである(Ibid.: 260, 263)。

ただし、反税政党の支持者は、社会保障制度を代替する減税政策を望んだのであって、政府規模の縮小を求めていたとは限らない。事実、世論調査によれば、デンマーク進歩党の支持者は累進課税に反対していなかった。デンマークの人々は「嫌税」ではなく、負担に見合うサービスの拡充(公的か民間かを問わず)を志向していたといえる(Ibid.: 259)。

以上の議論から、政府が勤労者の受益感を高める社会保障制度の拡充を実施すれば、反税政党に対する支持は相対的に低下すると予測できる。事実、八〇年代以降デンマークにおいて児童手当の拡充といった社会保障制度の普遍化が進展し、人々の受益感の高まりとともに税に対する反感は七〇年代ほど盛り上がることはなくなったのである(Green-Pedersen 1999: 248, 古賀 二〇一三 : 八三一)。

表 4-4　1960–80 年代初頭におけるスウェーデン財政に対する人々の意見

（%）

	1968		1981/82	
	不満足	満足−不満足	不満足	満足−不満足
限界税率は高すぎる	70	−51	84	−72
税金は削減されるべきだ	63	−29	53	−8
国家が市民に支給する給付を考慮に入れると税金は高すぎるわけではない	54	−11	38	19
地方自治体による給付を考慮に入れるとあなたが支払う税金は妥当だと思いますか	43	11	37	25

（注）　回答者は 20–70 歳の納税者．4 段階（満足から不満足）の回答に「わからない」を加えた 5 つの回答．「不満足」とは「限界税率は高すぎる」に対して「高い」（税に対する不満足）と答える人を表し，「満足」とはそう思わない人（税に対して満足している人）を表している．「満足－不満足」は，設問に満足と回答をした割合から不満足と回答をした割合を差し引いたものである．1968 年の数値は Vogel（1970）によるものであり，2 つの数値は別々の調査によるものである．
（出典）　Hadenius（1986: 23）．

なぜ、スウェーデンで反税運動が生じなかったのか

戦後のスウェーデンにおいても、所得税に対する不満は高まっていた。この点を明らかにしたのが、六〇年代末から八〇年代にかけての支出と税負担に関する意識調査である（Vogel 1970, Hadenius 1986）。彼らの研究に依拠しながら、当時のスウェーデン税制に対する人々の不満感を明らかにしよう。**表 4-4** は彼らの調査結果を整理したものであり、一九六〇年代末―一九八〇年代初頭まで人々は所得税の限界税率の高さに大きな不満を持っていたことが分かる。また、減税が必要と答えた人の割合は減税に反対する人の割合を圧倒的に上回っている。デンマークやノルウェーと同様に、当時のスウェーデンでも反税運動が展開されても不思議ではないことをこのデータは示唆している。しかし、そうはならなかった。

スウェーデンで反税運動が発生していない理由の一つは、公共サービスの満足度の高さにある。同表には

表 4-5　政府支出に対する人々の意見(1980 年)

問い　「税収によって賄われる以下の支出は増加させるべきか，現状維持か，削減すべきか」

(%)

	増　加	現状維持	削　減	わからない／答えたくない	増加－削減
医療ケア	45	50	3	2	42
高齢者への支援	30	67	1	2	29
子どもの居る世帯への支援(児童手当，児童ケア)	31	55	12	2	19
防　衛	19	44	33	4	−14
住宅建設	36	43	14	7	22
住宅手当	13	46	36	5	−23
社会扶助	16	58	21	5	−5
研究・高等教育	39	49	6	6	33
普通教育	26	64	6	4	20
環境保護に対する支出	50	40	5	4	45
警　察	39	54	5	2	34
文化的活動(劇場，博物館など)	18	57	20	5	−2
雇用政策	69	21	6	4	63
中央政府・地方政府の行政	2	34	56	8	−54
途上国に対する支援	13	52	32	3	−19

(注)　1980/81 年の調査．表中の数値は回答割合．
(出典)　Hadenius(1986: 85)．

「国家が市民に支給する給付を考慮に入れると税金は高すぎるわけではない」に対する回答も掲載されている。一九六八年段階では政府サービスを考慮に入れても税金が高すぎると思っている人の割合が多いが、一九八一／八二年の調査では逆転している。さらに注目できるのが、「地方自治体による給付を考慮に入れるとあなたが支払う税金は妥当だと思いますか」である。この設問に関しては、税金に不満足を感じる人よりも満足を感じている人のほうが多くなっているのである。

　この調査結果は、政府サービスの受益感があれば痛税感が軽減されうること、人々に身近な地方政府によるサービスのほうが人々の受益感が高くなりうること、この二点を示唆している。後述するが、地方政府が供給する現物給付が、人々の自治体サービスに対する満足を高めているのである。

また、この調査からは、普遍的な制度ほど人々の支持が高い事実を読み取ることができる。**表4-5**は税を財源とする公的支出について「増加させるべきか、現状維持か、削減すべきか」と質問した結果である。このデータから人々がどのような経費に対して反感を持ちやすいのか推測できる。社会保障支出に限って見てみると、普遍的な政策(医療ケア、教育、高齢者支援)に対して「削減すべき」と答えた人の割合はとても少ない。一方で、社会扶助や住宅手当のような一部の低所得者層を対象とした選別的な政策に対して、人々の反感が向かいやすいことを読み取れる。また、児童手当を含む子育て関係の支出への支持の高さも注目できる。戦後に導入された児童手当は一六歳未満の児童がいる世帯に手当を支給する制度であり、普遍的な現金給付の典型例である。

ここで注目できるのが、スウェーデンの所得課税が基本的に地方税であり、スウェーデンの地方政府が主に担当する公共サービスは、教育、医療、保育、介護といった普遍的な対人社会サービス(現物給付)であった点である。

図4-5はスウェーデンにおける地方比例所得税の税率の変遷を示している。地方比例所得税の増税ペースの急激さに目を奪われるだろうが、地方政府が課税自主権を行使しながらサービスを拡充してきた点は注目できる。

スウェーデンでは戦後の地方税増税と地方歳出の増大が連動し、それが政府全体の規模を拡大させ

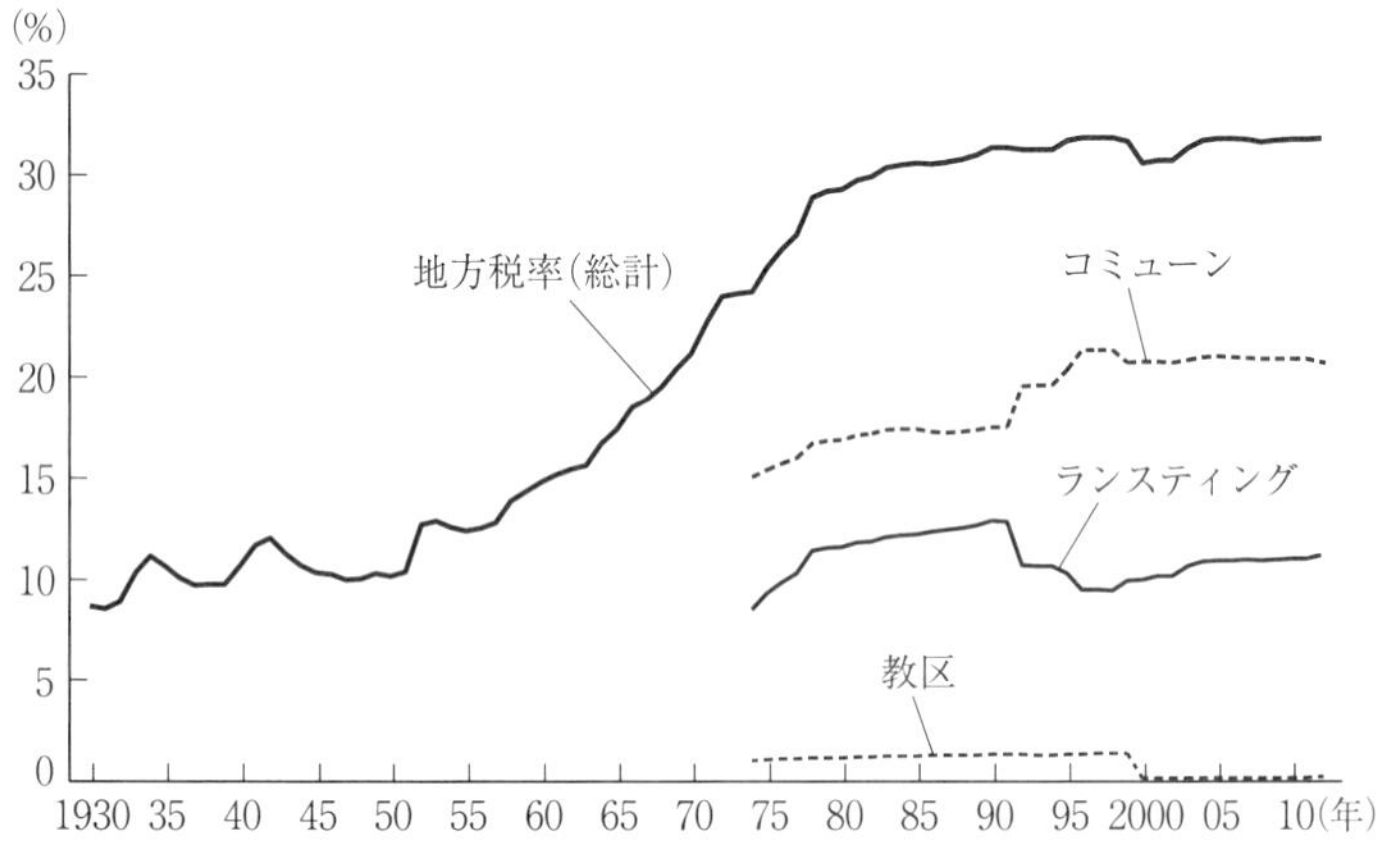

(注) コミューン(基礎自治体), ランスティング(広域自治体)はそれぞれ日本での市町村と県に対応している.
(出典) SCB(スウェーデン統計局).

図 4-5 スウェーデン地方自治体の平均税率の推移

てきた。高度成長期において自治体が歳出増のための増税を実施してきたのである。これは戦後の高度経済成長の果実を減税政策で人々に還元し、地方税率と地域行政サービスの平準化を指向した日本とは対照をなしている。デンマークがそうであったように、幅広い層に対して受益感をもたらす政策を実施していないと、人々の不満は受益が集中している少数派に向かいかねない。スウェーデンでは、税に対する不満が存在しつつも、人々が必要とするサービスを整備してきたことが租税反乱を防止していたと評価できよう。

スウェーデン税制に対する不満と財政改革

ただし、公共サービスからの受益感だけでは、税制に対する人々の信認を高められるとは限らない。先のハデニウスの調査は「私たちの租税制度は税負担の公正な配分を実現しているか」

という問いを人々に投げかけている。結果は、回答者の二%が「完全に賛成する」と答え、「おおむね賛成する」が一四・三%、「ほとんど賛成できない」が三一%、「完全に賛成できない」が四八%と答える結果となった。つまり、八割近くの回答者がスウェーデンの租税制度は、公平な租税負担を実現していないと答えたのである(Hadenius 1986: 141)。さらに、「租税制度は異なる所得階層間の負担均衡化を実現すべきだと思いますか」という設問に対しては、回答者の三八%が「完全に賛成する」、三二・二%が「おおむね賛成する」と答えている(Ibid.: 141)。つまり、約七割の回答者が租税負担を公平にすべきと考えている一方で、現実はそうした状態からかけ離れていると答えたのである。

以上の不公平感を反映してか、スウェーデンの租税制度に対する人々の信頼は大きく毀損していく。税に対する意識調査の結果によれば、一九八九年において六割以上の調査対象者が租税制度に不満を持っており、好印象を持っている人は全体の一〇%でしかなかった(Skatteverket 2012: 90)。

しかし、一九九二年には税制に不満を持っている人の割合は、全体の三六%にまで下落し、良い印象を持っている人の割合は二五%に上昇した。その後、再び税に対する不満が高まるも、二〇一二年の調査では、回答者の二二%程度が不満を持つにすぎなかった。この背景には一九九一年の財政改革がある(Ibid.: 90)。この改革によってスウェーデンは税制の過度の複雑化を解消し、広い課税ベースを持つ所得税制を構築した。所得税を改善し、支出によって人々のニーズを満たす仕組みが構築されたのである。

給付拡充と連動する所得税の抜本的改革

九一年改革以前の税制の問題点として、高い限界税率と狭い課税ベースが指摘されていた。税率の高さのみが人々の不公平感を刺激したのではない。当時の人々は、高い限界税率の適用から逃れている所得者の存在を知っていた。具体的にいえば、スウェーデンの所得税は、資本所得に対する課税にほとんど成功していなかった。これを水平的公平性の毀損という。水平的公平性とは、等しい所得には等しい税負担を課すことが公平だという考えである。累進税率の対象外となる所得を得ているのが高所得層であれば、所得税の垂直的公平性さえも後退してしまう。

水平的公平性の毀損を象徴するのが、キャピタル・ゲインに対する優遇措置である。(9) この制度を利用することで、人々は資本所得の租税負担を軽減することができたのである。また、支払利子を無制限に控除することが認められていたため、高所得者層は借入による資産形成で租税負担を回避することができたのである。資本所得者に対する累進所得税は形骸化していたと言える(伊集 二〇〇四：五一―五二、馬場 二〇〇四：六―八)。スウェーデンの人々は、水平的公平性を確保できていない所得税に不満を募らせていたのである。第一章でも引用した日本の自由民主党による『日本型福祉社会』では、当時のイギリスや北欧諸国の租税抵抗の事例が紹介され、欧米型の福祉国家の破たんが宣告されている(自由民主党 一九七九：五九―六五)。しかし、日本が資本所得に対する総合課税を断念する一方で、スウェーデンを含む北欧諸国は所得課税の立て直しを模索し始めていた。

そこで、一九九一年の税制改革で導入されたのが二元的所得税であった。狙いは「等しい所得には等しい扱いをする」という水平的公平性の回復である。二元的所得税とは、勤労所得には累進所得税を適用し、利子・配当・株式譲渡益などの資本所得については勤労所得から分離したうえで、三〇%の比例税率で国税所得税として課税する税制を指す。また、勤労所得と資本所得との間で損益通算を不可能にしていることも特徴である。仮に資本所得で赤字を出したとしても、高所得者は勤労所得に対する課税から逃れられなくなる。また、資本所得に対する各種の優遇措置が撤廃され、資本所得の租税回避が困難になった。以上のような課税ベースの改革を前提に、累進税率の緩和が実施された。

地方の比例所得税の平均税率が約三〇%、資本所得に対する税率が三〇%であることを踏まえれば、スウェーデンの人々の平均的な税負担はきわめて高い。そのため、単純に税負担の構成を変更するだけでは、人々の租税抵抗が高まるだけかもしれない。税制改正は常に支出の変化と連動することで、人々の痛税感を相殺させながら実施される必要がある。そこで、税制改革と同時に児童手当と住宅手当の拡充が実施された。つまり、租税制度の抜本的改革と同時に、人々の公共サービスからの受益感を高める改革を実施したのである。児童手当は普遍的な現金給付であるため、多くの人々が受給できる。児童手当の強化は、後述する保育の普遍化と合わさり、人々の人的資本を高め、子供の貧困を予防することとなった。

一九九一年改革の効果をシュバルツとグスタフソンのシミュレーションによって確認しておこう(Schwarz and Gustafsson 1991)。**表4-6**は所得一〇分位別の可処分所得の累積分布と所得の不平等度を示すジニ係数が、各種の改革によってどの程度変化するのかを示している。まず、限界税率のみを引き下げる改革を実施すると、ジニ係数が改革前よりも悪化することがわかる(表4-6の三列目)。ただし、限界税率の引き下げと課税ベースの拡大を同時に行うと、ジニ係数の悪化の度合いは緩和され

表 4-6　1991 年税制改革の効果(シミュレーション)

(%)

所得階層	1989 年の税制	税制改革(税率引き下げ)	税制改革(税率引き下げ+課税ベース拡充)	税制改革+移転給付増
第Ⅰ分位	5.3	4.9	5.1	5.2
第Ⅱ分位	12.5	11.8	12.1	12.5
第Ⅲ分位	20.6	19.6	20.0	20.6
第Ⅳ分位	29.2	28.0	28.6	29.3
第Ⅴ分位	38.5	37.1	37.8	38.6
第Ⅵ分位	48.3	46.9	47.8	48.5
第Ⅶ分位	59.0	57.5	58.4	59.1
第Ⅷ分位	70.5	69.1	70.0	70.6
第Ⅸ分位	83.5	82.4	83.2	83.5
第Ⅹ分位	100.0	100.0	100.0	100.0
ジニ係数	0.169	0.189	0.178	0.168

(注)　所得分位別の可処分所得の割合(累積)を示している.
(出典)　Schwarz and Gustafsson(1991: 562)より作成.

る(同表四列目)。改革前よりも所得不平等を改善しているのは税制改革と同時に移転給付を拡大したケースであり、スウェーデンで実際に行われた改革に該当する(同表五列目)。

この研究から示唆される通り、一九九一年の税制改革は累進税率緩和による所得不平等の拡大を移転給付増で相殺することを志向していた。児童手当と住宅手当の拡充という人々の基礎的ニーズを保障する改革に一定の効果がある点は後の研究でも確認されている(松田 二〇〇五：三五、松田 二〇〇九)。失墜していた所得税の信頼を取り戻すために、スウェーデンでは課税ベースの拡大と限界税率の引き下げ、社会保障制度の改革を実施したのである。

保育サービスの普遍化と利用者負担の是正

注目すべきことに、スウェーデンでは、所得税の信頼を構築した後にサービスの普遍化が推進された。九一年には児童手当が拡充されたが、二〇〇〇年代には保育サービスの普遍化が実現されたのである。

戦後より保育サービスが拡充されてきたが、九〇年代後半より保育サービスの改革が推進され、二〇〇三年一月には保育の無償化を目指した一般保育制度が実施された。この制度は四、五歳児を対象に年五二五時間、無償で保育所に通う権利を保障するものである。その主要な理念は、家族の経済的・社会的状況に左右されずに子どもが保育サービスを利用できることを目指すことであった(高端・伊集・佐藤 二〇一一：三〇)。従来、スウェーデンでは保育サービスは就業している親のための制度として考えられてきたが、全ての子どもを対象とする制度が構築されたのである(大岡 二〇一四：一三六―一三七)。

一般保育制度に並ぶ重要な改革が、二〇〇二年一月に実施された保育料の上限負担額を設定する制度(以下、マックスタクサ)である。当時、保育サービス拡充の中、保育料の高騰や地域間格差の拡大が問題視されていた。親の経済的負担によって、子どもが保育サービスを利用できないことを避けるために導入されたのがマックスタクサである(Korpi 2006＝2010: 87, Skolverket 2003: 5, 36)。

そもそも、コミューンが保育料(利用者負担)を利用者に課していた背景には、財源の問題があった。そのため、保育サービスの普遍化を支えるための二つの特定補助金が導入された。一つが、マックスタクサによるコミューンの保育料徴収額の減少を補填するための補助金である。二つ目は、保育ケアの質の向上を目的とした補助金であり、職員の確保や能力開発などに充てられている(Skolverket 2003: 44)。

実は、二〇〇〇年代、保育料の高騰に対して各地で反対運動が生じていた(Korpi 2006＝2010)。一見、受益者負担が体現する理念は人々の公正感に合致しているかに見える。しかし、支払い能力によって、普遍的な公共サービス充足が制限される時、人々の政府に対する不満は爆発するのである。

就学前保育が子どもの学習意欲に与える影響を実証する研究が蓄積されていることもあり、経済合理性の観点からも保育の普遍化は推奨されている(エスピン＝アンデルセン 二〇一一)。人々の人的資本の蓄積を促進する政策は、最終的には一国の経済成長率を高めるであろう。加えて、保育サービスの普遍化を通じて公的部門に対する人々の信頼を高められることも指摘されている(大岡 二〇一四)。現金給付と現物給付の組み合わせで人々の保育ニーズを充足することで、スウェーデンは政府に対する信頼を構築してきたのである。各種の改革の結果、生み出された財政構造を最後に確認しておこう。

スウェーデンの財政構造に見る普遍主義

表4－7は二〇一一年のスウェーデンの租税・社会保険料負担を示している。スウェーデン財政は地方所得税(対GDP比で一五・四%、以下同様)、社会保険料(雇用主負担、一〇・八%)、付加価値税(九・五%)で大半の財源を賄っている。租税構造に目を向ければ、地方所得税は平均約三〇%の比例所得税であり、標準税率二五%の付加価値税は所得に応じた負担を課さない(ただし、軽減税率は存在する)。つまり、スウェーデン財政は負担面だけを見ると累進的な負担構造にはなっておらず、大多数の人々は同程度の税を負担している。国税所得税は地方所得税に対する上乗せの累進課税(税率二〇%、二五%)として制度化されているため、一定水準以下の課税所得には地方所得税のみ課税されている。

実際に、二〇歳から六四歳のフルタイム労働者のうち、およそ七割は国税所得税を負担していない(Skatteverket 2011: 75)。

伝統的に、北欧諸国では高い負担に見合った給付があるため、人々は財政構造に納得すると説明される。確かに、北欧諸国の特徴として、租税・社会保険料負担と公的社会支出の高い水準を指摘できる。しかし、福祉支出の水準と租税・社会保険料の高さのみでは北欧財政の実像は捉えられない。北欧諸国の租税制度は、社会保障給付の大部分に課税することで課税ベースを拡大している点に注目しなければならない。

表4-8は公的社会支出に対する各国の課税状況を示している。純公的社会支出とは粗公的社会支出(課税前の社会支出)への課税分を控除した社会支出である。

表 4-7　家計・企業への負担内訳
(2011 年, 社会保険料込, 対 GDP 比)

(%)

家計		企業	
労働への課税			
国税所得税	1.4	社会保険料(雇用主負担)	10.8
地方所得税	15.4	社会保険料(自営業)	0.3
社会保険料(自己負担)	2.7	特別の賃金税	1.0
税額控除(減収)	−5.4	付加価値税	9.5
		物品税	3.6
小計	14.0	小計	25.2
資本への課税			
国税所得税	0.8	法人税	3.2
不動産税	0.4	不動産税	0.4
財産税	0.1	年金基金収益税	0.3
小計	1.3	小計	3.9
家計への税金	15.3	企業への税金	29.2
その他			0.1
総税負担			44.6

(注)　四捨五入の関係で, 各項目の合計値と小計が一致しない場合がある.
(出典)　Skatteverket(2012).

表4-8の三・四行目の欄は二〇

表 4-8　粗公的社会支出と社会保障給付への課税（2009 年，対 GDP 比）

（%）

	日　本	デンマーク	スウェーデン	ド イ ツ	フランス	アメリカ	イギリス
粗公的社会支出	22.4	30.2	29.8	27.8	32.1	19.2	24.1
給付への直接税・社会保険料負担	0.7	3.8	3.4	1.7	1.5	0.5	0.3
現金給付への間接税負担	0.7	2.6	2.2	2.1	2.5	0.4	1.4
純公的社会支出	21.0	23.8	24.2	24.0	28.1	18.3	22.4

（出典） OECD（2012），"Social Expenditure Database（SOCX）" via www.oecd.org/els/social/expenditure.

〇九年において各国の公的社会支出がどの程度課税の対象となっているかを示している。スウェーデンはGDP比で二九・八％もの公的社会支出を供給しているが、驚くべきことに、公的社会支出の五・六％（対GDP比）が課税されている。デンマークもまた、GDP比で六・四％の公的社会支出が課税されている。対して、日本においては公的社会支出総額のGDP比の一・四％が課税されているにすぎない。

なぜ、北欧では年金などの現金給付に対する課税規模が大きいのだろうか。整理しよう。ある国Aでは一〇〇の現金を人々に給付し五〇％の所得税を課し、ある国Bでは五〇の非課税の現金を人々に給付するとしよう。両国における人々の課税後の受取額は同額の五〇である。しかし、A国の所得税収はB国よりも大きくなる。つまり、統計上、社会保障給付に課税している国は租税負担が高めに算出され、社会保障給付に課税していない国は租税負担が低めに算出されるのである。北欧諸国の租税負担率の高さが喧伝されるが、この点を踏まえる必要がある。現金給付に課税するくらいならば、最初から給付の対象をある階層に限定したほうが効率的なようにも思えるが、一概にはそうとは言えない。そこで、スウェーデン財政の

表 4-9 所得 10 分位別，課税と移転給付の実態(2011 年)

(1000SEK)

	要素所得	課税される現金給付	課税されない現金給付	税	税負担率(給付込)	要素所得と可処分所得の差
	A	B	C	D	D/(A+B+C)	(A+B+C+D)−A
第 I 分位	23.3	36.2	28.7	−11.6	13.2%	53.3
第 II 分位	33.2	86.4	26.8	−24.0	16.4%	89.2
第 III 分位	51.5	105.3	18.5	−32.7	18.7%	91.1
第 IV 分位	103.6	94.1	10.8	−42.3	20.3%	62.6
第 V 分位	150.3	85.5	8.8	−51.9	21.2%	42.4
第 VI 分位	207.5	65.2	6.8	−60.9	21.8%	11.1
第 VII 分位	253.8	59.3	5.3	−71.2	22.4%	−6.6
第 VIII 分位	309.3	56.0	4.3	−86.4	23.4%	−26.1
第 IX 分位	371.8	70.5	3.4	−110.7	24.8%	−36.8
第 X 分位	732.4	113.7	2.9	−248.1	29.2%	−131.5

(注) 課税対象となる現金給付は年金，疾病・活動補償金，両親手当．課税されない現金給付は一般手当(児童手当)，住宅手当，社会サービス手当である．表の要素所得は勤労所得＋資本所得である．

(出典) SCB “Inkomstfördelningsundersökningen” より作成．

実態をより詳細に見ておこう。

表4-9は所得一〇分位別にみたスウェーデンの納税者に対する課税と現金給付受給の実態を示している。表には勤労所得と資本所得で構成される要素所得、課税対象となる現金給付、課税の対象にならない現金給付が掲載されている。表4-9から、あらゆる所得階層が現金給付を受給していることが看取できる。例えば、最も貧しい所得階層ではなく、所得第Ⅲ分位と所得第Ⅹ分位の階層が現金給付を多く受け取っている。これは、各種の手当が普遍化されているのを反映している。

また、表4-9は、全所得階層の人々が受け取る現金給付の大部分が、所得税の課税対象になっていることを示している。現金給付に課税する利点として、高所得者層が現金給付を受給していたとしても、累進的な負担構造を実現できることを指摘できる。制度設計上、中高所得層に対する給付を削減し、低所得層に選別的に給付することで同様の効果を達成できる。しかし、所得制限の存在によって、支援を必要とする人を制度から排除する「漏給」が発生しかねない。給付の対象者を普遍的にすることで「漏給」を防ぎつつ、給付を所得税の課税対象にすることで中高所得層に負担を課すことができるのだ。さらに、所得税の課税ベースを拡大することで、所得税の税収調達力を強化することも期待できる。

普遍的な給付構造と全所得層への所得課税の組み合わせによって、財政の所得再分配機能はその役割を果たせるのだろうか。データは、所得第Ⅶ分位以上の階層において現金給付の受給額を超える純負担を課され、それ以外の所得階層は税負担を超える現金給付を受け取っていることが分かる。つまり、所得再分配が機能しているのである。

以上の普遍的な財政構造に、政治的な持続可能性を見出すことができる。普遍的な財政構造の下では、政府サービスによる受益者の分断は生じにくい。仮に議会のある勢力が現金給付の削減を主張したとしよう。社会の少数派のみが現金給付を享受している場合、政治的多数派は現金給付削減に同意するだろう。なぜならば、現金給付の削減が自らの不利益に繋がらないからである。では、社会のあらゆる世帯が現金給付の対象だとすればどうなるのか。この場合、現金給付の削減は中・高所得階層の不利益にも繋がるため、所得の高い階層は現金給付の維持に同意するようになる。普遍的な給付・負担構造は、負担者と受益者を分断させず、制度の政治的支持を高めるのである(井手 二〇一二、Jordan 2013)。

バブル崩壊を起因とする一九九〇年代の財政危機の際、年金制度への支出削減が失業給付のそれよりも小規模だった背景には、制度の利害関係者の圧力があった(Lindbom 2007)。社会保障制度が成熟していくにつれて、制度は支出削減圧力に晒されにくくなる。実際、公共事業費のような裁量的経費と社会保障給付のような人々に権利を付与する支出では、前者が支出削減圧力に屈しやすいことが、計量分析によって明らかにされている(Breunig and Busemeyer 2012)。[10]

近年、普遍的な財政制度に対して、穏健党のような新自由主義に近い政策志向をもつ政党も支持を表明するようになった(Lindbom 2010)。財政構造が普遍化されると選別的給付の規模が相対的に縮小されることもあり、選別的給付を批判する言説は政治的支持を集めにくくなる。[11] まさに、普遍的な制度がすべての人々を対象にするため、その全面的な廃止は困難になっている。二〇〇六年の議会選挙の結果は、社民党が敗北したにもかかわらず「スウェーデン・モデルの完成」とさえ評価されている(清水 二〇一一)。普遍的な財政構造が制度化されてきたことで、普遍性を前提にした政策論議を各政党が展開し始めているからである。[12]

以上の背景には、社会保障の支持に関する階層間の分裂が消失しつつある点を指摘できる。社会保障に対して不支持を表明しがちであった自営業者や高所得のホワイトカラー層が、社会保障制度の維持を支持するようになったのである(Svallfors 2011)。これは、イギリスの世論調査の結果とは対照的だろう。

各種の改革もなされたが、近年スウェーデンの所得格差は増加傾向にある。この問題に対処するために、中道右派政権が提示したのが減税政策である。表4-7によれば、二〇一一年の減税額は対GDP比で五・四%と国税所得税収を上回る規模である。減税の中心は、多くの納税者を対象にした勤労所得税額控除である。減税政策、福祉支出の切り下げ、福祉供給体制の多元化は、スウェーデン財政を変化させるかもしれないと指摘されてきた（斉藤 二〇一四、倉地・古市 二〇一四）。経済格差の高まりは、政策の有効性に対する人々の不信を高める（第五章参照）。世論調査によれば、税負担による福祉拡充に過半数の人が賛同していることが明らかにされている（Svallfors 2011）。二〇一四年九月一四日に行われた総選挙では、減税政策を批判し、教育や福祉の強化を唱える社民党が第一党となった。ただし、この結果については慎重に評価しなければならない。実際に福祉強化へと向かうのかどうか、スウェーデン財政の動向を注視する必要がある。

北欧諸国で吹き荒れた苛烈な租税抵抗を克服するために、スウェーデンは所得税に対する信頼を取り戻す改革を行い、金融危機に耐える財政構造を構築した。財政構造を普遍化してきたスウェーデンでは、階層を横断する財政に対する人々の信頼と合意が構築されたのである。

第五章　人々を排除しない普遍的な財政制度へ

1　人々のニーズを充足する普遍的な財政制度

財政による負担の分かち合い――社会的ニーズと負担の関係

人々のニーズを捕捉し、加齢、疾病、失業のような社会的リスクに備えるのが社会保障制度である。第一章では、このニーズ充足が機能不全に陥るときに顕在化する問題を明らかにした。社会的なニーズを充足するサービスの「総量」自体は、国ごとにそれほど差がない。そのため、どの国で生活していたとしても、平均的な収入を持つ「標準世帯」が享受するサービスに大きな差があるわけではない。しかし、社会的ニーズの負担配分によって、「非標準世帯」が享受するサービスには決定的な差が生じる。そして、日本では、制度が想定しない「非標準世帯」がいまや「標準世帯」化しているのである。

以上の論点は、エスピン＝アンデルセンによって広く知られることになった。彼は、社会保障に関する負担は、公的部門、市場、家計のいずれかのセクターが担う点に注意を促した（エスピン＝アンデルセン 二〇一一）。仮に、税と社会保険料で賄う社会保障給付費（例えば、医療サービス）を削減し、税・

社会保険料負担を減らそうとしよう。家計に対する税・保険料負担は確かに軽減される。しかし、それまで社会保障制度でカバーしていた社会的リスク(例えば、病気になるリスク)に対して、人々は家族扶養で対処するか、地域住民による支援(地縁)を求めるか、市場による解決(医療サービス購入)で対処しなければならなくなる。なぜならば、医療サービスを必要とするニーズそれ自体は決して消えてなくならないからである。必ずどこかのセクターが、そのニーズを充足するための負担を課されている。エスピン＝アンデルセンはこの負担配分のあり方によって、各国を類型化できることを示し、後続の研究者に大きな影響を与えた。

日本における公的年金制度と生活保護制度の関係にも、以上の議論は適用できる。公的年金の規模を削減し、稼働世帯の負担を削減する政策を考えてみよう。この時、高齢期の所得保障というニーズは、高齢者の就労、家族扶養、公的負担(生活保護制度)のどれかによって基本的には対応するしかない。かくして、年金削減による公的な負担の削減は、私的負担や別の公的負担(生活保護制度)の拡大を招くのである。福祉のニーズは決して消えてなくならず、どこかのセクターで必ず充足されるのである。

表5‒1によって、社会全体のニーズの総量とその内訳を示す各国のデータを紹介しよう。表に記載されている純総社会支出とは、公的部門と民間部門によって賄われる一国の社会的ニーズに対する負担量を示しており、政府による純公的社会支出と、民間部門による純私的社会支出から構成されている。表5‒1からは、粗公的社会支出(公的負担)については各国に大きな差があるのに対して、民間福祉(私的負担)と移転給付に対する課税、租税優遇措置を含めた純総社会支出の水準で見れば、フラ

表 5-1　公的・私的社会支出(2009 年，対 GDP 比)

(%)

	日　本	デンマーク	スウェーデン	ドイツ	フランス	アメリカ	イギリス
粗公的社会支出	22.4	30.2	29.8	27.8	32.1	19.2	24.1
純公的社会支出(直接給付額)	21.0	23.8	24.2	24.0	28.1	18.3	22.4
純公的社会支出(直接・間接給付額)(A)	21.6	23.8	24.2	25.6	29.2	20.4	22.9
社会目的の税制優遇措置額(T)	0.0	0.0	0.0	0.4	0.0	1.4	0.1
純私的社会支出(B)	3.7	1.6	1.9	2.4	2.9	9.9	5.0
純総社会支出(A+B−T)	25.3	25.3	26.1	27.5	32.1	28.9	27.7

(注)　純公的社会支出(直接・間接給付額)は，公的社会支出に対する課税額を公的社会支出から控除し，私的社会給付に対する社会目的の税制優遇措置額(間接給付額)を加算した額である．ただし，純公的社会支出に加算される税制優遇措置には年金に関する税制優遇を除いてある．そのため表記載の T とは同一ではない．
(出典)　OECD(2012), "Social Expenditure Database(SOCX)"　via www.oecd.org/els/social/expenditure.

ンスを除けばどの国も同水準の支出規模となっているのが分かる。つまり、社会サービスが供給される部門を無視すれば、各国のサービス供給量にはあまり差がないのである。

スウェーデンやデンマークの人々は、税や社会保険料によって社会的ニーズを充足しているのに対して(公的社会支出)、アメリカの人々は民間部門を通じてニーズを充足する傾向にある(私的社会支出)。最終的には、平均的なデンマーク人と平均的なアメリカ人のサービスに対する支払いは、ほぼ同額になる。むしろ、公私分担のあり方は「標準世帯」以外の人々にとって重要な意味をもつ(エスピン＝アンデルセン 二〇一一：一二二―一二三)。例えば、医療サービスを利用する場合、平均的な所得水準にあるアメリカ人は、民間の医療保険や医療サービスを購入できるが、低所得層はサービス利用から排除されやすい。実際、アメリカにおいては四〇〇〇万人以上の医療無保険者が存在していた(金澤 二〇一〇：一六〇―一六二)。医療サービスが公的負担で賄われていれば、低所得者もサービスを利用できる。その代り、税・社会保険料負担は高まる。負担配分のあり方によって、非標準世帯や低所得者の基礎的なサービスに対するアクセスが左右されるのである。繰り返しになるが、貧困化や雇用・家族の変容によって、日本では「非標準世帯」の「標準世帯」化が進展しているのである。

普遍的な財政制度と「再分配のパラドックス」

第二章で見たように、日本では、福祉サービスを拡大する際、利用者負担が拡充されてきた。社会的リスクの負担を、サービスを必要とする利用者に課してきたのである。標準的な世帯は、社会保険料を支払いながら利用者負担も担うことができる。しかし、非標準世帯化が進めば、社会的リスクに対して十分に対処できなくなる恐れがある。この問題に対処するには負担を社会化しなければならないが、税財源の拡充には租税抵抗が発生する。我々はすでに日本、イギリス、スウェーデンの事例より、財政制度が租税抵抗を緩和することもあれば、増大させることも確認してきた。では、我々はどのような財政の構想を立てるべきなのだろうか。

コルピとパルメが一九九八年に発表した論文「再分配のパラドックス」は、福祉国家論・社会政策論の研究者に大きな影響を与えた。彼らは、「人々に対する政府の移転給付を選別的にすればするほど、経済全体の格差は広がる」という逆説的な結論を提示したのである。彼らの議論は次のように整理できる。社会保障制度の規模が大きい国ほど、社会保障制度の格差削減効果は高い。社会保障制度の規模の大きさは、制度の対象者数に左右される。つまり、普遍的な制度ほど制度の規模が大きくな

表 5-2　低所得層(所得第 I 五分位)に対する税負担と移転給付の規模

（%）

	世帯に支出される公的現金給付(課税前)			世帯によって支払われる直接税と社会保険料			最も所得が低い人々に対するネットの現金給付移転	相対的貧困率	ジニ係数
	世帯可処分所得の平均比率	最も所得が低い人々に支出される公的現金給付の割合	最も所得が低い人々に対する現金給付移転	世帯可処分所得の平均比率	最も所得が低い人々によって払われる税・社会保険料負担の割合	最も所得が低い人々による税・社会保険料負担			
	A	B	C=A×B/100	D	E	F=D×E/100	C−F		
オーストラリア	14.3	41.5	5.9	23.4	0.8	0.2	5.8	0.132	0.315
デンマーク	25.6	36.0	9.2	52.5	6.1	3.2	6.0	0.053	0.232
フランス	32.9	16.2	5.3	26.0	5.6	1.5	3.9	0.072	0.288
ドイツ	28.2	17.4	4.9	35.5	2.1	0.7	4.2	0.091	0.297
日本	19.7	15.9	3.1	19.7	6.0	1.2	2.0	0.157	0.329
オランダ	17.1	31.5	5.4	24.7	3.4	0.8	4.5	0.078	0.284
スウェーデン	32.7	25.9	8.5	43.2	6.5	2.8	5.7	0.053	0.234
イギリス	14.5	31.4	4.6	24.1	1.7	0.4	4.1	0.105	0.335
アメリカ	9.4	24.8	2.3	25.6	1.6	0.4	1.9	0.170	0.380
OECD 23カ国平均	22.0	24.4	5.4	28.3	4.2	1.2	4.2		

(注)　A 列と D 列の値は，公的な所得移転と世帯の税負担それぞれが全人口の可処分所得に占める比率である．B 列と E 列は，全人口の所得五分位の所得階層における最も所得の低い第 I 五分位によって受け取られている現金給付と支払われている世帯の税負担各々の比率を示している．データは 2000 年代半ばである．ジニ係数と相対的貧困率は全人口を対象．可処分所得で測定．オーストラリア，スウェーデンは 2004 年，オランダ，フランス，ドイツ，デンマークは 2005 年，日本は 2006 年のデータである．
(出典)　OECD(2008: 116), OECD.stat.

り、制度の格差削減効果が増大する。加えて、普遍的な制度のもとでは、多くの人々が制度の受益者になるため、福祉国家に対する支持が高まる。そのため、普遍的な社会保障制度の方が、選別的な制度よりも格差削減効果は高いとされる(Korpi and Palme 1998)[1]。

低所得者に集中的に現金給付を移転する政策は、効率的に見える。だからといって、社会全体の課税後・現金給付受給後の所得格差と貧困率を低位にできるとは限らない。

表 5-2 は、低所得層(所得第 I 五分位)の世帯に対する税・保険料負担と現金給付の規模、

全人口のジニ係数と相対的貧困率(課税後・現金給付受給後)を示している。「最も所得が低い人々に対するネットの現金給付移転」を見ると、デンマーク、オーストラリア、スウェーデン、ドイツ、オランダ、イギリスは、低所得者に給付を集中させている。相対的貧困率とジニ係数を見ると、オーストラリア、日本、アメリカ、イギリスにおける高水準の格差と貧困率が露わになっている。「最も所得が低い人々」に対して多くの現金給付を移転させている点では、オーストラリア、イギリス、スウェーデン、デンマークに違いはない。しかし、所得格差と貧困率に大きな差が生まれている。この背景には、スウェーデンやデンマークの社会保障制度が中間層をも含む、普遍的な制度を構築している点を指摘できる。

相対的に選別的な財政構造を持つ国は、八〇年代から政府規模をあまり拡大していない。他方、普遍的な財政構造を持つ国は低所得者への給付額を高めている(Kenworthy 2011: 60–61)。つまり、特定の対象への給付に特化している国は、租税抵抗を恐れて増税に失敗し、中間層を含む普遍的な制度を構築できていない可能性がある。興味深いことに、小さな政府で効率的に低所得世帯に給付を集中していると評価されるオーストラリアにおいて、中間層の痛税感は極めて高い(第一章の表1–2)。オーストラリアでは、日本と同様に、中間層が享受する社会保障制度の手薄さが痛税感として顕在化しているのである。選別的な給付は高所得者層から低所得者層への所得再分配として機能するかもしれないが、増税に対する人々の合意形成を促進しないのである。特に、小さな政府の下では受益感の乏しい中間層に対して、増税の合意を取りつけるのは容易な試みではない(井手 二〇一二、Wilson 2006, Wilson, Spies-Butcher and Stebbing 2009)。

社会保障制度の規模の拡大に成功した国は、制度を普遍主義的に編成している。サービスを必要とする人々を制度から排除する「漏給」を防止する普遍的な社会保障制度のほうが、所得格差や相対的貧困率を是正できる可能性がある。

選別主義の問題点を克服する普遍主義

「真に支援を必要とする人々」に対して、集中的に現金給付を移転する政策手法がある。典型的な例が、生活保護制度のような公的扶助制度である。伝統的に、政府が「真に支援を必要とする人々」を発見するために、所得・資産調査(ミーンズ・テスト)が実施されてきた。ミーンズ・テストを課す制度を選別主義的制度という。この資産調査を運用する際に、選別主義の問題点が現れる。

人々の所得・資産調査を厳格に行おうとすればするほど、制度の利用者は社会の少数者になる。制度の利用者は、所得や資産を調査される過程で屈辱的な気分を持つようになり、尊厳が傷つけられることが少なくない。これをスティグマの付与という。この心理的な負担によって、制度を利用する権利を持つ人が、申請を抑制することが生じ得る。また、制度の複雑さが申請者にもたらす負荷、申請書類を準備・作成するための費用を考慮して、人々が制度を利用する可能性はさらに低下する。加えて、社会的少数者を対象とする制度は、常に支出削減の圧力に晒されるため、その給付水準が低位に陥る可能性がある(武川 二〇一二a:一一二—一二〇、藤澤 二〇〇八:二七二)。選別が適切に行われる保証はどこにもないのである。

制度の持続可能性は、制度に対する人々の支持に大きく依存している。人々が制度を支持する要因の一つとして受益感を指摘できる。社会保障支出の対象者となる人々が、その制度を支持するようになる。受益を感じているからこそ、制度維持に必要な負担に人々は合意する。

さらに重要な要因として、制度の構造が人々の意見に与える影響がある。選別主義的制度は、救済を必要とする人と必要としない人の間に線引きをする。その結果、境界線をめぐる世論が形成され、支援を必要とする人の適格さが常に議論の対象となる。制度の利用者に対して、「救済に値するのか」という他者のまなざしが突きつけられる。選別主義によって、給付の受給者にスティグマが付与されてしまうのである。人々は選別の有効性から、その制度を評価しがちになる。しかし、ミーンズ・テストが有効に機能する保証はない。公的支援を必要とする人を有効に救済しない制度に対して、人々は公正な制度と評価しなくなる(Larsen 2013)。また、選別を複雑にしようとすればするほど、その審査に合格できる人は少なくなるだろう。ますます、制度に対する不信は掻き立てられ、制度はその政治的な支持を失ってしまう。

スウェーデン、デンマーク、イギリス、アメリカ各国の雑誌報道の内容を丹念に比較検討した研究によれば、スウェーデンとデンマークでは、社会保障制度の受給者や低所得者がメディアで話題になるとき、自己責任論が展開されず、むしろその人たちを制度で救済すべき人として描かれる傾向にあるが、アメリカやイギリスでは、福祉の受給者は怠け者であり、制度によって救済すべきではないと報道される傾向にあることが明らかにされている(Ibid.)。制度の構造自体が、政治的な制度の論じ方に影響を与えるのである。

以上の要因によって顕在化するのが、支援を必要とする人を制度から排除してしまう「漏給」である。漏給とは、社会保障制度を申請・利用する権利を持つ人が、その制度を利用していない現象を指す。まさに、「真に必要な者に限ると、真に必要な者に届かない」のである（武川 二〇一二a：一一九）。

普遍的な制度をもつ国において相対的貧困率が小さい要因の一つとして、漏給を防止していることが考えられる。全世帯に均一な現金給付を支給するケースを考えてみよう。この時、世帯所得に占める現金給付の割合が高い世帯が低所得世帯であることは容易に想像がつく。政府が「真に支援を必要とする人」を特定せずとも、社会保障制度の対象者を普遍的にすることで、「支援を必要とする人」を社会保障制度の対象者にすることができる。多くの人々に対してより均一な給付を与えることで、結果として低所得世帯は現金給付を受給できるのである。

以上の議論を、ルクセンブルク所得調査のミクロデータで確認しておこう。ここでは、ブレディーらの研究に依拠する。これは、全世帯に対する現金給付のばらつきの指標として「給付の均一性」を用いたものである。この指標は所

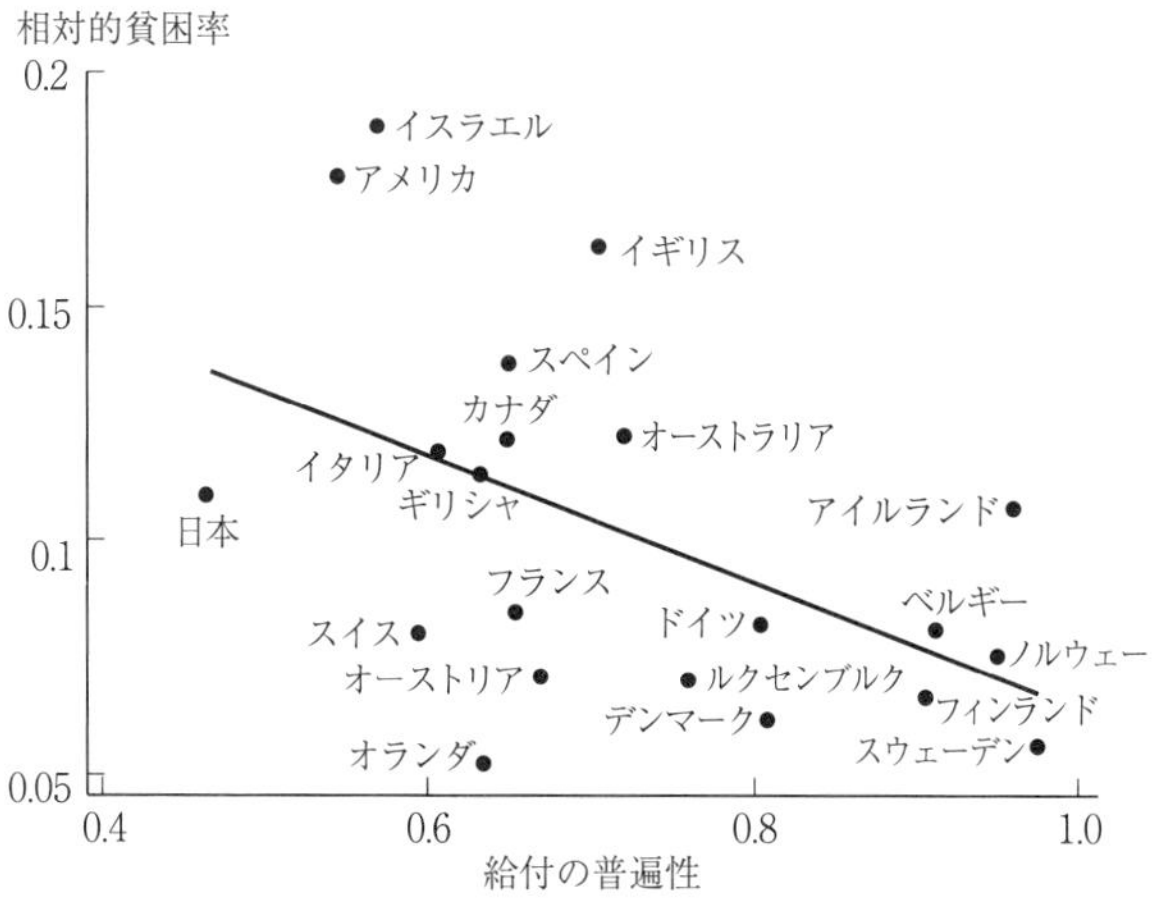

（注）給付の普遍性と相対的貧困率は2000年代半ばのデータである.
（出典）Brady and Bostic(2013)の手法に基づきLISより算出.

図5-1　相対的貧困率と給付の普遍性

得階層等の差異に関係なく、どの程度現金給付が均一に人々に給付されているのかを示しており、現金給付の「普遍性」(2)の指標と解釈できる(Brady and Bostic 2013)。図5−1は、この指標を用いた現金給付の普遍性と相対的貧困率の関係を示している。従来の研究が示唆する通り、「漏給」を防止する普遍的な制度を持つ国ほど相対的貧困率が低いという相関関係を観察することができる。

「制度の構造」が生みだす「制度への支持」

もっとも、社会的信頼を向上させるための福祉国家の役割を認めたとしても、日本の人々は過去の政策経緯から、政策の「実行者」を信頼していない。政治不信は、増税への合意形成を掘り崩してしまう。しかし、多くの人々を対象とする普遍主義的な制度へと改革することで、制度への支持を高めることができる。なぜならば、制度の受益者と非受益者、拠出者と非拠出者といった人々の分断が生まれないからである。受益者と非受益者を可視化する財政構造は、給付水準を引き下げる圧力を生じさせる(第四章)。公務員や官僚の裁量の余地の少ない普遍的制度に対して、利用者は公正さを感じる。ここでの公正さは、誰にでも分け隔てなく対応する手続きの公正さである。人々はこの普遍主義の公正さにも支持を与える(Rothstein 2001, Jordan 2013)。

社会保障の給付水準の低下が招くのは、所得格差・貧困の増大とそれに伴う社会的信頼と政府に対する信頼の低下である。社会的信頼とは、他者に対する人々の信頼感のことである。納税行為は、他者や政府に対する信頼を背景に成立する。他の人たちが正直に納税をし、集めた税金を政府が適正に用いると信じているからこそ、人々は安心して納税をすることができる。他者が応分の負担をしていると考えている人は、自らの税負担に不満を持たないであろう。つまり、他者への信頼が高い社会において、人々は他者の生活を支える財源調達に合意しやすくなる(Rothstein and Uslaner 2005)。また、納めた税金が自分や他者の生活改善に寄与していると実感できていれば、人々は税負担に納得するだろう。

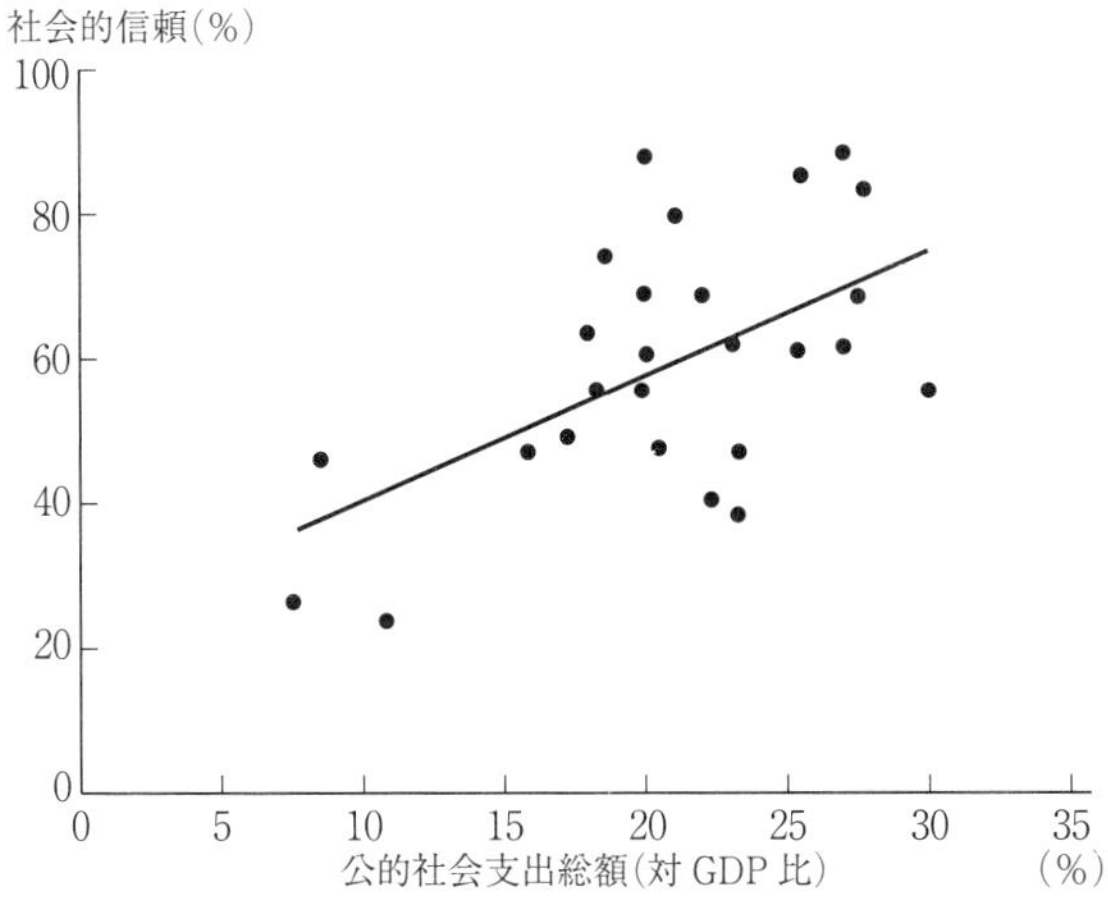

(注)「社会的信頼」は「一般的に，あなたはたいていの人を信頼することができますか，それとも，人と接する際にとても慎重になる必要がありますか」という設問に対して，「常に信頼することができる」，「おおむね信頼することができる」と答えた人の割合である．「社会的信頼」は2007年，2008年のデータである．

(出典) OECD(2011a)とOECD.StatExtractsより作成．

図5–2 社会的信頼と公的社会支出総額

図5–2は、社会的信頼(他者への信頼)と公的社会支出総額の関係をプロットしたものである。社会的信頼が高い国は、公的社会支出の総額が大きいことがわかる。両者の相関関係については、二点指摘できる。第一に、公的社会支出を増大させるためには負担増が必要になる。他者に対する信頼が高い国では、見知らぬ人の生活を支える政策に人々が合意しやすくなると考えられる。そのため、他者への信頼の高い国は、公的社会支出の拡大に成功しやすくなる。第二に、制度の規模の拡大は、制度の対象者を増大させる(制度の普遍化)。そのため、図5–1で

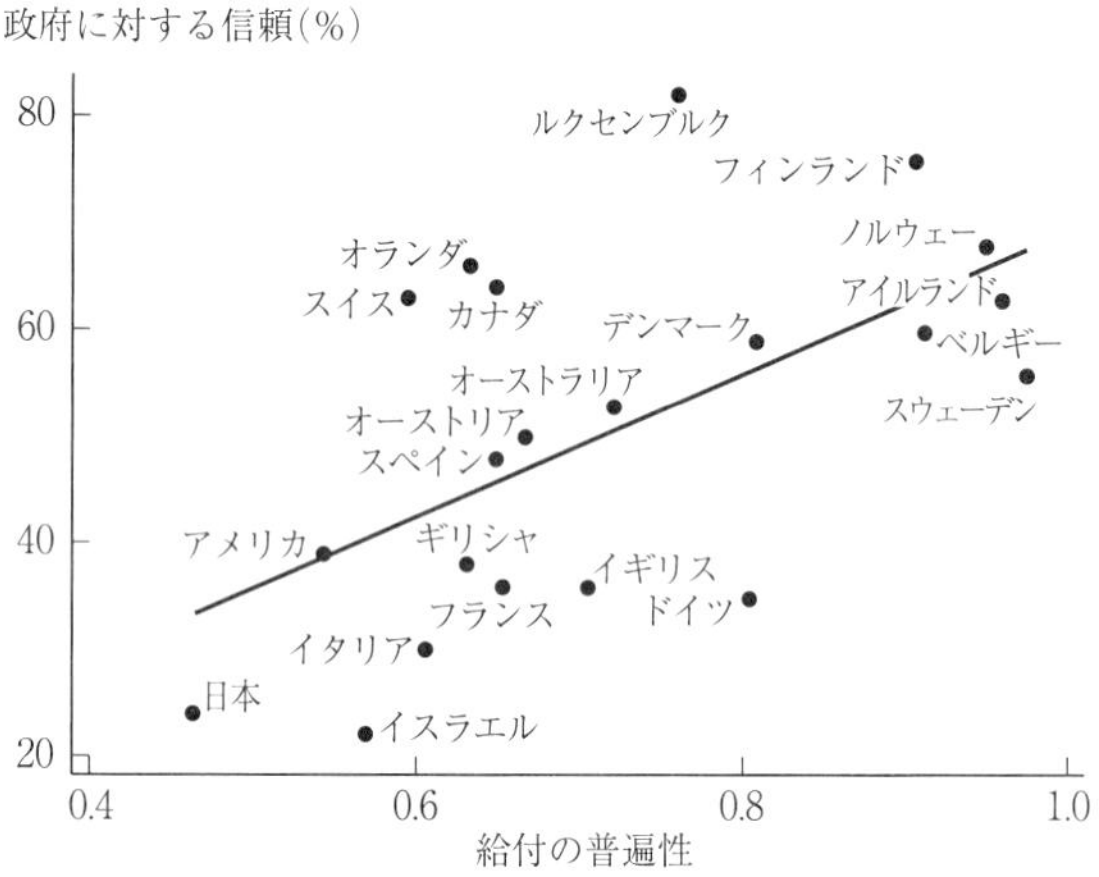

(注) 給付の普遍性は2000年代半ばのデータ．政府に対する信頼は2007年のデータである．
(出典) Brady and Bostic(2013)の手法に基づきLISより算出．政府に対する信頼は，OECD(2011b)より．

図5-3 政府に対する信頼と給付の普遍性

示した通り、相対的貧困率の是正や所得格差を縮小することに政府は成功する。貧困や格差を是正する制度とその設計・運用者たる政府に対する人々の信頼は向上し、さらなる制度の改正への合意を調達しやすくなる。

図5-3は政府に対する信頼と現金給付の普遍性の関係を示している。両者に正の相関関係を認めることができる。ここで用いたものは、「政府を信頼しているか」に対して「信頼している」「信頼していない」と二択で答える設問の結果である。極端な数値が算出されやすいかもしれないが、他の調査結果でも、日本において「政府を信頼している」と答える人の割合が国際的にも低い点が指摘されている(池上 二〇一二：二七)。日本における政治不信の要因の一つが、政治の有効性を人々が感じていないことである。世論を反映しない政治や、社会保障制度に対する不満などを起因として、政治に対する不信が発生している可能性が高い(井手 二〇一一：九四—九五)。

納めた税金が人々のニーズを充足する政策に用いられれば、税金の使途に自分たちの意思が反映されていると人々は感じるようになる。自分たちの税金を政府が適正に使っていると確信できていることは、政府に対する信頼が高まることを意味している。日本のデータを使った研究では、中央官庁、国会議員、市区町村議員に対する信頼が、所得税の痛税感を緩和させていることが明らかにされている（Yamamura 2014）。政府に対する信頼がなければ、人々は政府支出を無駄と認識するようになってしまう（Wilson 2006: 525）。現代の福祉国家において、租税制度とそれを運用する政府に対する信頼構築は、重要な課題なのである。

求められる現物給付の拡充と租税抵抗

さらに、現金給付だけではなく、現物給付も所得再分配効果を持つ。そのため、現物給付を充実させることで、所得格差を是正することができる。現物給付による所得再分配効果をデータで確認しよう。**表5-3**を見てもらいたい。この表はOECD事務局が試算した公的現物給付の所得再分配効果を示したものである。表の所得五分位比とは、高所得者層（第V分位、所得階層上位二五％）が低所得者層（第I分位、所得階層下位二五％）の何倍の所得を得ているのかを示す指標であり、この数値が低いほど所得格差が小さいことを表している。日本の現金所得の所得五分位比をみると、高所得者層は第I分位の五・七倍の所得を持っていることがわかる。「保健医療を含む所得」、「教育を含む所得」、「全ての公的現物給付を含む所得」別の五分位比を見ると、現金所得のみよりも格差が是正されているのが分かる。データは、現物給付には所得格差の削減効果があり、低―中所得階層が多くの受益を得てい

表 5-3　現物給付による再分配効果──世帯所得に公的現物給付を含める前と後の五分位比(2000年頃)

	現金所得	保健医療を含む所得		教育を含む所得		他の社会サービスを含む所得		全ての公的現物給付を含む所得	
	A	B	差(A−B)	C	差(A−C)	D	差(A−D)	E	差(A−E)
デンマーク	3.1	2.5	0.6	2.7	0.4	2.5	0.7	1.9	1.2
スウェーデン	3.4	2.7	0.8	2.9	0.5	2.7	0.8	2.0	1.4
スイス	3.9	3.2	0.7	3.4	0.6	3.7	0.2	2.8	1.1
フランス	4.0	3.2	0.9	3.3	0.8	3.7	0.4	2.6	1.4
ドイツ	4.3	3.3	1.0	3.6	0.6	3.9	0.3	2.8	1.4
オーストラリア	4.9	3.5	1.4	4.1	0.7	4.1	0.7	2.8	2.0
イギリス	5.2	4.1	1.0	4.3	0.8	4.8	0.4	3.4	1.7
日本	5.7	4.3	1.4	4.8	0.9	5.4	0.3	3.7	2.0
アメリカ	6.9	5.1	1.7	5.1	1.8	6.4	0.5	4.0	2.9
平均	5.2	4.1	1.1	4.2	1.0	4.8	0.3	3.4	1.8

(原注)　各国は，現金所得の五分位比が大きくなる順に上から下に並べられている．数値は四捨五入している．
(出典)　OECD(2008: 243).

るのがわかる。

しかし、租税抵抗に直面し、租税負担(社会保険料を含む)を引き上げていない国は現物給付の規模を拡大できない。現金給付のみでは、医療、介護、教育、保育、住宅といった人々の多様なニーズを充足するのは困難になる。例えば、人々が現金給付を受給していたとしても、医療、介護、住宅、教育などに要する市場価格によっては、人々はサービス利用から排除されてしまう。さらに、保育サービスや教育が典型的だが、現物給付は、人々の人的資本の蓄積を通じて将来の収入を向上させることができる(Kenworthy 2011: 64)。

公的な現物給付が存在しない場合、人々は、市場や家族を通じてニーズを充足する。例えば、公的保健医療サービスが整備されていなければ、人々は市場から同額のサービスを購入しなければならない。当然ながら、所得に占める保健医療サービス費用は低所得階層ほど高くなり、所得格差は悪化する。場合によっては、低所得がゆえに医療サービスの利用を断念し、自身の健康を悪化させることも考えられる。公的な現物給付は、人々に基礎的なサービスへのアクセスを保障するのである。

ケンワーシーは、低所得層に給付を集中させる現金給付制度を評価しながらも、現物給付の不足によって人々が基礎的なサービスから排除される可能性を指摘している。オーストラリアにおいて基礎的サービスを享受できていない人の割合が高いが、それは現物給付の手薄さに起因していると指摘されている(Kenworthy 2014: 123)。

現物給付の拡充は、経済的不平等の是正を通じて人々の社会的信頼と政府への信頼を高めることに寄与する。例えば、教育サービスの拡充は、子どもの生育環境を改善することで社会全体の機会の平等を向上させ、長期的には経済的不平等の是正に資するだろう。十分な教育を受けた子どもたちは他者への信頼を高めていく。保育を含む教育サービスの普遍化は、子どもの将来に対する保護者の安心をも育む(Rothstein 2011: 154, 163)。社会保障制度の普遍化を通じて、社会的信頼を高めるには、現金給付のみならず現物給付の拡充・普遍化も行っていかなければならないのである。

紙幅の都合上詳述できないが、現物給付の拡充には地方政府の機能を高める必要がある。現物給付の供給には、きめ細やかな住民のニーズ把握が求められる。そのためには、住民により近い地方政府の役割が重要になる。第四章第三節のスウェーデンの事例が示しているのは、現物給付を供給する地方政府の税負担に対して、納税者の租税抵抗は緩和される傾向にあることであった。今後、現物給付の拡充時には、地方分権の推進が求められることになるであろう(神野・井手編 二〇〇六、井手 二〇一二〇一二)。

2 普遍的な社会保障制度の財源構造

基幹税としての所得税

社会保障と税の一体改革において、消費税は「高い財源調達力」をもち、「税収」が「安定」しており、さらに「勤労世代など特定の者へ負担が集中」しない税と評価される。その上で、「社会保険料など勤労世代の負担」が高い中、「幅広い国民が負担する消費税は、高齢化社会における社会保障の安定財源としてふさわしい」と指摘されている(社会保障と税の一体改革大綱：二一七)。社会保障と税の一体改革の議論において、所得税の再分配機能の回復について言及されることはあったが、結局、消費税増税による社会保障改革という選択が全面化された。

二〇一一年の租税と社会保険料の国際比較を示しているのが**表5−4**である。ここでは、消費課税から個別消費税などの影響を除くため、「一般消費税」の規模と他の税目の関係を示している。多くの国の租税構造は所得税中心主義であり、一般消費税はそれを補完していることが表5−4からわかる。社会保険を中心に福祉財政を構築している国は、社会保険料負担が高いことが看取できる(池上二〇一二)。多くの国は所得税を基幹税として鍛え直しつつ、税に対する信頼確保をはかり公共サービスを拡充しながら付加価値税を増税していったのである。

所得税による財源調達が機能していなければ、相対的に低所得者に重い負担を課す消費税の弊害が

表 5-4　租税・社会保険料の国際比較(2011 年，対 GDP 比)

(%)

	個人所得税	法人所得税	社会保険料	うち雇用者	うち雇用主	一般消費税	総税収
オーストラリア	10.4	5.2	0	0	0	3.4	26.5
オーストリア	9.5	2.2	14.5	5.9	6.8	7.9	42.3
ベルギー	12.5	2.9	14.2	4.2	8.7	7.1	44.1
カナダ	10.9	3.1	4.6	1.8	2.6	4.4	30.4
デンマーク	24.2	2.8	1.0	1.0	0.1	9.9	47.7
フィンランド	12.8	2.7	12.6	2.7	9.0	9.0	43.7
フランス	7.5	2.5	16.7	4.0	11.4	7.2	44.1
ドイツ	9.1	1.7	14.2	6.3	6.7	7.3	36.9
ギリシャ	4.8	2.1	10.6	4.1	4.8	7.6	32.2
イタリア	11.5	2.7	13.4	2.4	9.2	6.2	43.0
日本	5.3	3.4	11.9	5.1	5.4	2.7	28.6
オランダ	8.3	2.1	14.8	6.4	5.1	6.9	38.6
ニュージーランド	11.6	4.1	0	0	0	9.7	31.5
ノルウェー	9.8	10.7	9.5	3.2	5.7	7.7	42.5
スペイン	7.2	1.8	12.1	1.9	8.5	5.3	32.2
スウェーデン	12.2	3.2	10.1	2.7	7.5	9.6	44.2
スイス	8.9	2.9	7.0	3.3	3.3	3.7	28.6
イギリス	10.1	3.1	6.7	2.7	3.9	7.4	35.7
アメリカ	8.9	2.3	5.5	2.0	3.1	1.9	24.0
OECD 平均	8.5	3.0	9.1	3.3	5.2	6.9	34.1

(注)「総税収」には「社会保険料」と表示されていない税目も含む．OECD 平均は，表未記載の国を含めた平均値である．
(出典) OECD.StatExtracts より作成．

全面化してしまう。租税体系に占める所得税の位置づけを重要視せず、いたずらに消費税によって税収を確保する道を選べば、公平性をもたず税収調達力もない租税体系が構築されるであろう(高端 二〇一二：一三六―一三七)。所得税は負担が可視化される税であるため痛税感が強く、租税抵抗を引き起こす。そのため、戦後の福祉国家は、所得税の動揺に直面し、その立て直しを図ろうとした。所得税を立て直さない状態では、付加価値税のこれ以上の増税は人々の分断につながりかねない(第三章第二節参照)。

所得税の動揺に対する三つの対応

社会保障制度の設計を考える上で無視できないのが、国家の財源調達の構造である。豊かな福祉を構築しようとすれば、必要な税収水準が高くなるのは当然である。では、どの税金を中心に国家は増税すべきなのだろうか。所得税を中心に財源を調達してきた先進各国は、強い租税抵抗に直面してしまった。

しかし、社会保障制度を充実させている国は、所得税に対する批判を克服し、所得税中心の租税構造を構築している。所得税の動揺への各国の対応は、三つに分類できる。第一に所得税の機能を改善しながらも付加価値税を導入していく国、第二に所得税の改善を断念し、租税構造に占める付加価値税の割合を高めていく国、第三に付加価値税の導入そのものをあきらめ、所得税を基幹税とする国である。第一の類型に入るのが、所得税の公平性を構築した上で、付加価値税の増税を実施したスウェーデンである。所得税を減税しつつ付加価値税の比重を高めようとしている国として、日本を挙げることができる。また、日本では、受給額と拠出額に一定の牽連性がある社会保険料が増大している。アメリカのように付加価値税を導入していない国では、所得税のみで財源を調達するため、税収規模は低位になる(神野 二〇一三:一六一―一六二)。

表5-5には、世帯の税負担の累進度、税収の規模、公的社会支出総額などが掲載されている。ここでの「世帯の税負担の累進度」は、正の数値を示すほど高い累進度を示している。オーストラリア、

表 5-5　税の累進度と税収

	世帯の税負担の累進度	総税収	所得課税	社会保険料	消費課税	公的社会支出
オーストラリア	1.16	29.98	17.68	0.00	8.37	16.50
デンマーク	0.84	50.83	31.16	1.11	16.27	27.70
ドイツ	0.92	35.03	9.87	13.99	10.14	27.30
日本	0.85	27.30	9.23	10.06	5.30	18.55
スウェーデン	0.78	48.87	19.12	13.06	12.76	29.10
イギリス	1.16	35.43	13.62	6.65	10.74	20.50
アメリカ	1.28	26.03	12.15	6.35	4.60	16.00

（注）世帯の税負担とは所得税と社会保険料の被用者負担を指す．税の累進度は，集中度係数を市場所得のジニ係数で除した数値である．全変数が 2005 年のデータを採用しており，累進度以外の変数の単位は対 GDP 比(%).
（出典）OECD(2008), OECD.StatExtracts より作成.

アメリカといった税の累進度を高めている国ほど総税収が低くなり、低い税収に対応するかのように公的社会支出が低位にある傾向を読み取れる。一方、スウェーデンの税の累進度は比較的低いが、税収と公的社会支出は高水準である。この事実は、政府が必要とする財源規模が少なければ、特定階層に負担を集中させる租税構造が選択されやすいことを示唆している。神野直彦は、この現象を「「小さな政府」の累進性」、「「大きな政府」の逆進性」と呼んでいる（神野 二〇一三：二〇〇―二〇四）。

なぜ、政府規模の小さな国の租税構造は累進的になるのだろうか。単純な事実として、大きな社会支出を賄うには、累進所得税のみでは不十分である点を指摘できる。例えば、スウェーデンにおいて大多数の納税者は、平均三〇％の地方比例所得税を負担しており、累進所得税（国税）を負担しているのは、一部の高額所得者だけである。それでも財源が不足するため導入されたのが付加価値税である。多くの人を対象とした社会保障政策を実施するには、所得課税、消費課税、社会保険料を総動員し、財源を調達しなければならない。

また、現金給付を所得税の課税対象にすれば、中・高所得者に対する給付は税金として徴収することができる。低所得世帯も給付に対する課税を通じて、納税に積極的に関与することで、政府から給付を受け取るだけという他者からの偏見を払拭することにもつながる。この事実を数値で示したのが第四章の表4-8であった。ヨーロッパ諸国や北欧諸国の財政制度の特徴は、現金給付の豊富さとその現金給付に対する課税規模の大きさが並存している点にある。あらゆる世帯に給付を届けることで国家による給付の受益感を市民に醸成し、また納税行為にも関与させることで国家の財源調達を支えるという意識を市民は持つようになる。スウェーデンのデータ(表4-9)で示した通り、普遍的な給付と課税の組み合わせによって、事後的に高所得者から低所得者に対する所得再分配を実現できる。

普遍的な財政構造と課税ベースの広い所得税の組み合わせは、所得階層間の協力関係の形成に寄与する。そのため、制度の規模の拡充とそれに伴う負担増に人々は同意しやすくなる。以上の経路を辿り、社会保障制度の規模と対象者は拡大し、それが相対的貧困率の低下につながることが考えられる(井手 二〇一二、Jordan 2013, Korpi and Palme 1998)。スウェーデンのデータを用いて示したが、政府の支出による受益感があれば、人々の租税抵抗は緩和されるのである。

社会の危機を放置する財政再建論

本章で示してきたのは、社会保障制度の規模と構造は所得格差と相対的貧困率の水準に大きな影響を与えるということであった。社会的・経済的格差が顕在化していることは、それを防止・是正する制度が機能不全に陥っていることを示唆する。財政危機とは公的債務の累積をただ指すわけではない。

個人が対処できない「社会問題」に財政が有効に対処できていないことこそが、財政危機の背景にある(神野二〇一〇、高端二〇一二、本書「はじめに」)。歴史的に政府や旧大蔵省内においてですら、財政の健全性の定義をその都度解釈し直している。変転する財政の健全性を維持するための歳出削減・減税政策を通じて、人々のニーズを充足し生存を保障することから財政が手を引き始めているのである(井手二〇一二)。

財政再建や再分配政策の研究は、経済的格差が累積債務を増大させる可能性を指摘している。経済的格差の大きな国では、異なる階層が協力して負担増に合意することが難しくなる。低所得階層が高所得階層に対する課税を要求したとしても、高所得階層はそれを拒絶するだろう。あまりにも格差が進展し、社会が二極化すれば、政策に必要な合意形成はますます難しくなる。実際、五〇カ国のデータを用いた計量分析によって、所得格差の増大が税収を引き下げ、債務危機のリスクを増大さえすることが明らかにされている(Aizenman and Jinjarak 2012)。社会の危機を放置すれば、財政は危機に陥るのである。格差を放置する政府を人々は信頼しない。政府に対する信頼がなければ、人々は政府支出を無駄と認識するようになってしまう(Wilson 2006: 525)。そこで、政治不信を背景に、政治改革としての歳出削減が実施されてしまう。歳出削減はさらなる貧困と格差の悪化をもたらし、政治不信が社会に蔓延してしまうだろう。

しかし、日本政府は、中間層の租税抵抗を緩和するために減税政策を実施し、租税の財源調達力をやせ細らせてしまった。政府は、受益には負担が伴うという論理で、税による負担の「分かち合い」ではなく、明示的にサービスの受益者と非受益者を分断し、サービス利用者に負担を課す利用者負担

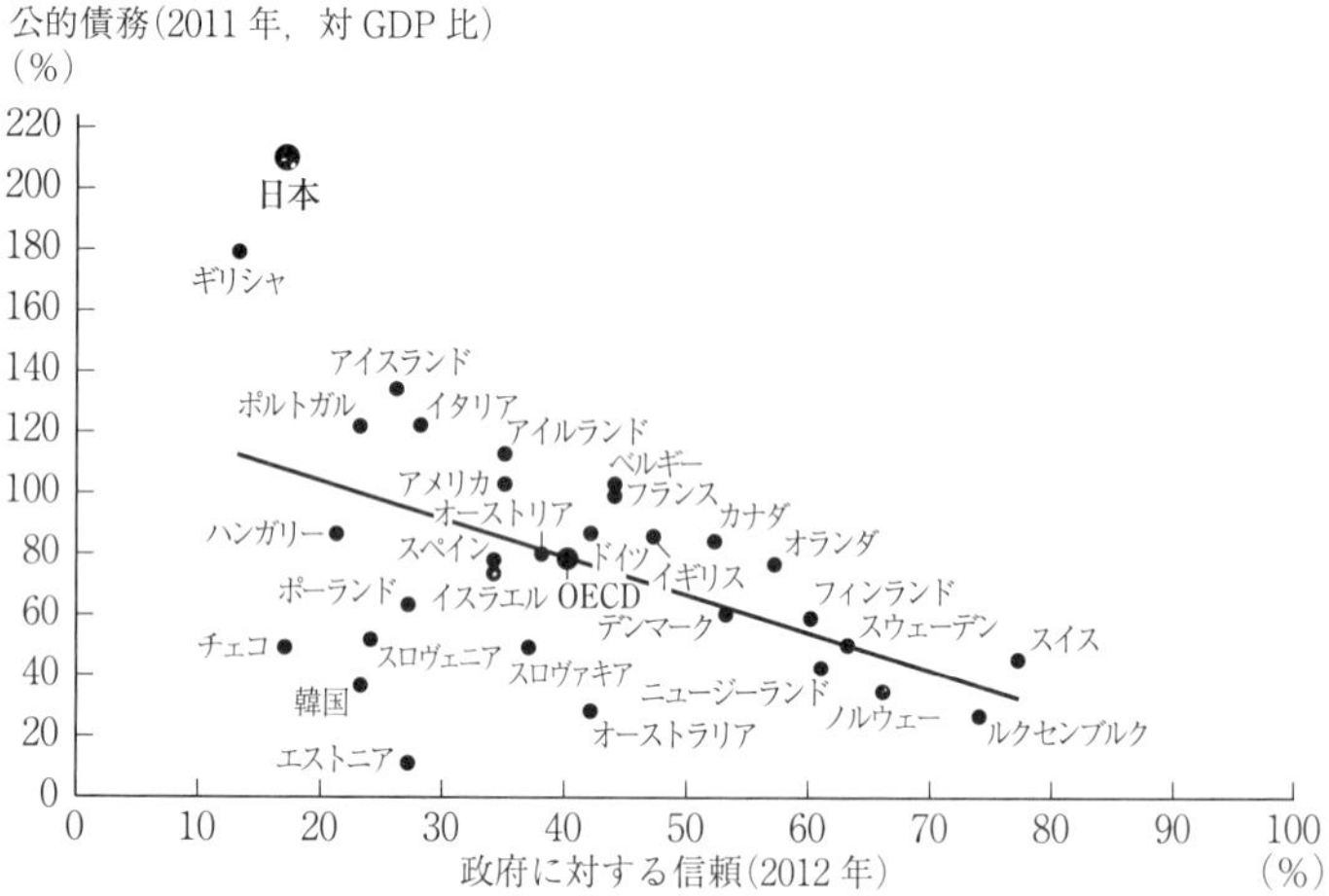

(注) 政府に対する信頼は World Gallup Poll，公的債務は OECD National Accounts Statistics(database)からである．政府に対する信頼は，「この国において，あなたは政府を信頼しているか？」の質問に対して肯定的に回答した者の割合を示している．政府に対する信頼についてドイツ，イギリスは 2012 年ではなく 2011 年のデータ．公的債務は一般政府の粗債務．

(出典) OECD(2013b).

図 5-4 中央政府への信頼と一般政府の累積債務(対 GDP 比)

を増大させていったのである。これでは階層横断的な政府に対する支持、社会的信頼は醸成されないだろう。

図5-4は、「中央政府への信頼」と「一般政府の累積債務」をプロットしたものである。「中央政府への信頼」が低い国は累積債務が高くなる傾向を読み取れる。井手(二〇一二)が指摘するように、政府への不信が高い国は増税に失敗する傾向にあるため、公的債務が膨らんでいることが考えられる。

格差がもたらす社会的信頼の毀損

図5-5は「社会的信頼」と「所得の格差(ジニ係数)」の関係を示したものである。社会的信頼が低い国は、高い所得格差に直面しているのが分かる。両者は相互に影響を及ぼし合う。社会

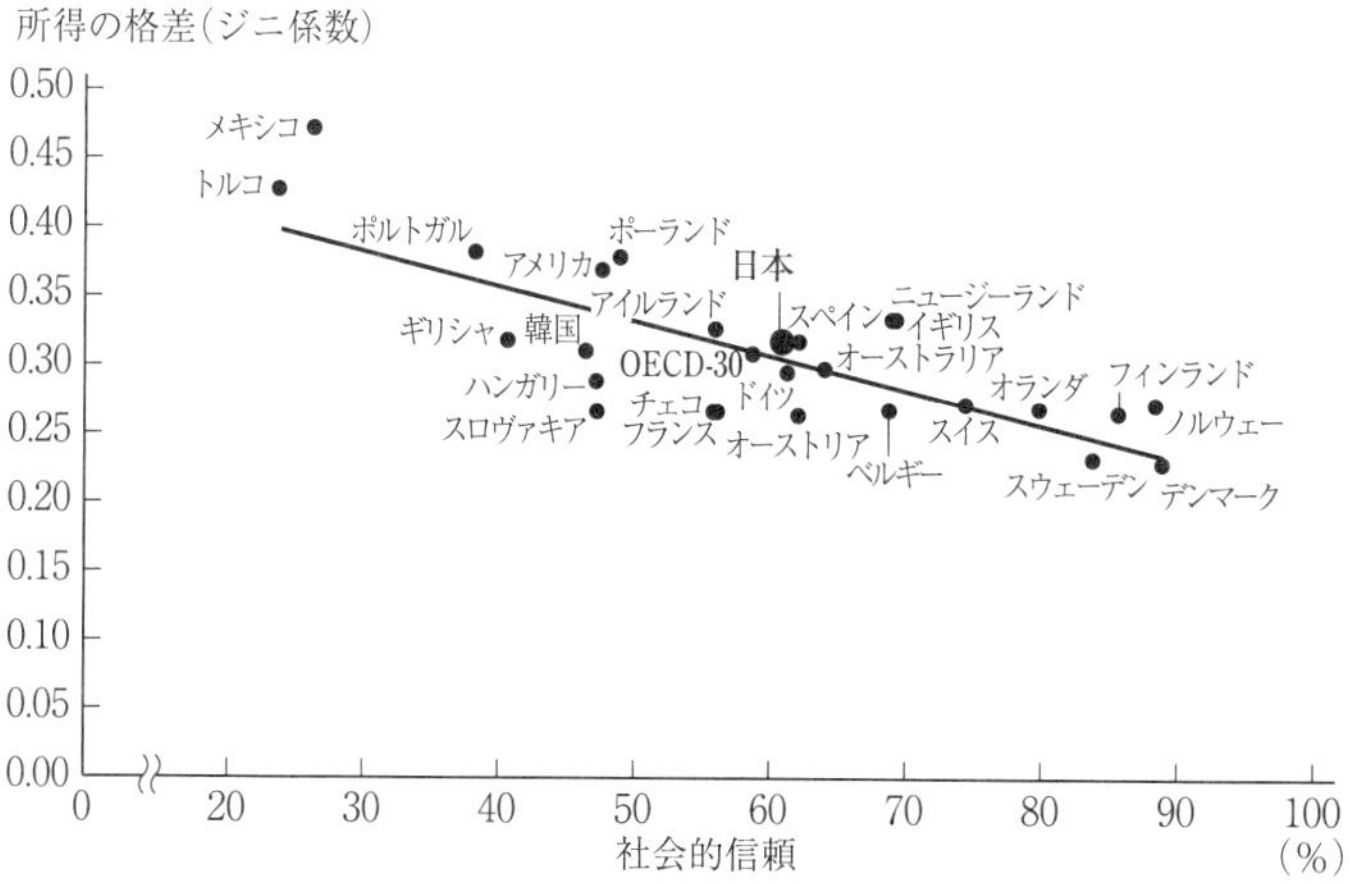

(注) 「社会的信頼」は図5-2と同様.
(出典) OECD(2011a).

図5-5 社会的信頼と所得格差

的・経済的不平等が拡大するとき、社会的信頼の低下をもたらし、さらには政府・民主主義に対する信頼は大きく毀損する可能性が高い。経済格差の高まりは階層間の分断を招き、政治的決定のために協力する誘因を人々は持たなくなってしまう。実際、自分が平等な社会に住んでいると認識している人ほど、他者への信頼が高いことが明らかにされている(Larsen 2013: 108–109)。

また、格差の高まりは、政治が有効に機能していないと人々に認識させてしまい、ますます人々は政治を信頼しなくなってしまう。経済・社会的格差の高まりは、先鋭的な再分配政策を求める政治的誘因を生み出す。つまり、最も公的支援を必要とする人に資源を集中させる選別主義的政策が選択されてしまうのである。選別主義的に公的資源が運用されれば、中間層を含む多数の納税者は受益感を感じなくなり、人々は負担増に同意しなくなるだろう。こうした経済・社会的格差と不信の相互作用を「不平等の罠」という。この「不平等の罠」から抜けだすには、社会保障制度を普遍化することで、社会的・経済的格差を是正していく必要があるのである(Rothstein and Uslaner 2005, 井手 二〇一二、高端 二〇一二)。

信頼と合意に基づく財政へ

本書冒頭では、財政危機の原因としてその租税負担率の低さと減税政策を指摘してきた。日本型の生活保障は危機に瀕している。租税抵抗を恐れる政府は、社会保障を立て直すための増税を忌避し、「給付と負担が明確」な社会保険中心の福祉財政を構築してきた。保険料の引き上げ(事業主負担の増大も含め)と共に所得税を増税していれば、保険料を負担できない層を公的部門が支えることができる。しかし、社会保険料に過度に依存した財源構造は、制度が想定しない単身世帯や一人親世帯といった「非標準世帯」を保険制度から排除している(第一章)。加えて、公共サービスを必要とする個人に負担を課す利用者負担(受益者負担)を政府は引き上げていった。利用者負担は、社会保障制度の普遍性を掘り崩してしまう。なぜならば、医療、介護のような基礎的なサービスが普遍化されていたとしても、その利用者負担(自己負担)分を支払うことのできない人々は、サービスの利用から排除されてしまうからである。

政府は保険料と自己負担を一緒くたにしながら引き上げてきた。サービスの受益者と非受益者を分断し、受益者にのみ負担を課すことで、租税負担引き上げに対する抵抗を回避することが試みられてきた。その論理は「負担と給付の関係が明確な社会保険」という図式であり、それは現在まで引きつがれている。日本の社会保険が形成される際、「社会連帯意識」は「職域的、地域的」な範囲に制限されていると認識されていた。その結果、日本の社会保障制度は、分立した制度とサービス量を前提に、受益者と非受益者に人々を分断させていった。制度によって人々を分断したことを前提に、政府は反対給付への請求権を持たない租税では合意を得られないとの認識を示し、受益者負担を導入したのである。公共サービスを必要とする人に負担を課す制度の下では、誰も政府に対して信頼感を持たないだろう。

医療保険に胚胎した受益者負担論は、社会福祉の領域に次々と侵入していった。その際、財政当局はしばしばサービスの利用者と非利用者の間での公平性確保という論理を提示してきた。在宅と施設との「公平」(介護保険)、他制度との「均衡」・入所施設・地域生活との「均衡」(障害者福祉)、現役世代との負担の公平(医療費の自己負担)、全額公費負担を受けられる難病患者とそれ以外の患者との負担公平(難病対策)、これらが政府による「負担の公平」論である(第二章)。しかし、その実態は、人々を分断することで、財政合理化を図り、税による負担の「分かち合い」を回避しようとしたにすぎない。

社会保障政策を普遍化する必要性を我々は訴えてきた。人々を受益者負担という形で分断しては、狭い連帯意識しか生じない。所得税の維持と拡大には、人々相互の信頼と政府に対する信頼が必要になる。受益者負担論によって人々が分断されたことが、租税構造の基盤たる所得税の崩壊に反映されているのである(第三章)。

家族と雇用が危機に瀕している「共同の困難」に対処するのが、財政の役割である。我々が直面しているのは特定の誰かが抱える困難ではなく、誰もが抱える「共同の困難」である。震災が強制的に露わにしたのは、日本の生活保障システムの軋みであった。リスクの〈私〉化は「共同の困難」を「個人問題」へと転換させ、人々を社会連帯から切断してしまう。

ずたずたに引き裂かれた連帯を再び縫い合わすには、「共同の困難」を財政が引き受けなければならない。それには制度の普遍化が必要になる。普遍主義的な制度は、受益者と非受益者という形で人々を分断しないため、利用者の他者への信頼を醸成していく。それには、人々を分断しない財源調達構造が必要になる。それが、相互の信頼を促進する公平な租税体系である。

受益者負担は、最も公共サービスを必要とする人々に負担を集中させ、公共サービスから利用者を排除してしまう。そのため、租税を通じて負担とリスクを相互に支え合うことで、負担とリスクの〈私〉化に歯止めをかけなければならない。求められているのは、所得税の復権を通じた租税体系の再構築である。所得税財源による社会保障制度が存在しなければ、消費税負担は人々の生存を脅かすだけになってしまいかねない。納税者が納得して負担できる租税体系は、社会保障制度に安定的な財源を提供する。人々の生存と尊厳を保障する社会保障制度が機能することで、さらに、人々は安心して日々働き、納税に協力し政治に関わろうとするだろう。

近代財政の発生から我々が学び取れるのは、「共同の困難」への対処こそが公的部門の役割であったということである。我々が目指す社会は、人々が尊厳のある生活を営める当たり前の社会である。再び、財政を信頼と合意に基づくものへと編成すること、それは困難ではあるが、決して不可能な道ではないはずだ。

注

第一章

(1) 「日本型福祉社会論」を提唱したのは、自民党だけではない。日本型福祉社会論の系譜については、京極(一九八〇=二〇〇三)や堀(一九八一)が参考になる。

(2) こうしたエスピン=アンデルセン的な福祉国家類型論の整理については、その日本への輸入・適用に対する批判も含めて、武川(二〇〇七)が参考になろう。

(3) 近年の日本の社会保障の現状を、日本型生活保障システムとの関係で概観したものとしては、仁平(二〇一二)が非常に良くまとまっている。また、社会福祉サービスの日本的特質については、今でも大河内(一九三八=一九八一)の論考が参考になろう。大河内は、「社会事業の場合における要救護性は、資本制経済との優れた意味での連繋を断たれ、社会的分業の一環たることを止めた場合における経済的、保健的、道徳的、教育的等の要救護性であり、この意味でそれは、資本制経済の再生産の機構から一応脱落した、謂わば経済秩序外的存在だと言うことが出来る」と述べている(同:一一九―一二〇)。

(4) 本節および次節の内容については、佐藤(二〇一四)をリバイズしたものである。詳しくはそちらを参照してほしい。取り立てて出典の明記がない場合、本論文によっている。

(5) ついでに言えば、二〇一〇年一〇月五日の「包括的な金融緩和政策」、二〇一二年二月一四日の「中長期的な物価安定の目途」と呼ばれる実質的なインフレ目標の導入、消費税増税法案成立後の経済環境を整えることを目的の一つとした「デフレ脱却等経済状況検討会議」の設置などにみられるように、財政と金融の一体化は民主党政権下でさらに進展した。もともと民主党は量的緩和政策を「異常な政策」と名指し、反対していた。

（6）もちろん、所得税の「単一税率化＝フラット・タックス化」を肯定的に論じることもできるだろう。ただしその場合、所得税が持つ人税としての側面は失われていく。フラット・タックスについては、林正寿（二〇〇八）が詳しい。

（7）もっとも、労働市場の「二重構造」論にみられるように、年功序列と終身雇用とをわが国の雇用の一般的な特徴であると言うことはできない（尾高 一九八四、野村正實 一九九八）。ただし、高度経済成長期以降に生じた労働力不足によって、中小企業から大企業への労働移動が活発化し、賃金の企業規模間格差は縮小した（橋本健二 二〇〇九：一二〇）。

（8）OECD. StatExtracts, *Short-Term Labour Market Statistics MetaData: Harmonised Unemployment Rates(HURs)*.

（9）この点は、日本型雇用の特質を「完全雇用」とは異なる「全部雇用」論の観点から論じた野村正實（一九九八）も参考になる。

第二章

（1）総理府が過去に行った税に関する世論調査はすべて、内閣府のウェブサイトに収録されている。

（2）歴史を振り返れば、申告・源泉所得の不均衡の問題は、終戦直後にも大規模な反税闘争を引き起こしている（村松 二〇一一）。

（3）財政硬直化キャンペーンは、主計官僚の村上孝太郎の「一人相撲」であったといわれ、その起こりは岩尾一理財局長（当時）によって一九六七年九月末頃とされている（安藤 一九八七a：六〇）。しかし、財政硬直化の議論はすでにこのときの財政制度審議会から議論されており、その継続性にも注目する必要があろう。

（4）この発言は読売新聞社取締役論説副主筆（当時）の愛川重義によるものだが、谷村は「まさしくおっしゃるとおり」と賛同したうえで、「こういう機会に(略)国民の血税でやられる事業だから、民間以上に効率を上げるということを考えないと」と述べている。さらに、小林中はこれに続けて、そのテーマが「財政の効率化」にあたるとした(財政制度審議会 一九六五c：七—一一)。

(5) 谷村の「均衡財政」「健全財政」の用語法はそれ自体、独自のものである。「健全財政主義」の問題については、林健久(一九七五)がある。

(6) 受益者負担の財政学的な特質を体系的に説明したものとしては、中桐(一九七五)を参照して欲しい。中桐は、受益者負担の論拠を、①効率性、②公平性、③収入性の三つに整理している。

(7) このとき大蔵省主計局調査課は、部内限りではあるが、租税負担と受益との関係を研究している(大蔵省主計局調査課編 一九六八)。社会保険について述べたものではないが、主計局における受益者負担論を検討するうえで、興味深い資料である。

(8) 同様のことを、厚生相の神田博は、一九五七年三月三〇日の参議院社会労働委員会で、「健保関係の被保険者が一千三百万人と称されております。そこで政府の医療保障というものは、これは国民九千万を対象として考えなければならないのでございまして、しかも今日三千万人近い国民が医療保障の適用を受けていない、こういうような事情を考慮いたしまして、健保財政の健全化、また、合理化をはかる上から、この際、被保険者同士の負担の公平を期す、こういうような意味合いも考えまして、そこで一部負担をお願いしよう、まあこういう考えで御審議願ったわけでございます」と述べている。

(9) 実際に、七人委員会のメンバーでもあった今井一男は、「政管健保に金出せという主張をやっつけたのは、皆保険をやれというのが結論だから……」と回顧している(小山編 一九八五：二一二)。

(10) 患者の二割負担は、大蔵省と厚生省との合作である。主計官僚の山口光秀は、「医療費の制度改正をしないとシーリングにはまらないということで、厚生省自らが患者の二割負担という厳しい案を考えた」と述べている(安藤 一九八七b：二四一)。また、長岡実も、「医療保険制度とか老人医療問題、年金制度の改定など、これらは全体をぎゅうぎゅう締めつけたことで実現したもの」と理解している(同：一六九)。

(11) そしてこれは、七人委員会の委員でもあった清水玄によって予想されていたことでもある。「国民皆保険になりますと、国民保険と健康保険とが二本建てになる、その際に、国民健康保険は、御承知のように、大体五割本人が負担しております。将来の方向としては、七割程度は保険が持つ、三割程度が本人が持つ、こういう方向になると思うのでありますが、しかし、まあ三割持つというやはり原則が国民健康保険にありますと、将来この保険というものが、健康保険と国民健康保険でやっていきます場合に、やはり多少の本人負担というものが、どうしても残ってくる、全国的にみまして、健康保険も、全然何も負担せぬ、国民健康保険はいつまでも負担をするのだ、こういう二本建てのやり方は、将来あまり感心ができぬので、ある程度、どこらかに近付けていかなければならぬと思うのでありますが、その際に、国民健康保険は全然無料にできないとすれば、健康保険にも、ある程度の本人負担は必要ではないか、まあこういうことも考えるのでありまして……」(一九五七年三月二五日参議院社会労働委員会公聴会)。

(12) 一九九七年三月二八日、参議院予算委員会での発言。

第三章

(1) JGSSでは回答者に所得を答えさせているため、所得を担税力の指標とすることもできる。ここでは、取扱いの良さも考慮して「階層帰属意識」を用いた。

(2) 両者の関係についてはより綿密な分析が要求されるだろう。JGSSの二〇〇一年データを用いて両者の関係を分析した野村亜希子(二〇〇八)は、社会・経済的変数をコントロールした上でも、所得税の痛税感を持つ人ほど社会保障支出の規模が少ないと感じる傾向にあることを明らかにしている。

(3) 引用した裁判資料はすべて障害者自立支援法違憲訴訟弁護団編(二〇一一)から引用した。

(4) この議論の背景には、二〇〇六年一二月の第六一回国連総会で採択された「障害のある人の権利に関する条約」(いわゆる障害者の権利条約)の影響がある。「自由権と社会権が相互に依存し、不可分であることを認めている」と同条約を弁護団らは評価している(さいたま弁護団・第一次訴状：九九)。

(5) 実際には、受給者の稼働能力を考慮する必要がある。
(6) 以上の分析結果は、二〇〇七年度のデータを分析した齊藤・上村(二〇一一)の結果と同様である。
(7) 「社会保障改革に関する集中検討会議(第九回)」、政府・与党社会保障改革検討本部・第一回成案決定会合配付資料「世帯類型別の受益と負担について」。
(8) 残りの要因は地方交付税交付金、公共事業関係費の増加である。
(9) 論文内で指摘されているが、この推計では医療・介護の自己負担比率が変化するケースや、高齢者が就労するケースなどは考慮されていない(山本 二〇一三)。いずれにせよ、現在すでに顕在化している高齢単身世帯の生活不安が解決すべき問題である点を指摘している推計である。
(10) ただし、本書で参照した統計データはおおむね二〇〇〇年代半ばから後半のものである点に留意する必要がある。
(11) 村上(二〇〇九)は源泉所得税と申告所得税双方において一定の仮定を置き、課税所得を復元し、そこに仮想的な税率表を適用する手法を提案した。その際、申告所得税と源泉所得税の重複を調整するために申告納税者数に仮定を設けている(本推計では申告納税者が納税者の五〇%を採用)。
(12) 村上(二〇〇九)と同様に、源泉所得税収と申告所得税収の重複分を調整するために、納税者の五〇%を申告所得者と仮定した。
(13) ただし、第一章で指摘しているが、保険料の定額部分が存在するため、完全に比例的な負担にはならない。

第四章

(1) 本節の記述で特に参考文献が記されていないものについては、佐藤(二〇一三a)、佐藤(二〇一三b)の記述に拠っている。また、人頭税については、北村(一九九八)が先駆的な業績である。人頭税についてはこの研究に多くを拠っている。

(2) 注(2)から(6)は、イギリス公文書館の未公刊資料と、政府文書である。特に参考文献には示していない。AT 44/107, Description: Rate Support Grant(RSG): branch discussion concerning Conservative Party approach to RSG; Mrs Thatcher's, Shadow Secretary of State for the Environment, proposals for alternatives to the rating system(forerunner of the Poll Tax). Date: 1974 Jan. 01 – 1980 Dec. 31.

(3) *Paying for Local Government*, Cmnd. 9714, 1986.

(4) AT 47/187, Description: Green Paper on 'Alternatives to Domestic Rates'(Cmnd. 8449): responses by other government departments, interested bodies and local authorities. Date: 1982 Jan. 01 – 1982 Dec. 31.

(5) *Paying for Local Government*, Cmnd. 9714, 1986: 25.

(6) *Alternatives to Domestic Rates Green Paper*, Cmnd. 8449, 1981: 74, 39.

(7) もちろん、サッチャー退陣の要因は人頭税のみに帰すことはできない。サッチャー退陣に至る経緯については、Butler, Adonis and Travers(1994)が参考になる。

(8) イギリスで起きたワットタイラーの乱(一三八一年)も、人頭税を課したことによる農民蜂起であった(Burg 2004: 128)。このときの苦い経験があり、人頭税という名称がコミュニティ・チャージへと変更された側面もある。

(9) 当時、保有期間が二年未満の株式のキャピタル・ゲインはすべて課税(キャピタル・ロスの場合は控除)され、保有期間が二年を超える株式のキャピタル・ゲインの四〇%が課税(キャピタル・ロスの場合は控除)されていた(伊集 二〇〇四:五二)。

(10) 公的社会支出への削減圧力に対して、各国はその支出規模を維持しているが、支出の構成比は大胆に変化していることが明らかになっている(稗田 二〇一一)。制度全体の総額で見れば、社会保障制度は削減圧力に屈しにくいのである。

(11) ただし、移民に対する苛烈な批判を展開する政党が、近年台頭している(古賀 二〇一三)。しかし、保守中道政党は、反移民政党とは明確に距離をとっている。

（12）現在、スウェーデンでは減税政策や税額控除の拡大が推進されている。これが、スウェーデン財政の普遍性にどこまで影響を与えるのかは未知数である(倉地・古市 二〇一四)。

第五章

（1）コルピとパルメの問題提起に対しては、現在でも論争が盛んだが、おおむね、相対的貧困率や所得格差に対しては社会保障支出の規模が重要だとされている(Kenworthy 2011, Brady and Bostic 2013)。この論争を扱った文献として福田(二〇一四)を参照されたい。

（2）現金給付の普遍性は、次のように計算している。まず、世帯が受けとる現金所得を算出し、世帯間の変動係数を計算する。変動係数の逆数が、ここで用いた「現金給付の普遍性」である(Brady and Bostic 2013)。

参考文献

相澤與一（二〇〇三）『日本社会保険の成立』山川出版社。

アタリ、ジャック（二〇一一）『国家債務危機――ソブリン・クライシスに、いかに対処すべきか？』林昌宏訳、作品社。

阿部彩（二〇〇〇）「社会保険料の逆進性が世代内所得不平等度にもたらす影響」『季刊社会保障研究』第三六巻第一号。

安藤博（一九八七ａ）『責任と限界　赤字財政の軌跡(上)――大蔵省・日銀当事者が語る政策決定の真相』金融財政事情研究会。

――（一九八七ｂ）『責任と限界　赤字財政の軌跡(下)――大蔵省・日銀当事者が語る政策決定の真相』金融財政事情研究会。

池上岳彦（二〇一二）「経済・社会・政治の危機と現代財政」『季刊経済理論』第四九巻第一号。

石弘光（一九七九）『租税政策の効果』東洋経済新報社。

――（二〇〇八）『現代税制改革史――終戦からバブル崩壊まで』東洋経済新報社。

石井加代子（二〇一一）「経済的地位と医療サービスの利用」樋口美雄・宮内環・C. R. McKenzie・慶應義塾大学パネルデータ設計・解析センター編『教育・健康と貧困のダイナミズム――所得格差に与える税社会保障制度の効果』慶應義塾大学出版会。

石橋英宣（二〇一〇）「所得課税における税収弾性値についての一考察」内閣府経済社会総合研究所監修・井堀利宏編『財政政策と社会保障』慶應義塾大学出版会。

石原周夫ほか（一九七五）「転換期に遭遇する財政——四〇〜四一年度財政と五〇〜五一年度財政」『ファイナンス』第一一巻第六号。

伊集守直（二〇〇四）「スウェーデンにおける一九九一年の税制改革」『エコノミア』第五五巻第一号。

伊集守直・古市将人（二〇一三）「スウェーデンの財政再建と予算制度改革——九六年予算法制定を中心に」井手英策編『危機と再建の比較財政史』ミネルヴァ書房。

伊田賢司（二〇一三）「法人課税の現状と課題——安倍政権下の法人税減税」『立法と調査』三四六号。

井手英策（二〇一一）「調和のとれた社会と財政——ソーシャル・キャピタル理論の財政分析への応用」井手英策・菊地登志子・半田正樹編『交響する社会——「自律と調和」の政治経済学』ナカニシヤ出版。

——（二〇一二）『財政赤字の淵源——寛容な社会の条件を考える』有斐閣。

——（二〇一三）『日本財政　転換の指針』岩波新書。

伊藤周平（二〇一二）『保険化する社会福祉と対抗構想——「改正」された障害者・高齢者の法と社会保障・税一体改革』山吹書店。

伊部英男（一九七八）『福祉国家の展望——中高年化社会・年金制度とソーシャル・ポリシー』川島書店。

岩本康志・濱秋純哉（二〇〇八）「租税・社会保障制度による再分配の構造の評価」『季刊社会保障研究』第四四巻第三号。

エスピン＝アンデルセン、イエスタ（二〇〇三）『転換期の福祉国家——グローバル経済下の適応戦略』埋橋孝文監訳、早稲田大学出版部。

——（二〇一一）『平等と効率の福祉革命——新しい女性の役割』大沢真理監訳、岩波書店。

永廣顕（二〇〇四）「医療保険と国庫負担——公的医療保険における日本的特質の形成過程」林健久・加藤榮一・金澤史男・持田信樹編『グローバル化と福祉国家財政の再編』東京大学出版会。

——（二〇一四）「土建国家形成期の社会保障」井手英策編『日本財政の現代史Ⅰ——土建国家の時代一九六〇〜八五年』有斐閣。

エリアス、ノルベルト（一九七八）『文明化の過程（下）――社会の変遷／文明化の理論のための見取図』波田節夫・羽田洋・藤平浩之訳、法政大学出版局。

大内啓伍ほか（一九八三）「税金これでいいのか！　またまた「不公平税制」だ――政治家は「不公平税制」をどう見るか」『文藝春秋』第六一巻第四号。

大岡頼光（二〇一四）『教育を家族だけに任せない――大学進学保障を保育の無償化から』勁草書房。

大蔵省財政史室編（一九九〇）『昭和財政史　昭和二七―四八年度（高度成長期）第六巻　租税』東洋経済新報社。

大蔵省主計局調査課編（一九六八）『（部内限）調査資料四二―八　業態別・地域別に見た租税負担と受益との関係（試算）』。

大河内一男（一九三八＝一九八一）「わが国における社会事業の現在及び将来」『大河内一男集　第一巻』労働旬報社。

大沢真理（二〇〇七）『現代日本の生活保障システム――座標とゆくえ』岩波書店。

――（二〇一四）『生活保障のガバナンス――ジェンダーとお金の流れで読み解く』有斐閣。

大島通義（二〇一三）『予算国家の〈危機〉――財政社会学から日本を考える』岩波書店。

大野太郎・布袋正樹・佐藤栄一郎・梅崎知恵（二〇一一）『法人税における税収変動の要因分解――法人税パラドックスの考察を踏まえて』PRI Discussion Paper Series, No. 11A-09.

大野裕之（二〇一二）「所得税の重税感――「日本版総合的社会調査」個票データによる諸要因の分析」『経済研究』第六三巻第三号。

大野吉輝（一九八四）「成熟社会における社会福祉の自己負担」『季刊社会保障研究』第二〇巻第一号。

大畑文七（一九六五）「資本主義国家と財政制度の発展」島恭彦・林栄夫編『財政学講座1　財政学原理』有斐閣。

大山典宏（二〇一三）『生活保護ＶＳ子どもの貧困』ＰＨＰ研究所。

岡部耕典（二〇〇八）「障害者自立支援法における「応益負担」についての考察」『季刊社会保障研究』第四四巻第二号。

小塩隆士（二〇一〇）『再分配の厚生分析――公平と効率を問う』日本評論社。

――（二〇一二a）『効率と公平を問う』日本評論社。

――（二〇一二b）「税・社会保障と格差社会」宇沢弘文・橘木俊詔・内山勝久編『格差社会を越えて』東京大学出版会。

――（二〇一四）『持続可能な社会保障へ』NTT出版。

尾高邦雄（一九八四）『日本的経営――その神話と現実』中公新書。

海妻径子（二〇一二）「「男性稼ぎ主」幻想とホモソーシャルの形成」『現代思想』第四〇巻第一五号。

加藤淳子（一九九七）『税制改革と官僚制』東京大学出版会。

金澤史男（二〇一〇）『福祉国家と政府間関係』日本経済評論社。

金子勝・神野直彦（二〇一二）『失われた三〇年――逆転への最後の提言』NHK出版。

北村裕明（一九九八）『現代イギリス地方税改革論』日本経済評論社。

木村佳弘（二〇一四）「自公連立政権下の財政運営――「構造改革期」からその「転換」まで」小西砂千夫編『日本財政の現代史Ⅲ――構造改革とその行き詰まり　二〇〇一年～』有斐閣。

京極高宣（一九七九＝二〇〇三）「社会福祉サービスの〝受益者負担〟をめぐる問題構造」『京極高宣著作集三　福祉計画』中央法規出版。

――（一九八〇＝二〇〇三）「和魂洋才――日本型福祉社会論を批判する」『京極高宣著作集三　福祉計画』中央法規出版。

キンケイド、J・C（一九八七）『イギリスにおける貧困と平等――社会保障と税制の研究』圓光彌訳、光生館。

熊沢誠（二〇〇七）『格差社会ニッポンで働くということ――雇用と労働のゆくえをみつめて』岩波書店。

倉地真太郎・古市将人（二〇一四）「北欧諸国の財政運営――デンマークとスウェーデンを中心に」小西砂千夫編『日本財政の現代史Ⅲ――構造改革とその行き詰まり　二〇〇一年〜』有斐閣。

健康保険組合連合会（一九六〇）『健康保険組合連合会創立十五周年記念史』健康保険組合連合会。

厚生省編（一九七五）『昭和五〇年版厚生白書――これからの社会保障』大蔵省印刷局。

厚生団（一九七四）『財団法人厚生団三十年史』厚生団。

古賀光生（二〇一三）「戦略、組織、動員(一)〜(四)」『国家学会雑誌』第一二六巻五／六号〜一一／一二号。

国立社会保障・人口問題研究所（二〇一三）『日本の世帯数の将来推計(全国推計)――二〇一〇(平成二二)年〜二〇三五(平成四七)年』。

後藤道夫・布川日佐史・福祉国家構想研究会編（二〇一三）『失業・半失業者が暮らせる制度の構築――雇用崩壊からの脱却』大月書店。

ゴードン、デイヴィッドほか（二〇一二）「パネル・ディスカッション　社会的包摂　政策の成功と失敗――イギリスの経験、日本の希望」『季刊社会保障研究』第四八巻第一号。

小西砂千夫（一九九七ａ）『日本の税制改革――最適課税論によるアプローチ』有斐閣。

――（一九九七ｂ）「日本の租税意識と税制改革」『産研論集』関西学院大学、第二四号。

小林仁（二〇〇七）「社会保障予算――予算の削減手法に格差の固定化と貧困の増大を招くおそれ」『生活経済政策』一二一号。

小山路男編（一九八五）『戦後医療保障の証言』総合労働研究所。

今野晴貴（二〇一二）『ブラック企業――日本を食いつぶす妖怪』文春新書。

――（二〇一三）『生活保護――知られざる恐怖の現場』ちくま新書。

財政制度審議会（一九六五ａ）『財政制度審議会資料集』。

――（一九六五ｂ）『財政制度審議会　第一回総会議事速記録』。

――（一九六五ｃ）『財政制度審議会　第一回第一小委員会議事速記録』。

――――（一九六五d）『財政制度審議会　第一回第二小委員会議事速記録』。

――――（一九六五e）『財政制度審議会　第二回第二小委員会議事速記録』。

――――（一九六七a）『財政制度審議会資料集』。

――――（一九六七b）『財政制度審議会　第一回研究懇談会議事速記録』。

――――（一九六七c）『財政制度審議会　第二回研究懇談会議事速記録』。

――――（一九六八a）『財政制度審議会資料集』。

――――（一九六八b）『財政制度審議会　第二特別部会昭和四三年度第一回議事速記録』。

――――（一九六八c）『財政制度審議会　第二特別部会昭和四三年度第二回議事速記録』。

――――（一九六八d）『財政制度審議会　第二特別部会昭和四三年度第三回議事速記録』。

――――（一九六八e）『財政制度審議会　第二特別部会昭和四三年度第四回議事速記録』。

――――（一九七五）『財政制度審議会中間報告　安定成長下の財政運営に関する中間報告』。

――――（一九七七）『昭和五二年度予算編成の建議』。

財政制度等審議会　（二〇一三）『平成二六年度予算の編成等に関する建議』。

――――（二〇一四）『財政健全化に向けた基本的考え方』。

斉藤弥生　（二〇一四）『スウェーデンにみる高齢者介護の供給と編成』大阪大学出版会。

齊藤由里恵・上村敏之　（二〇一一）「間接税の所得階級別負担」『会計検査研究』第四四号。

財務省財務総合政策研究所財政史室編　（二〇〇三a）『昭和財政史　昭和四九―六三年度第四巻　租税』東洋経済新報社。

――――編　（二〇〇三b）『昭和財政史　昭和四九―六三年度第九巻　資料（二）租税・国債』東洋経済新報社。

佐藤滋　（二〇一三a）「ニューレイバーの「新しい」福祉国家路線とウィンドホール・タックス」井手英策編『危機と再建の比較財政史』ミネルヴァ書房。

――――（二〇一三b）「再分配を拒否するイギリス――毀損する社会保障への信頼、進展する社会分断」

『生活経済政策』二〇〇号。

――（二〇一四）「政権交代以後の財政運営――その連続と断絶」小西砂千夫編『日本財政の現代史Ⅲ――構造改革とその行き詰まり　二〇〇一年～』有斐閣。

七人委員会編（一九五五）『七人委員会の報告』厚生省。

篠田剛（二〇一四）「付加価値税の導入過程と逆説的性格」諸富徹編『日本財政の現代史Ⅱ――バブルとその崩壊　一九八六～二〇〇〇年』有斐閣。

島恭彦（一九三八＝一九八二）「近世租税思想史」『島恭彦著作集第一巻　財政思想史』有斐閣。

清水謙（二〇一一）「スウェーデンの二〇〇六年議会選挙再考――スウェーデン民主党の躍進と二〇一〇年選挙分析への指標」『ヨーロッパ研究』第一〇号。

社会保障研究所編（一九七五）『日本社会保障資料Ⅱ』至誠堂。

社会保障制度改革国民会議（二〇一三）『社会保障制度改革国民会議報告書――確かな社会保障を将来世代に伝えるための道筋』。

社会保障制度審議会（一九六二）『社会保障制度の総合調整に関する基本方策についての答申および社会保障制度の推進に関する勧告』。

社会保障制度審議会事務局編（二〇〇〇）『社会保障の展開と将来――社会保障制度審議会五十年の歴史』法研。

社会保障の在り方に関する懇談会（二〇〇六）『今後の社会保障の在り方について（たたき台）（未定稿）』。

自由民主党（一九七九）『日本型福祉社会』自由民主党広報委員会出版局。

シュメルダース、ギュンター（一九六七）『租税の一般理論』中村英雄訳、中央大学出版部。

――（一九八一）『財政政策　第三版』山口忠夫・中村英雄・里中恒志・平井源治訳、中央大学出版部。

シュンペーター、ジョセフ（一九八三）『租税国家の危機』木村元一・小谷義次訳、岩波文庫。

障害者自立支援法違憲訴訟弁護団編（二〇一一）『障害者自立支援法違憲訴訟――立ち上がった当事者たち』

生活書院。

障害者福祉研究会編（二〇〇七）『逐条解説　障害者自立支援法』中央法規出版。

証券税制研究会編（二〇〇四）『二元的所得税の論点と課題』日本証券経済研究所。

神野直彦（二〇一〇）『「分かち合い」の経済学』岩波新書。

――（二〇一三）『税金 常識のウソ』文春新書。

神野直彦・井手英策編（二〇〇六）『希望の構想――分権・社会保障・財政改革のトータルプラン』岩波書店。

鈴木健司（二〇一二）「所得税の所得階層別にみたイロージョンの計測」『日本福祉大学経済論集』第四五号。

鈴木善充（二〇一二）「給与所得課税のシミュレーション分析」『生駒経済論叢』第一〇巻第二号。

税制調査会編（一九九五）『平成七年度の税制改正に関する答申』大蔵省印刷局。

税制調査会専門家委員会（二〇一〇a）『二〇一〇年度第八回専門家委員会会議資料（個人所得課税一）』平成二二年一〇月一九日(http://www.cao.go.jp/zei-cho/history/2009-2012/gijiroku/senmon/2010/_icsFiles/afieldfile/2010/11/19/sen8kai1.pdf)。

――（二〇一〇b）『二〇一〇年度第一一回専門家委員会会議資料（法人課税）』平成二二年一一月八日(http://www.cao.go.jp/zei-cho/history/2009-2012/gijiroku/senmon/2010/_icsFiles/afieldfile/2010/11/19/sen11kai1.pdf)。

政府・与党社会保障改革検討本部（二〇一一）『社会保障・税一体改革成案』。

――（二〇一二）『社会保障・税一体改革大綱』。

税務経理協会編（一九八六）『税制の抜本改革――税制調査会第二・第三特別部会中間報告・関係資料集』税務経理協会。

関口智（二〇〇八）「日本の所得税・最適課税論・スウェーデンの二元的所得税――勤労所得と資本所得の視点」『税研』一四〇号。

――（二〇一二）「グローバル経済下の法人税制――日本の法人税とEUにおける法人税のパラドック

ス」神野直彦・星野泉・町田俊彦・中村良広・関口智『よくわかる社会保障と税制改革――福祉の充実に向けた税制の課題と方向』イマジン出版。

関野満夫（二〇一一）「福祉国家と所得再分配――「再分配のパラドックス」を手がかりに」『経済学論纂』第五一巻第一・二合併号。

全国社会福祉協議会編（一九七六）『社会福祉関係資料集　これからの社会福祉施策』全国社会福祉協議会。

総務省（二〇一三a）『平成二二年国勢調査』。

――（二〇一三b）『労働力調査（基本集計）平成二五年（二〇一三年）平均（速報）結果』。

総理府広報室（一九八六）『月刊世論調査　税金』大蔵省印刷局。

総理府社会保障制度審議会事務局編（一九六一）『社會保障制度審議會十年の歩み』社会保険法規研究会。

――監修（一九八〇）『社會保障制度審議會三十年の歩み』社会保険法規研究会。

――監修（一九九〇）『社會保障制度審議會四十年の歩み』社会保険法規研究会。

醍醐聰（二〇一二）『消費増税の大罪――会計学者が明かす財源の代案』柏書房。

高橋長太郎（一九六六）「社会保障の財源」『季刊社会保障研究』第一巻第四号。

高端正幸（二〇一二）『復興と日本財政の針路』岩波書店。

高端正幸・伊集守直・佐藤滋（二〇一一）『保育サービスを中心とする子育て支援政策の国際比較行財政論――スウェーデン、イギリスの実態と日本の改革論議への示唆』全国勤労者福祉・共済振興協会公募研究シリーズ20。

武川正吾（二〇〇七）『連帯と承認――グローバル化と個人化のなかの福祉国家』東京大学出版会。

――（二〇一二a）『福祉社会学の想像力』弘文堂。

――（二〇一二b）「二〇〇〇年代の社会意識の変化――ネオリベラリズムか福祉国家か」武川正吾・白波瀬佐和子編『格差社会の福祉と意識』東京大学出版会。

田中聡一郎・四方理人・駒村康平（二〇一三）「高齢者の税・社会保障負担の分析――『全国消費実態調査』

の個票データを用いて」『フィナンシャル・レビュー』通巻第一一五号。

田中秀明（二〇一〇）「税・社会保険料の負担と社会保障給付の構造──税制と社会保障制度の一体改革に向けて」『一橋大学経済研究所世代間問題研究機構 ディスカッション・ペーパー』四八一号。

谷村裕（一九八八）『私抄大蔵省史話』資本市場研究会。

内閣府（二〇〇九）『平成二一年度 年次経済財政報告（経済財政政策担当大臣報告）──危機の克服と持続的回復への展望』。

──（二〇一一）『社会保障・税一体改革の論点に関する研究報告書』。

──（二〇一三）『平成二五年版 自殺対策白書』。

中桐宏文（一九七五）「受益者負担」大川政三編『財政論──理論・制度・政策の総合』有斐閣。

中山正次（一九九八a）「「福祉元年」とその後、財政再建の時代へ──財政主導の社会保障政策へと転換」『総合社会保障』第三六巻第八号。

──（一九九八b）「「増税なき財政再建」が切り拓いた患者負担引上げの理論」『総合社会保障』第三六巻第九号。

二木立（二〇〇七）『医療改革──危機から希望へ』勁草書房。

二宮厚美（一九九〇）「公共財の経済学的検討」室井力・原野翹・福家俊朗・浜川清編『現代国家の公共性分析』日本評論社。

仁平典宏（二〇一二）「社会保障──ネオリベラル化と普遍主義化のはざまで」小熊英二編『平成史』河出書房新社。

野村亜希子（二〇〇八）「日常生活を通じて得られる情報が政治的意思決定に与える影響──JGSS-二〇〇一データの分析から」『JGSSで見た日本人の意識と行動 日本版 General Social Surveys 研究論文集』七集。

野村容康（二〇一三）「なぜ日本は増税できなかったのか──戦後租税政策の形成過程」井手英策編『危機と

再建の比較財政史』ミネルヴァ書房。

野村正實（一九九八）『雇用不安』岩波新書。

橋本恭之（二〇〇九）「所得税の累進度に関する研究」『関西大学経済論集』第五九巻第一号。

――（二〇一二）「法人税の改革について」『会計検査研究』第四五号。

橋本健二（二〇〇九）『「格差」の戦後史――階級社会　日本の履歴書』河出書房新社。

パーソナルサポートセンター（二〇一二）『仙台市内の仮設住宅入居世帯の被災一年後の状態と将来像』。

埴淵知哉（二〇一〇）「医療と健康の格差――ＪＧＳＳ－二〇〇八に基づく医療アクセスの分析」『日本版General Social Surveys研究論文集』一〇集。

馬場義久（二〇〇四）「スウェーデンの二元的所得税――その到達点と日本への教訓」日本証券経済研究所編『二元的所得税の論点と課題』日本証券経済研究所。

――（二〇一三）「スウェーデンの消費税――軽減税率の実際」『税研』一六九号。

濱口桂一郎（二〇〇九）『新しい労働社会――雇用システムの再構築へ』岩波新書。

林健久（一九七五）「健全財政主義――成立・展開・崩壊」東京大学社会科学研究所編『戦後改革八　改革後の日本経済』東京大学出版会。

林正寿（二〇〇八）『租税論――税制構築と改革のための視点』有斐閣。

林義郎（一九八四）『厚生行政と私』現代経済研究会。

原清一（二〇〇七）「介護保険制度の導入をめぐる政治過程」『志學館法学』第八号。

稗田健志（二〇一一）「福祉国家の危機と持続性――「福祉国家の従属変数問題」を通して考える」井手英策・菊地登志子・半田正樹編『交響する社会――「自律と調和」の政治経済学』ナカニシヤ出版。

平井源治（一九九八）『納税者と有権者の経済心理――財政心理学研究』八千代出版。

平野正樹（二〇〇六）「『家計調査』からみた税制改革の視点」『岡山大学経済学会雑誌』第三八巻第三号。

福田直人（二〇一四）「「普遍主義」と「選別主義」――国民の合意を引き出す福祉の条件について」『生活経

済政策』二一〇号。

福家俊朗（一九九四）「受益者負担の論理と法的位相――財政法学方法論覚書」『名古屋大學法政論集』第一五二巻。

――（二〇〇四）「財政の公共性と税制改革――租税の法理の軽視と受益者負担の強化が意味するもの」『経済』一〇六号。

藤井誠人（一九八六）「あなたの税金は働いている――受益と負担の関係を考える（その二）」『ファイナンス』第二二巻第三号。

藤澤三宝子（二〇〇八）「日本の低所得と生活保護制度――ＪＧＳＳデータによる社会扶助受給決定要因分析を通して」『ＪＧＳＳで見た日本人の意識と行動　日本版 General Social Surveys 研究論文集』七集。

藤田晴（一九七二）『日本財政論』勁草書房。

藤森克彦（二〇一〇）『単身急増社会の衝撃』日本経済新聞出版社。

ブラウンリー、エリオット（二〇一〇）「現代の財政危機、そして理想的な税制の追求」井手英策訳『世界』第八〇四号。

古市将人（二〇一四ａ）「社会保障政策の展開過程――社会保障の機能強化と負担拡大の正当化論」小西砂千夫編『日本財政の現代史Ⅲ――構造改革とその行き詰まり　二〇〇一年〜』有斐閣。

――（二〇一四ｂ）「スウェーデンの財政構造にみる普遍主義」『生活経済政策』二一〇号。

細川護熙（二〇一〇）『内訟録――細川護熙総理大臣日記』日本経済新聞出版社。

堀勝洋（一九八一）「日本型福祉社会論」『季刊社会保障研究』第一七巻第一号。

堀江孝司（二〇〇一）「福祉国家類型論と女性の就労」『大原社会問題研究所雑誌』第五〇九号。

増田雅暢（二〇〇三）『介護保険見直しの争点――政策過程からみえる今後の課題』法律文化社。

松井吉三（一九八四）「戦後日本の税制の所得再分配効果」『愛知論叢』第三五・三六合併号。

――（二〇〇四）「所得階級別租税負担　一九八〇―二〇〇一」『愛知大学経済論集』第一六六号。

松田有加（二〇〇五）「二元的所得税における税負担の累進性――スウェーデンを素材として」日本租税理論学会編『資本所得課税の総合的検討』法律文化社。

――（二〇〇九）「二元的所得税における再分配機能の変動分析――スウェーデンを素材として」諸富徹編『グローバル時代の税制改革――公平性と財源確保の相克』ミネルヴァ書房。

三浦文夫（一九七七）「社会福祉における受益者負担――保育料を中心として」『季刊社会保障研究』第一二巻第四号。

宮島洋（一九八六）『租税論の展開と日本の税制』日本評論社。

宮本太郎（二〇〇八）『福祉政治――日本の生活保障とデモクラシー』有斐閣。

宮本太郎・イト・ペング・埋橋孝文（二〇〇三）「日本型福祉国家の位置と動態」G・エスピン＝アンデルセン『転換期の福祉国家――グローバル経済下の適応戦略』早稲田大学出版部。

村上慎司（二〇〇九）「所得税の累進税率変更試算」立岩真也・村上慎司・橋口昌治『税を直す』青土社。

村松怜（二〇一一）「占領期日本における税務行政と所得税減税――戦後減税政策の開始」『三田学会雑誌』第一〇四巻第二号。

望月正光（二〇〇四）「租税負担率のマクロ推計」『関東学院大学経済経営研究所年報』第二六集。

望月正光・野村容康・深江敬志（二〇一〇）『所得税の実証分析――基幹税の再生を目指して』日本経済評論社。

八巻節夫（二〇一三）「適正負担原則の現実と課題」『経済論集』東洋大学経済研究会、第三八巻第二号。

山本克也（二〇一三）「二〇二五年の医療・介護費用試算と高齢者世帯の家計」西村周三監修、国立社会保障・人口問題研究所編『地域包括ケアシステム――「住み慣れた地域で老いる」社会をめざして』慶應義塾大学出版会。

横山寛和（二〇一四）「セーフティネットの動揺と社会保障改革――公的年金、医療保険を中心に」小西砂千夫編『日本財政の現代史Ⅲ――構造改革とその行き詰まり　二〇〇一年～』有斐閣。

吉岡成子（二〇〇九）「安定財源なき基礎年金国庫負担割合引上げと社会保障関係予算」『生活経済政策』一四五号。

吉田真理子（二〇一一）「わが国の個人所得課税における税制の現状と問題点——租税負担の公平の観点から」『国学院商学』第二〇号。

吉原健二・和田勝（一九九九）『日本医療保険制度史』東洋経済新報社。

吉村仁（一九七八a）「医療保険改革の憂鬱な選択(上)——保険官僚の憂愁」『健康保険』第三二巻第八号。

——（一九七八b）「医療保険改革の憂鬱な選択(中)——保険官僚の憂愁」『健康保険』第三二巻第九号。

——（一九七八c）「医療保険改革の憂鬱な選択(下)——保険官僚の憂愁」『健康保険』第三二巻第一〇号。

和田八束（一九七二）『現代日本の国家財政』日本評論社。

渡辺寛人・佐藤滋（二〇一四）「〈被災〉の現状が突きつける社会保障制度の限界——仙台市における生活実態調査から」『世界』第八五八号。

Aizenman, Joshua and Yothin Jinjarak(2012), “Income Inequality, Tax Base and Sovereign Spreads”, *FinanzArchiv*, Vol. 68, No. 4, 431–444.
Bank of England(2013), *Financial Stability Report*.
——(2014), *Inflation Report*.
Belfield, C., J. Cribb and R. Joyce(2014), *Living Standards, Poverty and Inequality and Inequality in the UK*, Institute for Fiscal Studies.
Brady, David and Amie Bostic(2013), “Paradoxes Lost and Found: The Dimensions of Social Welfare Transfers, Relative Poverty and Redistribution Preferences”. http://federation.ens.fr/ydepot/semin/texte1314/BRA2014PAR.pdf

Breunig, Christian and Marius R. Busemeyer(2012), "Fiscal austerity and the trade-off between public investment and social spending", *Journal of European Public Policy*, Vol. 19, No. 6.

Burg, David F.(2004), *A world history of tax rebellions*, Routledge.

Burns, Danny(1992), *Poll tax rebellion*, Attack International.

Butler, David, Andrew Adonis and Tony Travers(1994), *Failure in British Government: The Politics of The Poll Tax*, Oxford University Press.

Clausing, Kimberly A.(2013), "Who Pays the Corporate Tax in a Global Economy? ", *National Tax Journal*, Vol. 66, No. 1.

Crouch, Colin(2009), "Privatised Keynesianism: An Unacknowledged Policy Regime", *The British Journal of Politics & International Relations*, Vol. 11, No. 3.

De Mooij, R. and G. Nicodème(2006), "Corporate Tax Policy, Entrepreneurship and Incorporation in the EU", CESifo Economic Studies, 1883.

Esping-Andersen, Gøsta(1985), *Politics against Markets: The Social Democratic Road to Power*, Princeton: Princeton University Press.

Goldscheid, Rudolf(1925), "A Sociological Approach to Problems of Public Finance", in *Classics in the theory of public finance*, 1967, eds. Musgrave, R. and A. Peacock, Macmillan.

Green-Pedersen, Christoffer(1999), "The Danish welfare state under bourgeois reign: the dilemma of popular entrenchment and economic constraints", *Scandinavian political studies*, Vol. 22, No. 3.

Hadenius, Axel(1986), *A crisis of the welfare state?: opinions about taxes and public expenditure in Sweden*, Almqvist & Wiksell International.

Hibbs, Douglas A. and Henrik Jess Madsen(1981), "Public reactions to the growth of taxation and government expenditure", *World Politics*, Vol. 33, Issue 3.

ILO(2010), *World Social Security Report: Providing coverage in times of crisis and beyond.*

HM Treasury(2010), *Spending review 2010.*

ISSP Research Group(2008), *International Social Survey Programme: Role of Government IV-ISSP 2006. GESIS Data Archive, Cologne. ZA4700 Data file Version 1.0.0.*

Jordan, Jason(2013), "Policy feedback and support for the welfare state", *Journal of European Social Policy*, Vol. 23, No. 2.

Kato, Junko(2003), *Regressive Taxation and the Welfare State: Path Dependence and Policy Diffusion*, Cambridge University Press.

Kenworthy, Lane(2011), *Progress for the Poor*, Oxford University Press.

———(2014), *Social Democratic America*, Oxford University Press.

Korpi, Barbara Martin(2006), *Förskolan i Politiken: om intentioner och besult bacom den svenska förskolans framväxt*, Stockholm: Utbildnings-och kulturdepartmentet.(『政治のなかの保育——スウェーデンの保育制度はこうしてつくられた』太田美幸訳、かもがわ出版、二〇一〇年)

Korpi, Walter and Joakim Palme(1998), "The paradox of redistribution and strategies of equality: Welfare state institutions, inequality, and poverty in the Western countries", *American Sociological Review*, Vol. 63, No. 5.

Kumlin, Staffan(2004), *The personal and the political: How personal welfare state experiences affect political trust and ideology*, Palgrave Macmillan.

Larsen, Christian Albrekt(2013), *The Rise and Fall of Social Cohesion: The Construction and De-construction of Social Trust in the US, UK, Sweden and Denmark*, Oxford University Press.

Lindbom, Anders(2007), "Obfuscating retrenchment: Swedish welfare policy in the 1990s", *Journal of Public Policy*, Vol. 27, No. 02.

———(2010), "Moderaterna och välfärdsstaten", *Statsvetenskaplig tidskrift*, årg. 112, nr 2.

LIS, *Luxembourg Income Study Database(LIS)*, www.lisdatacenter.org(Japan; 25. 8. 2014).

———*LIS Inequality and Poverty Key Figures*, http://www.lisdatacenter.org(accessed on 21. 06. 2014).

Martin, Isaac William(2008), *The permanent tax revolt: How the property tax transformed American politics*, Stanford University Press.

Martin, Isaac William and Nadav Gabay(2013), "Fiscal protest in thirteen welfare states", *Socio-Economic Review*, Vol. 11, Issue 1.

OECD(2005), *Pensions at a Glance, Public policies across OECD countries.*

———(2008), *Growing Unequal ? Income distribution and poverty in OECD countries.*

———(2009), *Employment Outlook 2009: Tackling the Jobs Crisis. Is Work the Best Antidote to Poverty?*

———(2011a), *Society at a Glance 2011: OECD Social Indicators*, OECD Publishing.

———(2011b), *Government at a Glance 2011*, OECD Publishing.

———(2012), *Gender Equality in Education, Employment and Entrepreneurship: Final Report to the MCM.*

———(2013a), *Pensions at a Glance, OECD and G20 Indicators.*

———(2013b), *Government at a Glance 2013*, OECD Publishing.

Rothstein, Bo(2001), "The universal welfare state as a social dilemma", *Rationality and society*, 13(2), 213–233.

———(2011), *The quality of government: Corruption, social trust, and inequality in international perspective*, University of Chicago Press.

Rothstein, Bo and Eric M. Uslaner(2005), "All for all: Equality, corruption, and social trust", *World politics*, Vol. 58, Issue 01.

Schwarz, Brita, and Björn Gustafsson(1991), "Income redistribution effects of tax reforms in Sweden", *Journal of Policy Modeling*, Vol. 13, Issue 4.

Shehab, Fakhri(1953), *Progressive taxation: a study in the development of the progressive principle in the British income tax*, Clarendon Press.

Skatteverket(2011), *Skatter i Sverige Skattestatistisk Årsbok 2011.*

————(2012), *Skatter i Sverige -Skattestatistisk Årsbok 2012.*

Skolverket(2003), *Uppföljning av reformen maxtaxa, allmän förskola m. mm 2003.*

Sørensen, Peter Birch(2010), *Swedish tax policy: Recent trends and future challenges*. Finansdepartementet, Regeringskansliet.

SOU, Statens offentliga utredningar(2005), *Enhetlig eller differentierad mervärdesskatt?*, SOU2005: 57.

Svallfors, Stefan(2011), "A bedrock of support? Trends in welfare state attitudes in Sweden, 1981–2010", *Social Policy & Administration*, Vol. 45, Issue 7.

Vogel, Joachim(1970), *Aspirationer, möjligheter och skattemoral: en rättssociologisk undersökning av deklaranter*, Statens offentliga utredningar 1970: 25, Stockholm.

Wilson, Shaun(2006), "Not my taxes! Explaining tax resistance and its implications for Australia's welfare state", *Australian Journal of Political Science*, Vol. 41, Issue 4.

Wilson, Shaun, Ben Spies-Butcher and Adam Stebbing(2009), "Targets and taxes: Explaining the welfare orientations of the Australian Public", *Social Policy & Administration*, Vol. 43, Issue 5.

Yamamura, Eiji(2014), "Trust in government and its effect on preferences for income redistribution and perceived tax burden", *Economics of Governance*, Vol. 15, Issue 1.

〔二次分析〕に当たり、東京大学社会科学研究所附属社会調査・データアーカイブ研究センターＳＳＪデータアーカイブから〔「日本版 General Social Surveys〈JGSS-2010〉」（大阪商業大学ＪＧＳＳ研究センター）〕の個票データの提供を受けた。

日本版 General Social Surveys（ＪＧＳＳ）は、大阪商業大学ＪＧＳＳ研究センター（文部科学大臣認定日本版総合的社会調査共同研究拠点）が、東京大学社会科学研究所の協力を受けて実施している研究プロジェクトである。本データは第三章（古市将人執筆）に用いた。データの利用申請、データの入手・分析を実際に担当したのは古市であり、本書の共著者である佐藤滋は個票データに触れていない。

あとがき

日本は、世界で最も租税負担が小さいグループに入るにもかかわらず、租税抵抗が強い国である。こうした強い租税抵抗を回避するために、何度となく減税政策が繰り返され、その結果、債務は際限なく膨らんでいった。もちろん、財政赤字が容認できない水準にまでなれば、財政再建必須との声が強まってくる。この場合、歳出のうち最大の割合を占める社会保障費がそのターゲットとなる。ただし、社会保障を削れば、当然、財政への信頼は毀損し、租税抵抗はさらに強まっていく。そうしたところに課されるのが、受益者負担である。リスクは〈私〉化され、負担に耐えられないものが続出し、格差と貧困が社会の隅々にまで拡がっていくことになる。

本書では、なぜゆえ日本財政がこうした状況に陥ったのかを理論・歴史・国際比較の観点から論じ、人々の生命と尊厳を守るためには財政がどうあるべきかを論じてきた。ここで、読者の便宜のために、各章の主要なメッセージをまとめておこう。

第一章ではまず、強い租税抵抗が低い租税負担のもとで生じている点が日本財政の極めて重要な特徴であること、そしてそのために未曽有の水準の財政赤字が形成されたことを指摘した。「税外収入依存型予算」の形成も、その一つのあらわれである。このことに関連して、社会保障制度は、現役世代から高齢世代への所得再分配が中心となる保険主義的な構造をとっている。そのため、日本は、社会保障制度があることによってかえって生活困窮の度を強めてしまう唯一の国となっている。家族と雇用が急速に崩壊する現実がある以上、一刻も早く社会保障制度を再構築していく必要がある。

第二章では、「租税抵抗」が生じるそもそもの理由を、近代財政の起源にまで遡り明らかにした。無産性を特質とする租税国家においては、租税徴収の根拠として必ず「公共性」が提示されなければならない。人々の同意がなければ信頼に基づく強靭な税制など構築できるはずはないからだ。他方、租税抵抗を回避するために行われるのが、保険料や窓口負担といった受益者負担の引き上げである。本章では、日本において受益者負担がどのように定式化されてきたのかを、医療保険財政に焦点を当てつつ明らかにした。問題は、「仕切られた社会保障」を前提にした「負担の公平」論にある。社会保障からの受益が乏しいところに基準を合わせ、「公平の確保」を建前に「手厚い」保障を削減していくというのが、日本特有の負担配分の論理なのである。こうした受益者負担導入の論理は現在、介護、障害者福祉、難病対策へと次々と浸透していっている。

第三章では、租税抵抗を回避するために行われた所得税の減税政策によって、日本の租税構造が財源調達力と再分配機能を喪失していく過程を明らかにした。その上で、利用者負担が人々に課す負担の規模を、各種の報告書や先行研究に拠りつつ検討した。また、消費税負担が母子世帯等に過重な負担を課す可能性があることを示した。最新のデータを用いて、社会保障支出の受益感と痛税感の関係も示している。最後に、所得税を再建するための案として、資本所得の総合課税化と累進税率表改正に関する簡単なシミュレーションを実行し、その増収幅を示した。

第四章では、イギリスとスウェーデンを中心に、租税抵抗の国際比較分析を行った。租税抵抗を経験したのは、日本ただ一国のみではない。他国の租税抵抗への取り組みは、日本の財政問題を考えるためにも非常に有益だと考えられる。イギリスでは、租税抵抗を回避するために導入された人頭税がかえって大規模な租税反乱を引き起こしたこと、また、「新しい福祉国家」の構築を意図したニューレイバーが、増税を封印したために経済成長を「前提」に組み込んだ非常に脆弱な政策体系を構築せざるを得なかったことをみた。ワークフェアの財源としては民営化された公営企業に課される「一回限り」の臨時増税＝ウィンドホール・タックスが導入され、その後は経済成長からもたらされる自然増収によって財源が捻出できるものと考えられたのである。しかし、ニューレイバーの試みは、金融危機とともに潰え、保守党の財政再建路線に道をゆずることになる。租税抵抗を安易な形で回避した結果、強靭な税・社会保障制度を作ることができなかったものといえる。

一方、スウェーデンはイギリスとは非常に異なる道を辿ることになった。スウェーデンは地方政府が供給する公共サービスによって、人々の租税抵抗を緩和していた。しかし、所得税の水平的公平性の毀損が、租税への信頼を失わせるようになった。そこで、税制改革によって、高所得者の租税回避を防止する所得税を構築したのである。その際、所得税の改革と併せて現金給付の拡充を実現した。また、就労する親のための制度であった保育サービスを、すべての子供が利用できる普遍的な制度へと転換した。租税抵抗を克服するために、租税構造の改革と社会保障制度の普遍化を実現したのである。近年では、普遍的な社会保障制度に対する階層横断的な支持が生まれている。

第五章では、普遍主義的な財政制度の必要性を論じた。低所得者を「選別」して公共サービスを供給することは、所得格差の是正の観点からは一見合理的なようにみえる。しかし、「選別」に伴うスティグマや、制度利用者へと向けられる心無いバッシングが生み出す支出削減圧力などによって、支援を真に必要とする人々が制度から排除されてしまうことが往々にしてある。本章では、「再分配のパラドックス」論に言及しつつ、選別主義的な制度に対して、すべての人を社会保障制度へと包摂する普遍主義的な制度の優位性を論じた。一方、租税制度は、普遍主義的な社会保障制度を支えるものへと転換されなければならない。これまで日本が行ってきたように、租税抵抗を避けるというただそれだけの理由で所得税を壊し、消費税と受益者負担を次々と増大させていく道は避けねばならない。普遍主義的な社会保障制度を構築することによって租税制度への合意と信頼を生むこと。これらは表裏一体で行っていく必要があるのである。

＊

さて、拙い著作であるとはいえ、本書をまとめるにあたっては本当に多くの方々のお世話になっている。

まず、われわれが学部学生の頃よりご指導いただいている井手英策先生に感謝の言葉を申し上げたい。いまこうして研究を進めていられるのも、井手先生のお力添えなくしてはありえない。現実を批判的に捉え、社会をよりよきものへと変える情熱を持つこと。そして、人に対しては優しい眼差しを持ち、歓待すること。先生に与えられた無数の学恩を前にしてここで言えることはあまりにも少ないが、知性とはこのような感性に裏付けられたものでなければならないことを、われわれは教えていただいたように思う。井手ゼミナールでの厳しく、激しい議論のやり取りのあと、ご家族が待つご自宅へと暖かく迎えてくださったことなど、それらすべてが、われわれの学問を形づくっている。

大島通義先生にも御礼を申し上げたい。かなり年下の院生であった私（佐藤）が研究会の共催を不躾にも申し入れた際、先生は快くお引き受けくださった。記録によれば、開催は二〇〇五年からとあるから、もう一〇年近くご指導いただいていることになる。本書は、この研究会での議論や、先生が二〇一三年に刊行された『予算国家の〈危機〉——財政社会学から日本を考える』（岩波書店）がなければ存在しえないものである。そこで示された予算国家の正当性・公共性という論点は、本書で租税抵抗論を展開するにあたってなければならないものであった。先生のご健康と今後のご活躍を心からお祈り申し上げる。

神野直彦先生と金子勝先生にも感謝申し上げたい。神野先生にはわれわれが大学院生のときよりご指導いただいている。それ以来、神野先生からは現実と格闘するうえで、財政学がいかに魅力的なものかを教えていただいている。学問が極端に細分化され、時代を説明する力を決定的に失っていくなかにあって、諸社会科学を自由に横断する神野先生の学問は、導きの糸であり続けている。一方、金子先生からは、現実への嗅覚を数多くのフィールドワークを実践するなかで養っていく必要があること、そうして磨かれた感性によって既成理論を疑い、自らの学問を形成していく必要があることを教えていただいている。

そして、われわれが横浜国立大学大学院に在籍しているときに、亡くなられた金澤史男先生には大変お世話になった。金澤先生にその頃に頂いた一言一言が、本書を進めるにあたってなくてはならないものとなった。ご冥福をお祈りしたい。

さらに、ネットワーク二〇〇〇研究会に集まった先生方、先輩・後輩諸氏とのたび重なる研究会での議論のおかげで、本書を書くことができた。ここに記して感謝したい。

最後になったが、岩波書店の小田野耕明氏から丁寧なコメントを頂くことができた。小田野氏のコメントがなければ、本書はこのような形で誕生することはなかった。心から御礼申しあげる。

二〇一四年九月

佐藤　滋
古市将人

佐藤　滋
1981 年生まれ．横浜国立大学大学院修了．博士（経済学）．現在，東北学院大学経済学部共生社会経済学科准教授．専門は財政学・イギリス財政史．著書に『日本財政の現代史Ⅲ』（共著，有斐閣），『財政学──転換期の日本財政』（共著，東洋経済新報社），『危機と再建の比較財政史』（共著，ミネルヴァ書房），『交響する社会』（共著，ナカニシヤ出版）など．

古市将人
1983 年生まれ．横浜国立大学大学院修了．博士（経済学）．現在，帝京大学経済学部経済学科講師．専門は財政学・地方財政論．著書に『日本財政の現代史Ⅲ』（共著，有斐閣），『危機と再建の比較財政史』（共著，ミネルヴァ書房）など．

シリーズ 現代経済の展望
租税抵抗の財政学──信頼と合意に基づく社会へ

2014 年 10 月 29 日　第 1 刷発行

著　者　佐藤《さとう》　滋《しげる》　古市将人《ふるいちまさと》

発行者　岡本　厚

発行所　株式会社 岩波書店
〒101-8002 東京都千代田区一ツ橋 2-5-5
電話案内 03-5210-4000
http://www.iwanami.co.jp/

印刷・理想社　カバー・半七印刷　製本・三水舎

ISBN978-4-00-028736-4　　Printed in Japan